Mark Bradford
Keep Walking

Hamburger Bahnhof

Nationalgalerie der Gegenwart

8

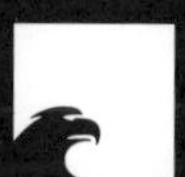

Nationalgalerie
Staatliche Museen zu Berlin

Für die / For the
Nationalgalerie – Staatliche
Museen zu Berlin heraus-
gegeben von / edited by
Sam Bardaouil & Till Fellrath

SilvanaEditoriale

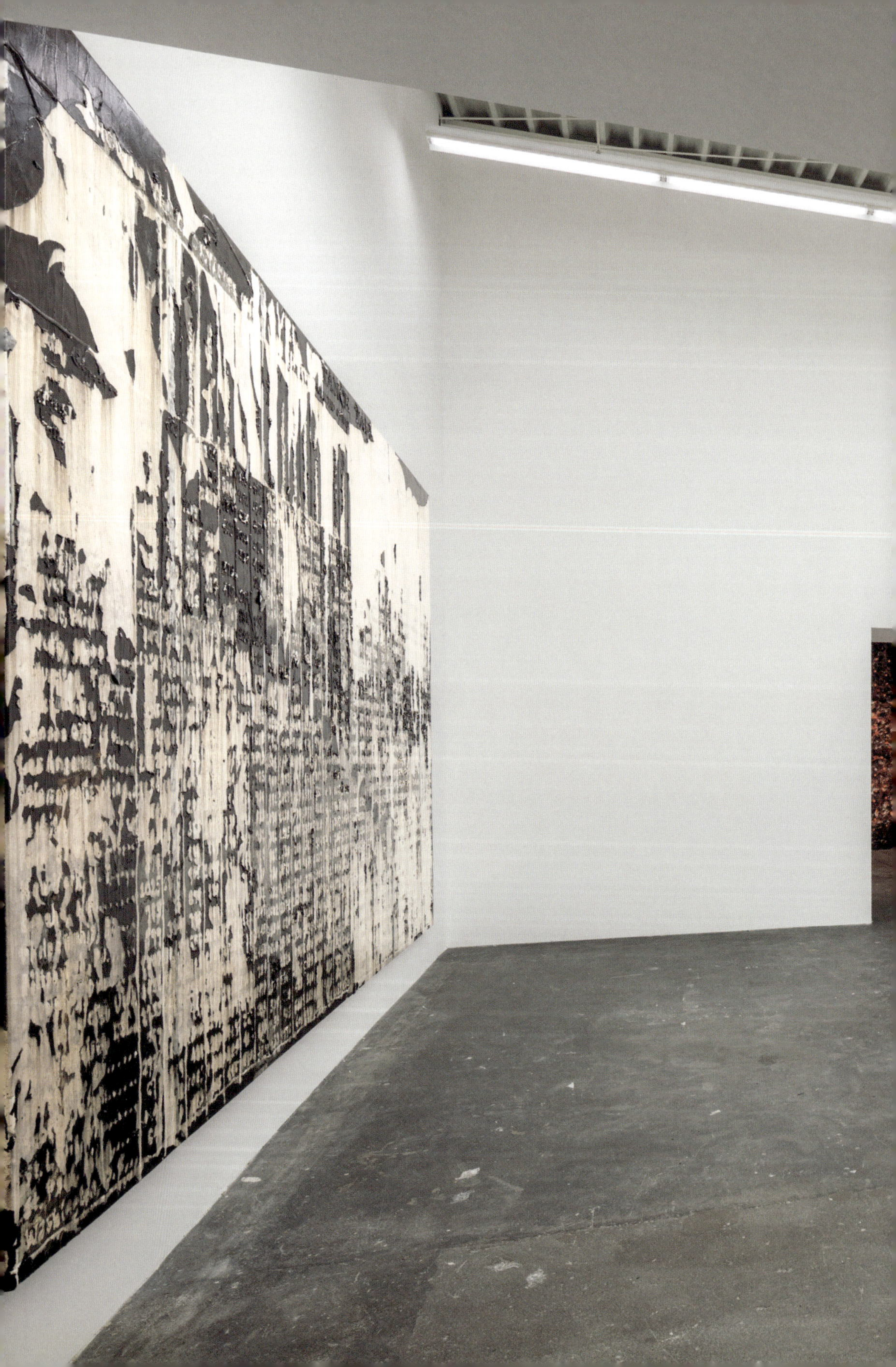

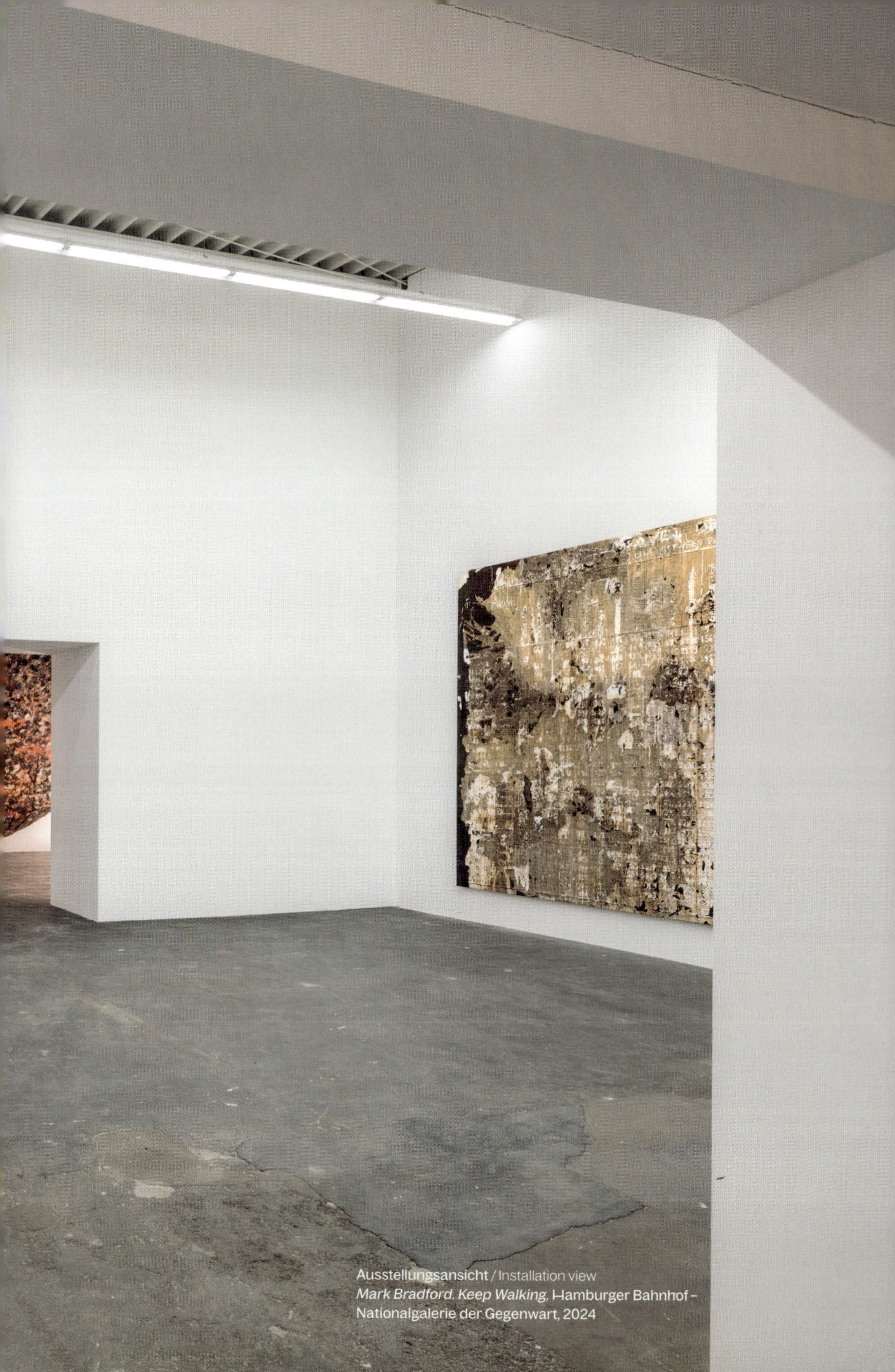

Ausstellungsansicht / Installation view
Mark Bradford. Keep Walking, Hamburger Bahnhof –
Nationalgalerie der Gegenwart, 2024

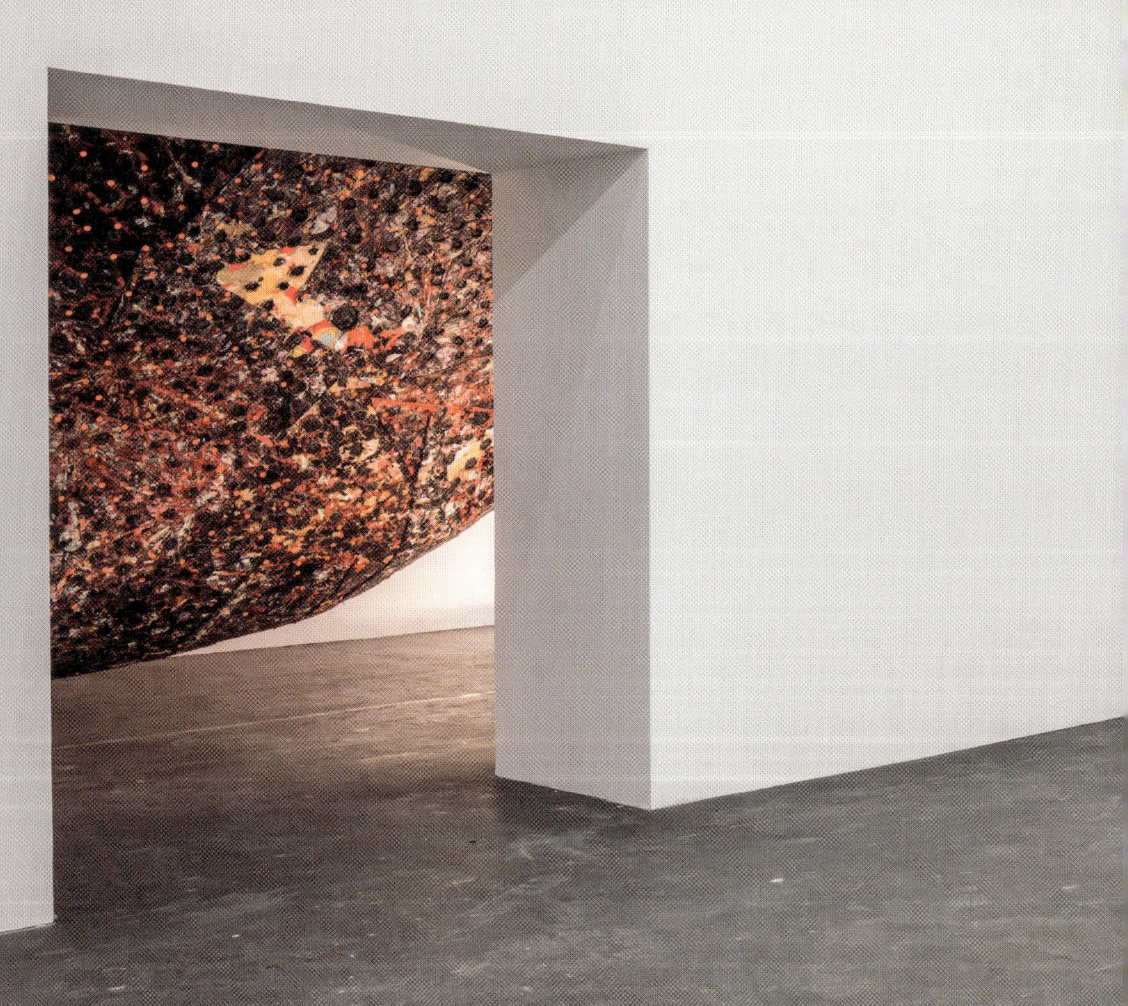

Ausstellungsansicht / Installation view
Mark Bradford. Keep Walking, Hamburger Bahnhof –
Nationalgalerie der Gegenwart, 2024

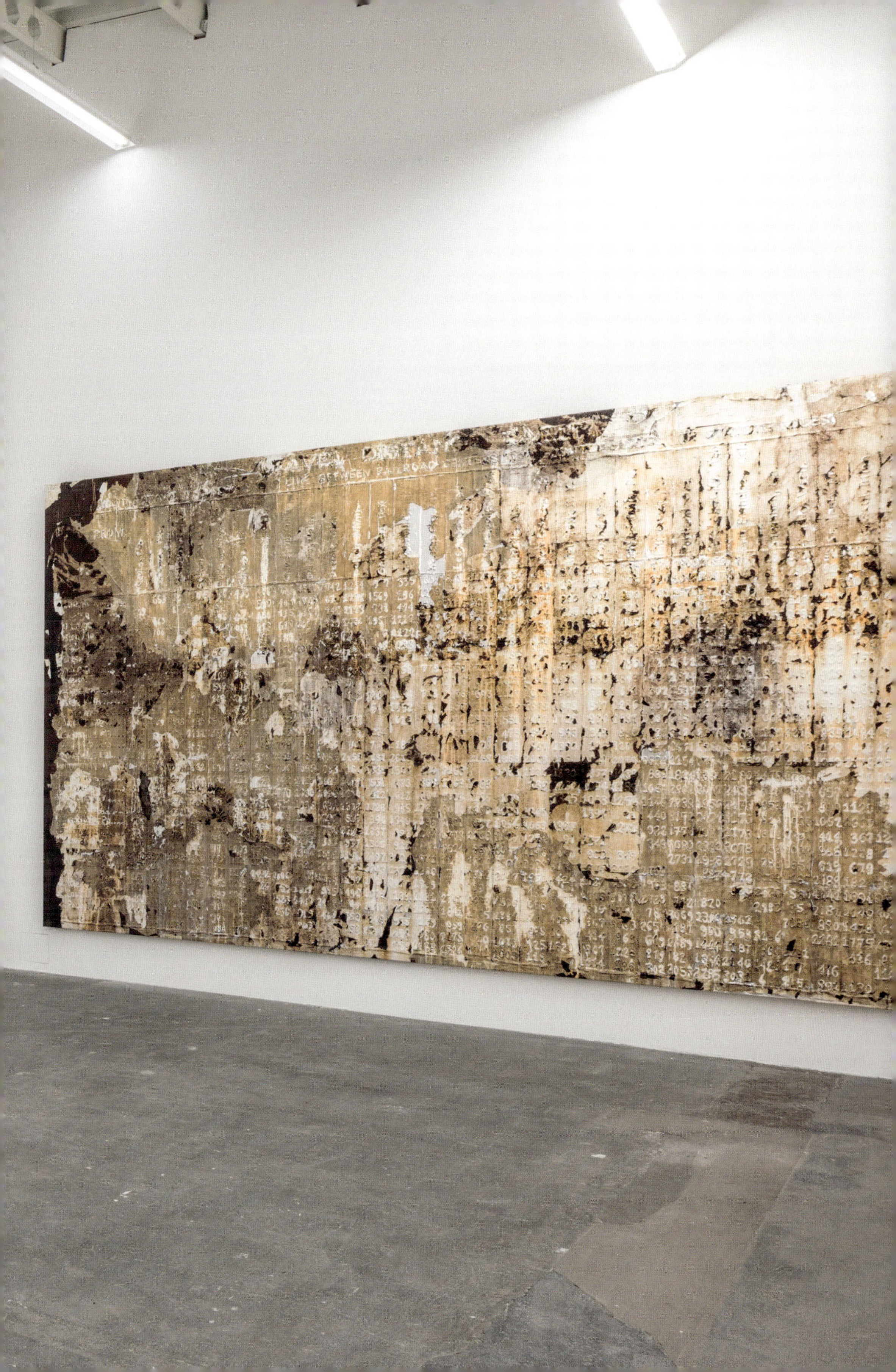

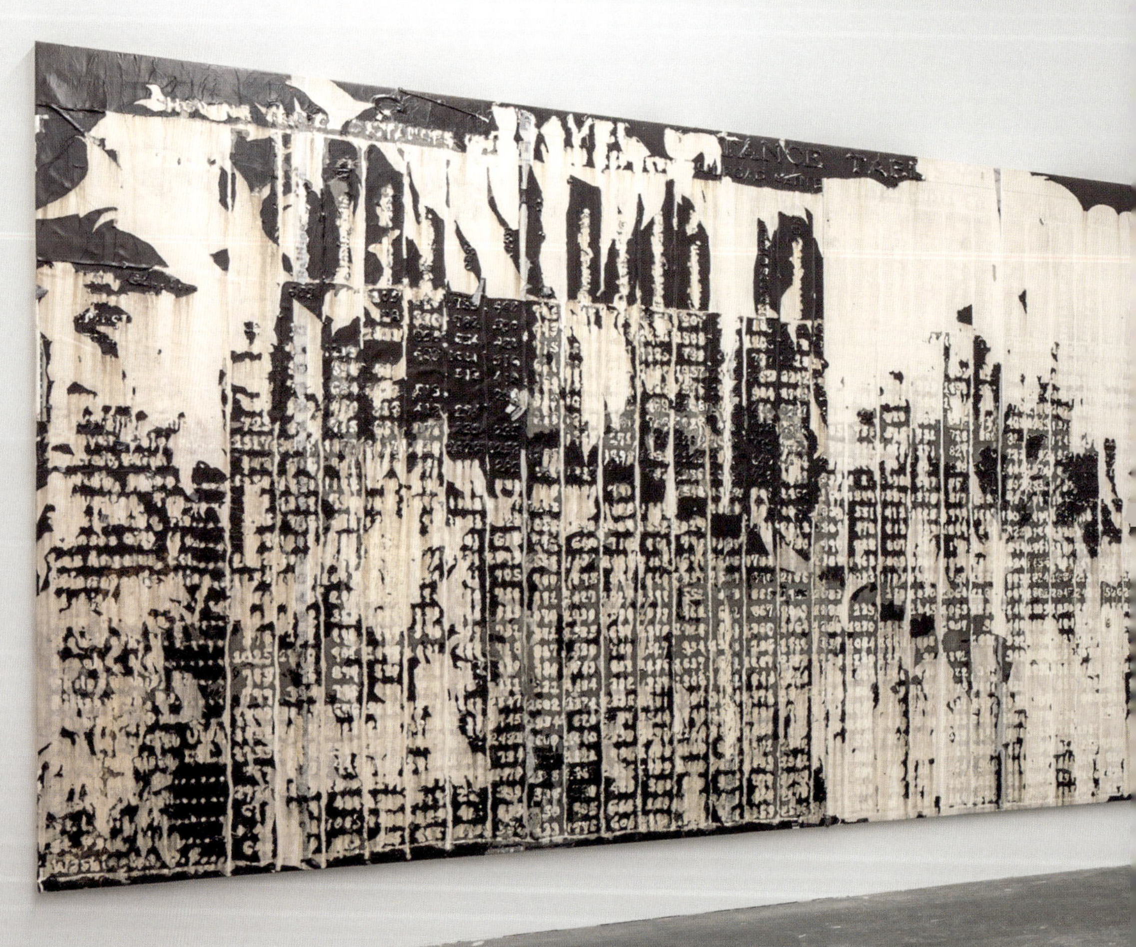

Ausstellungsansicht / Installation view
Mark Bradford. Keep Walking, Hamburger Bahnhof –
Nationalgalerie der Gegenwart, 2024

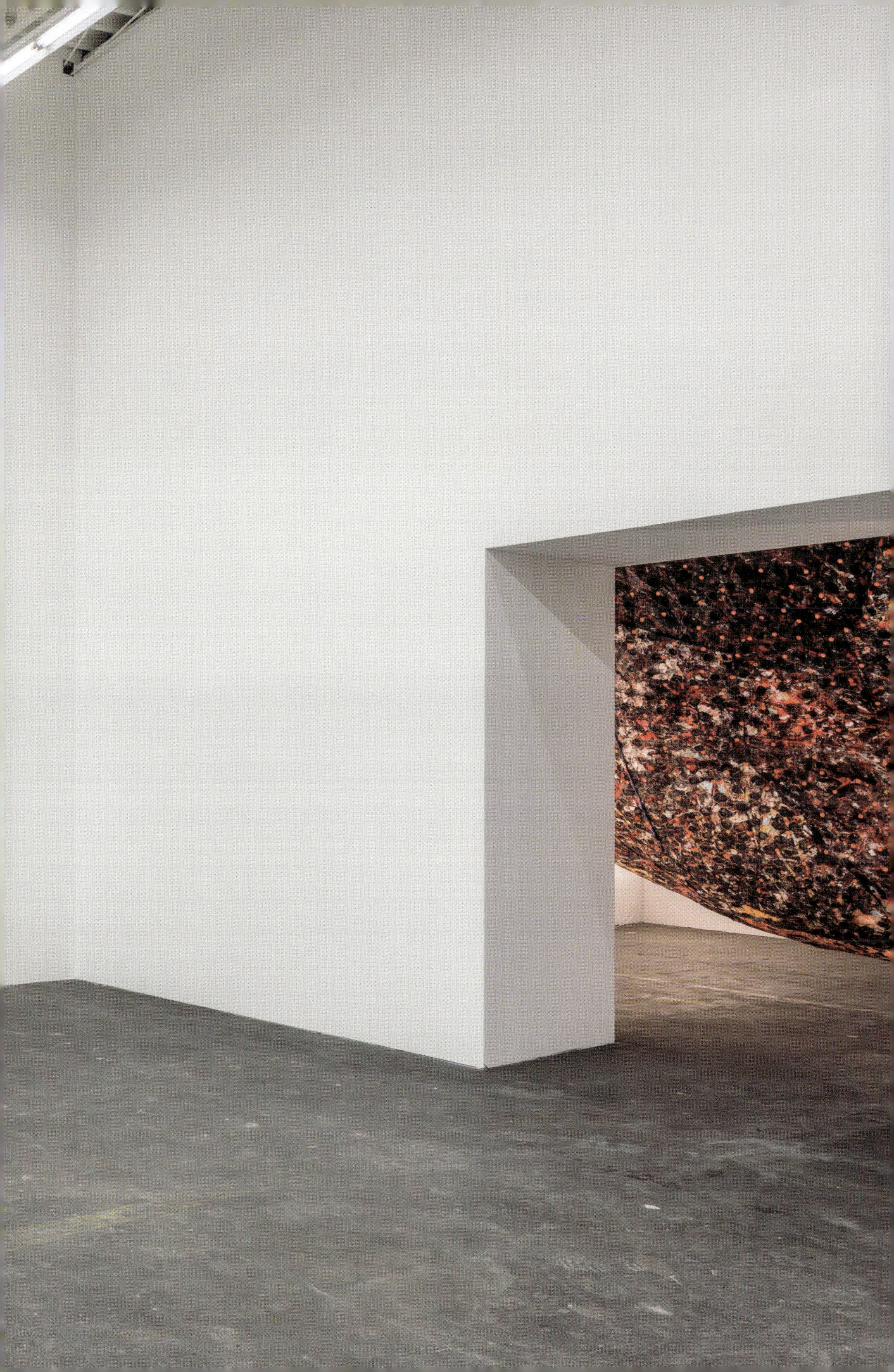

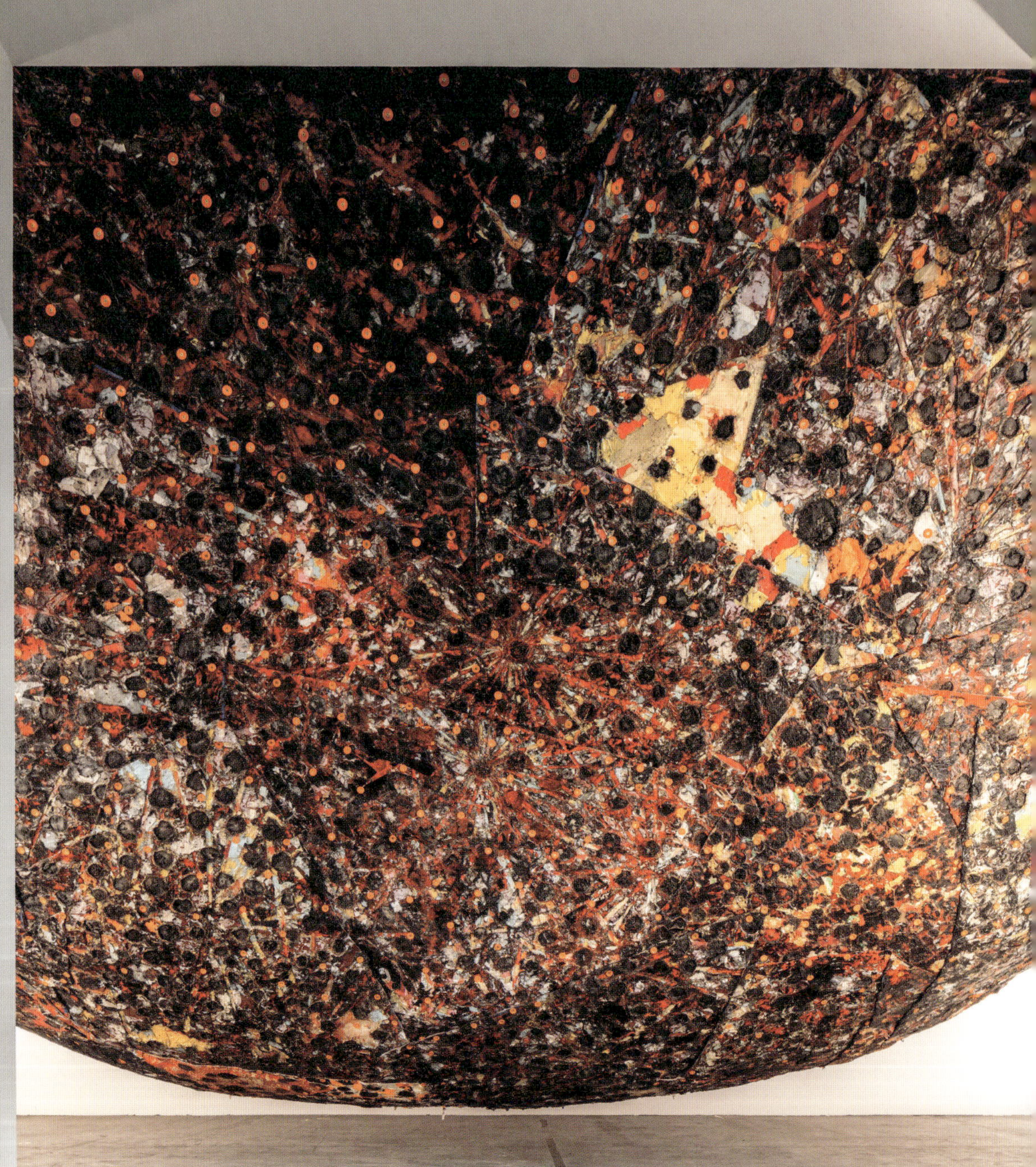

Ausstellungsansicht / Installation view
Mark Bradford. Keep Walking, Hamburger Bahnhof –
Nationalgalerie der Gegenwart, 2024

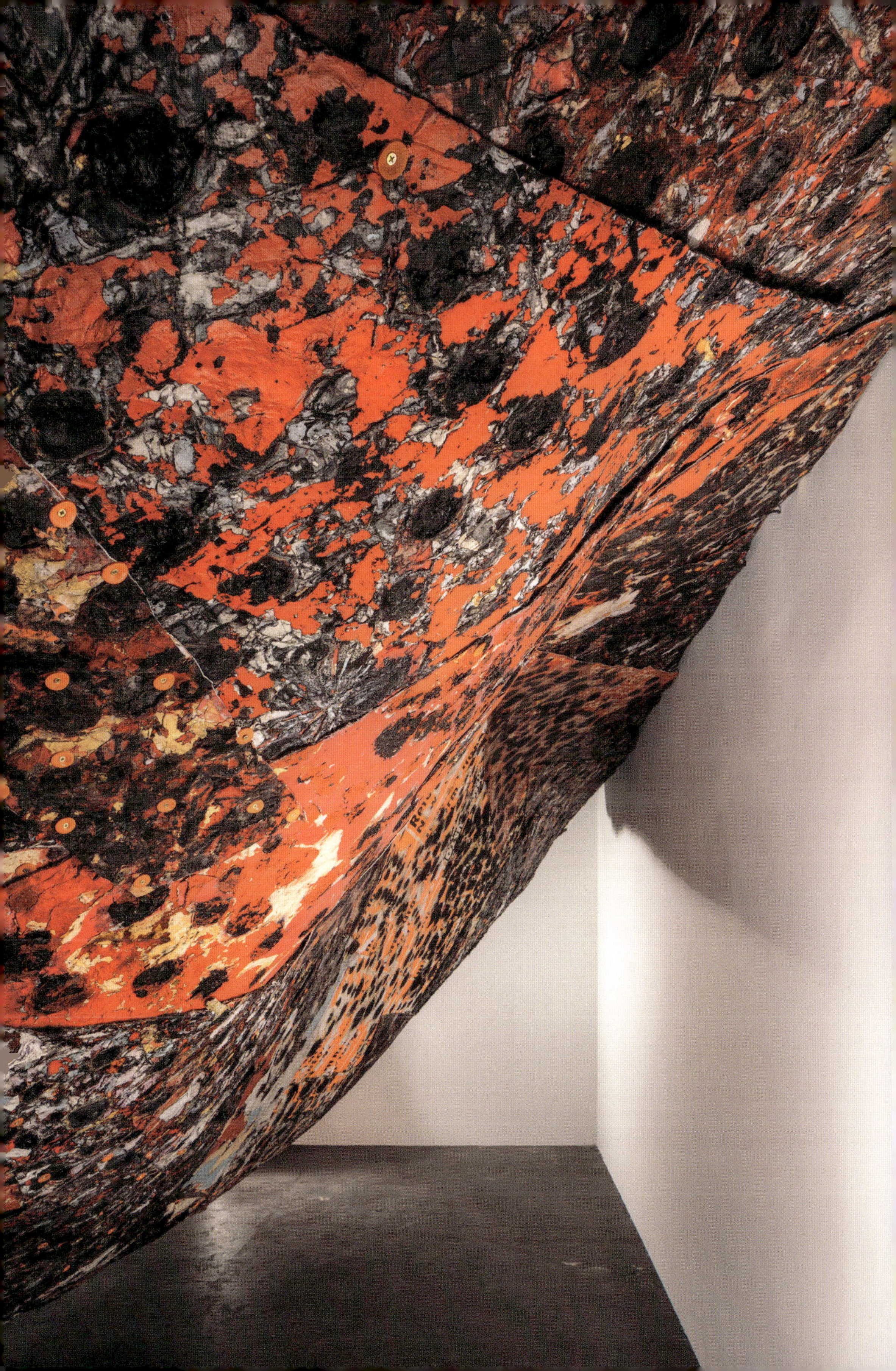

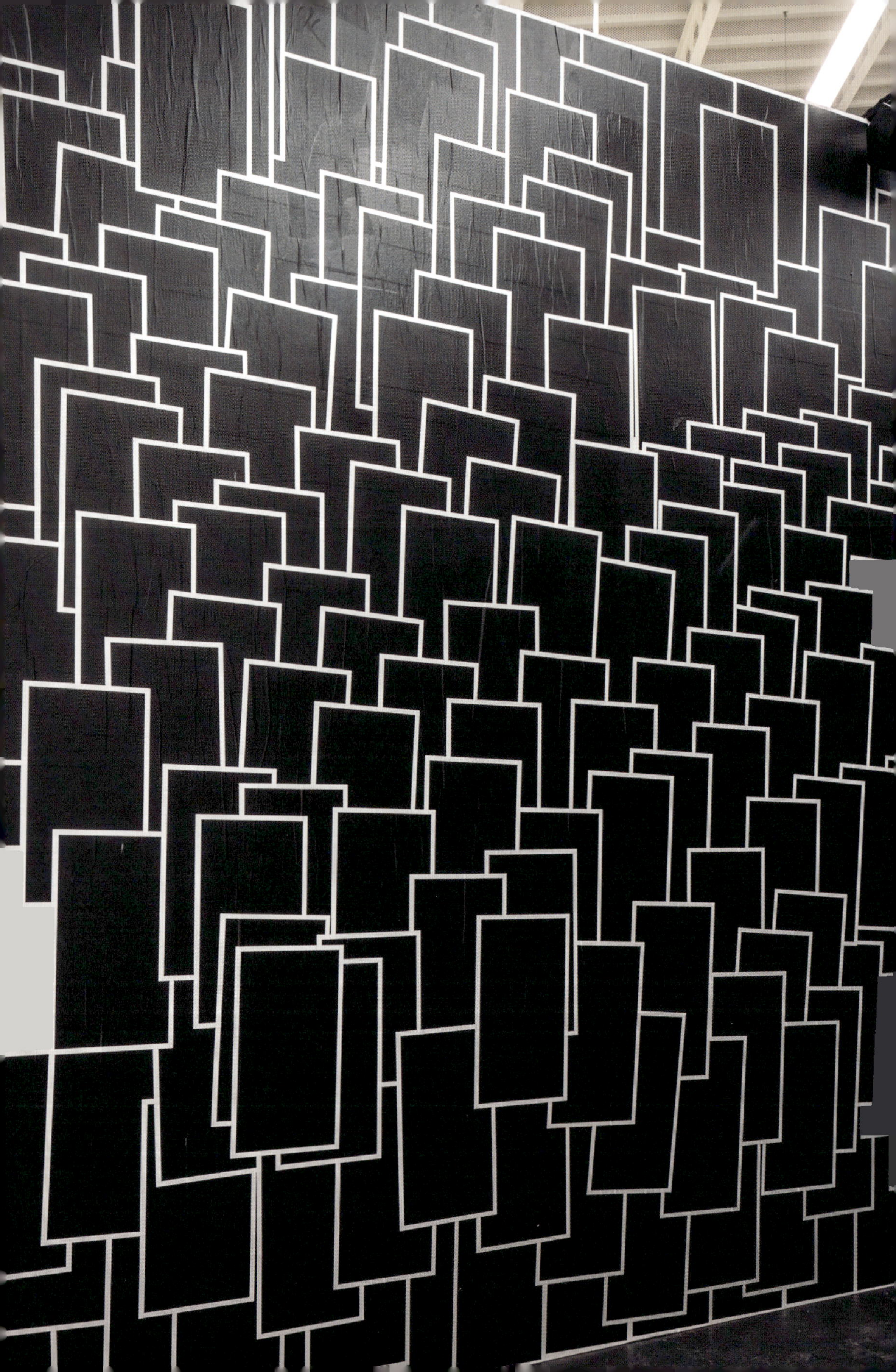

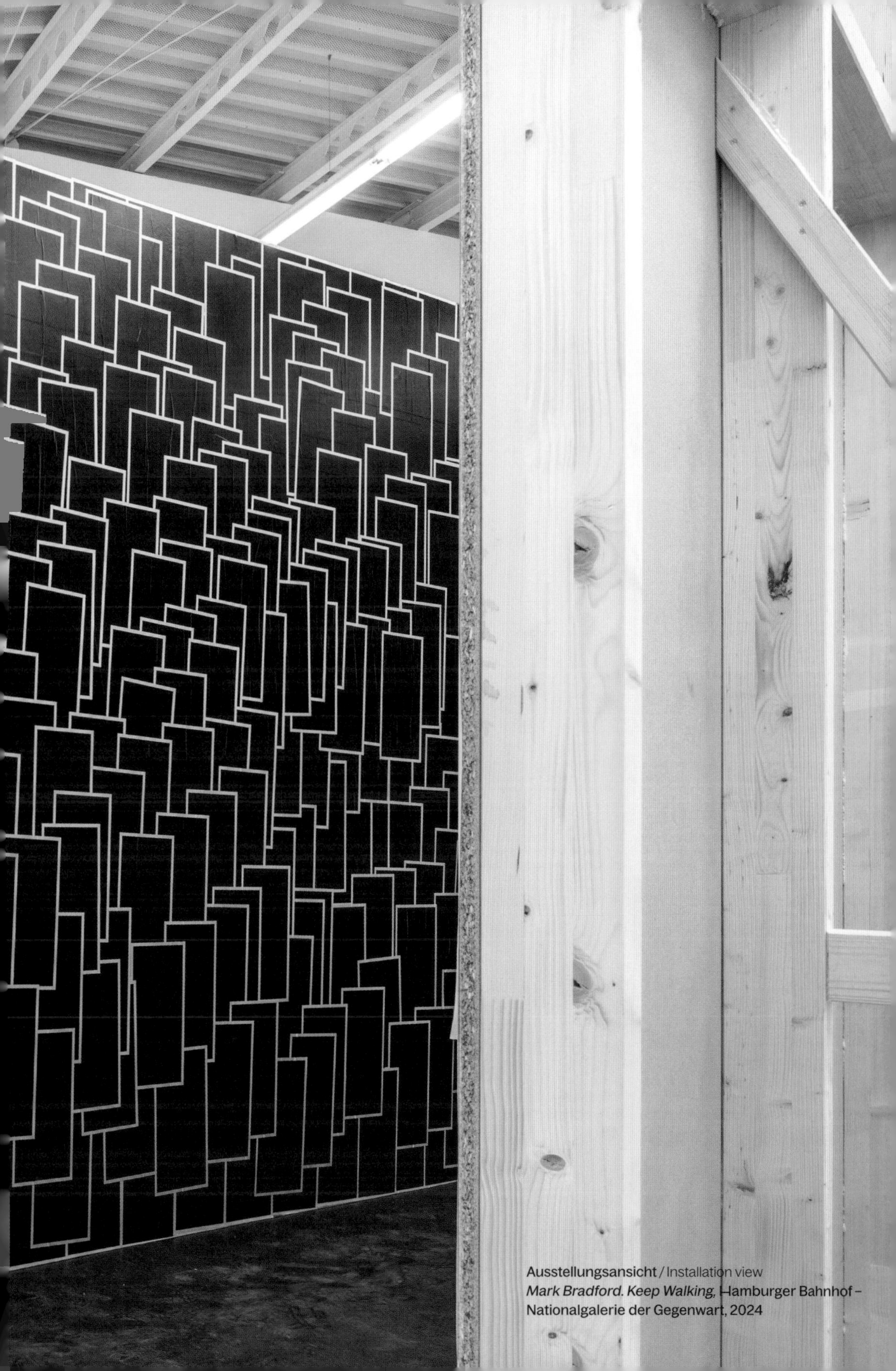

Ausstellungsansicht / Installation view
Mark Bradford. Keep Walking, Hamburger Bahnhof –
Nationalgalerie der Gegenwart, 2024

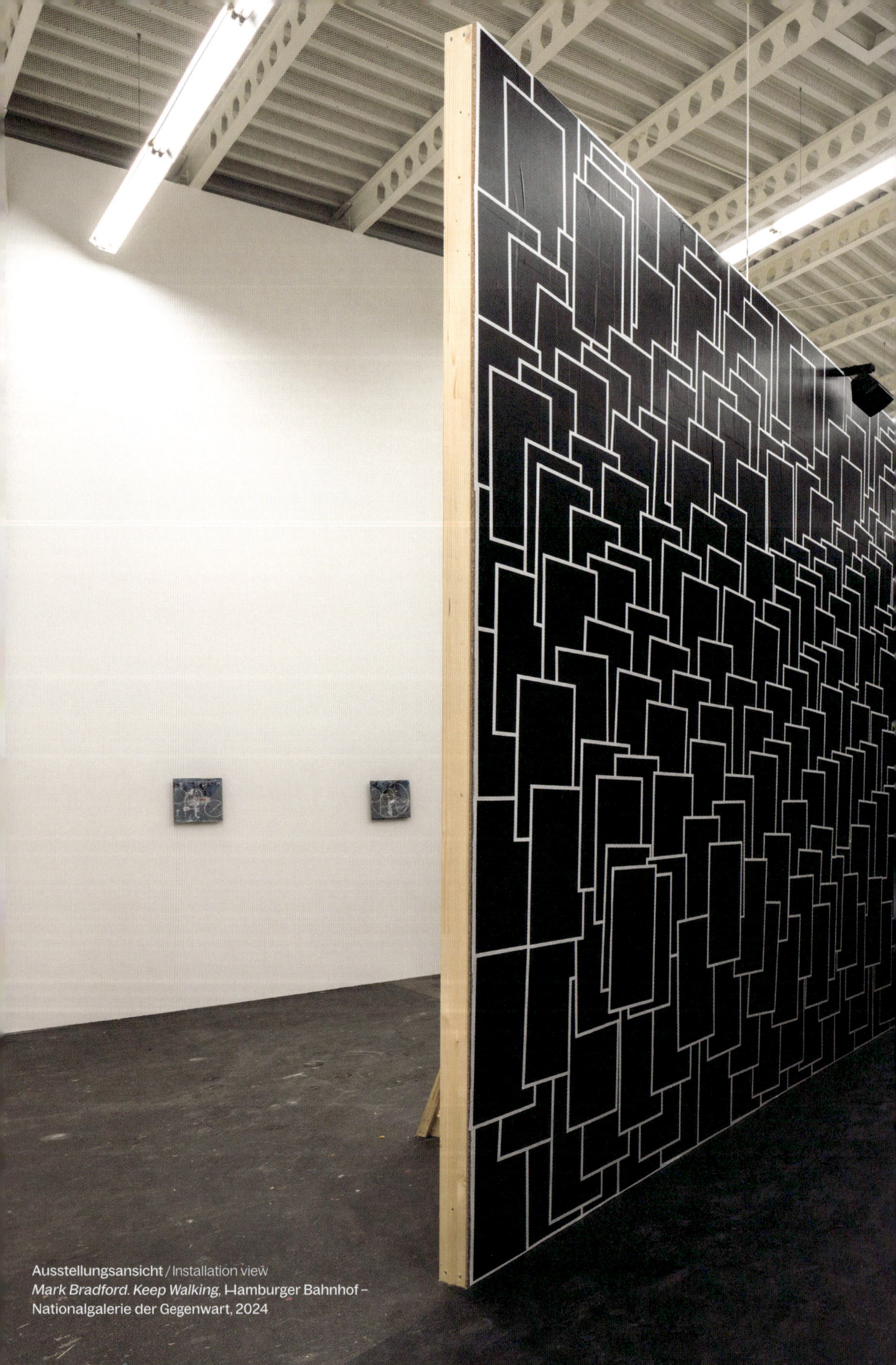

Ausstellungsansicht / Installation view
Mark Bradford. Keep Walking, Hamburger Bahnhof –
Nationalgalerie der Gegenwart, 2024

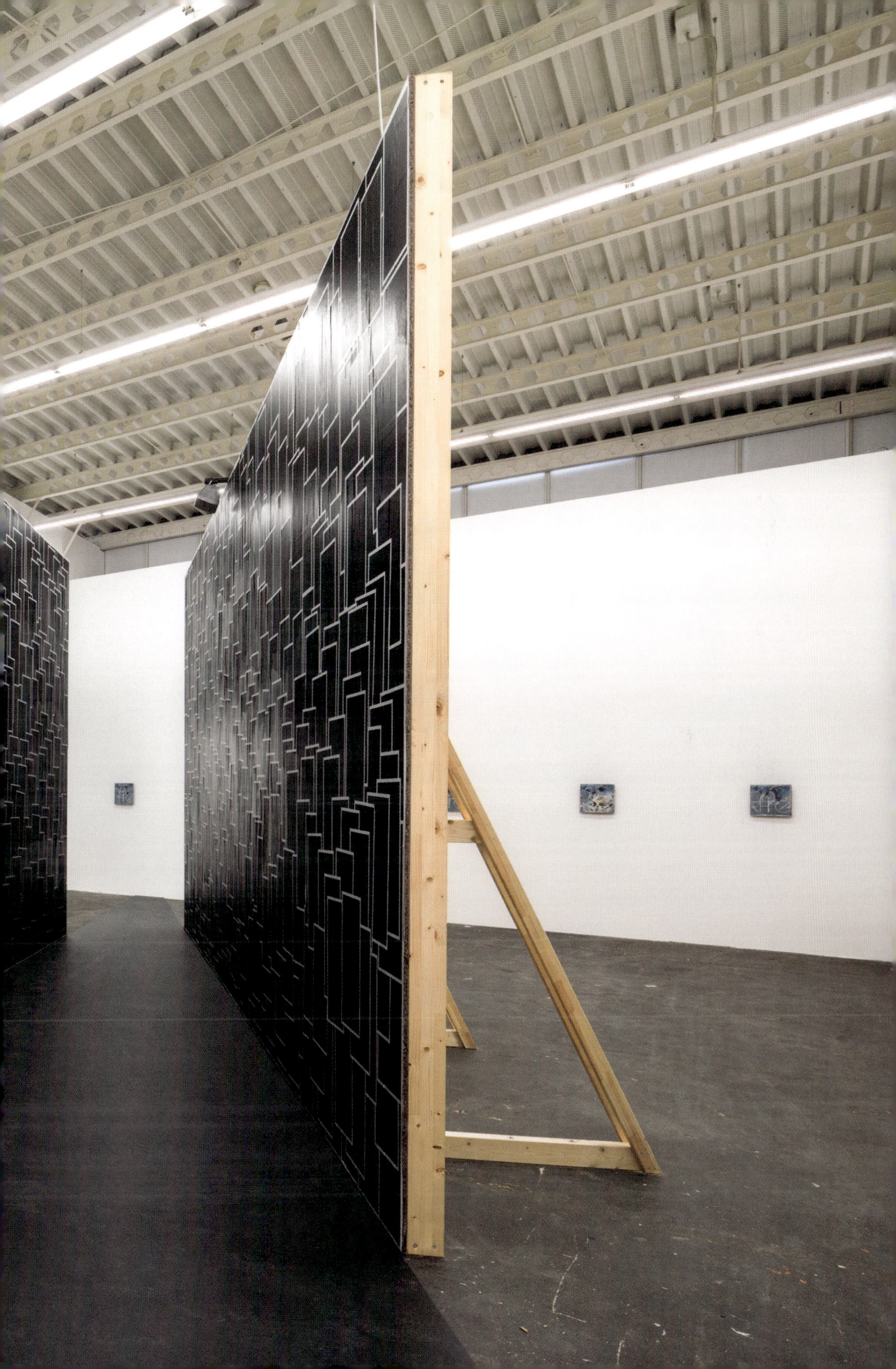

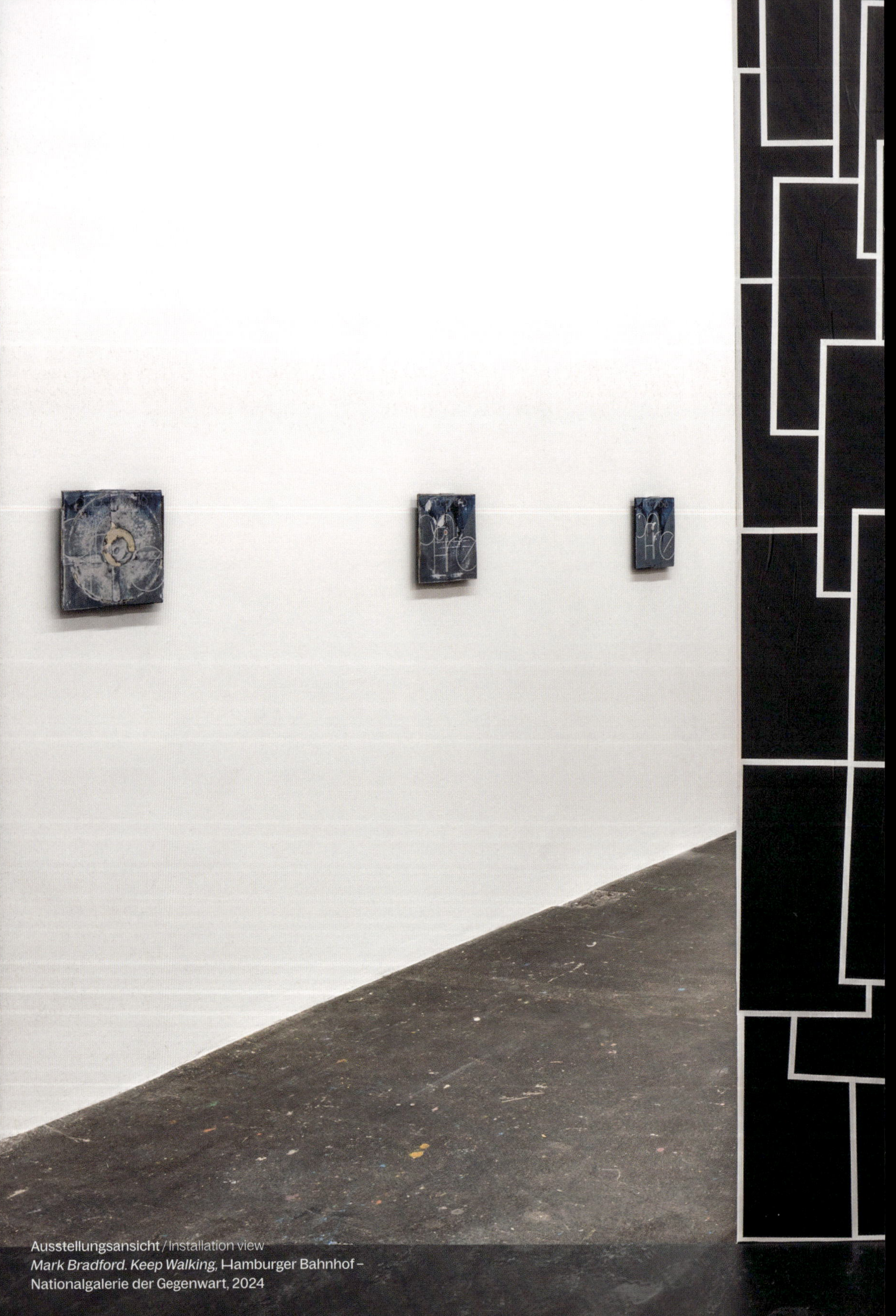

Ausstellungsansicht / Installation view
Mark Bradford. Keep Walking, Hamburger Bahnhof –
Nationalgalerie der Gegenwart, 2024

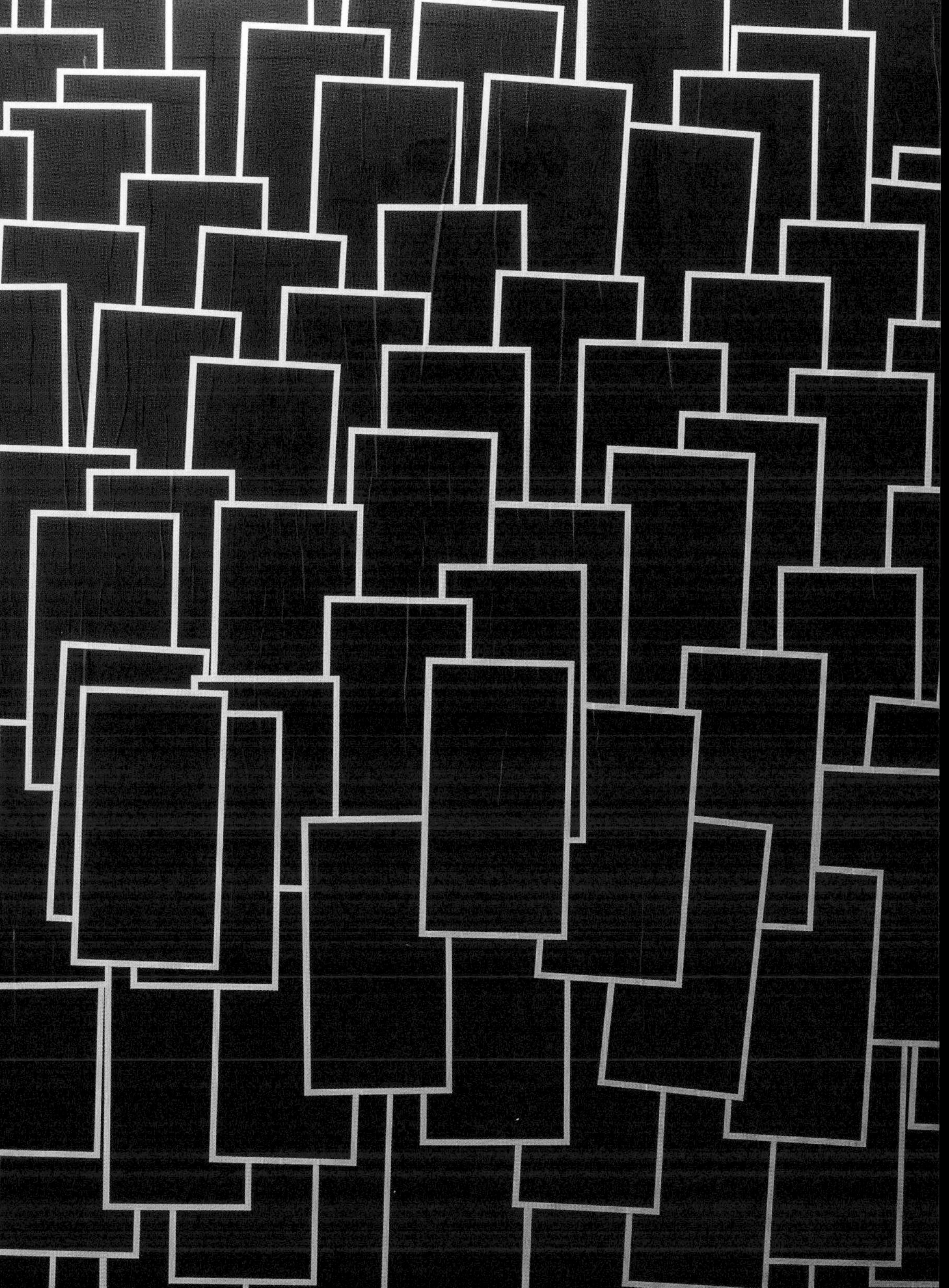

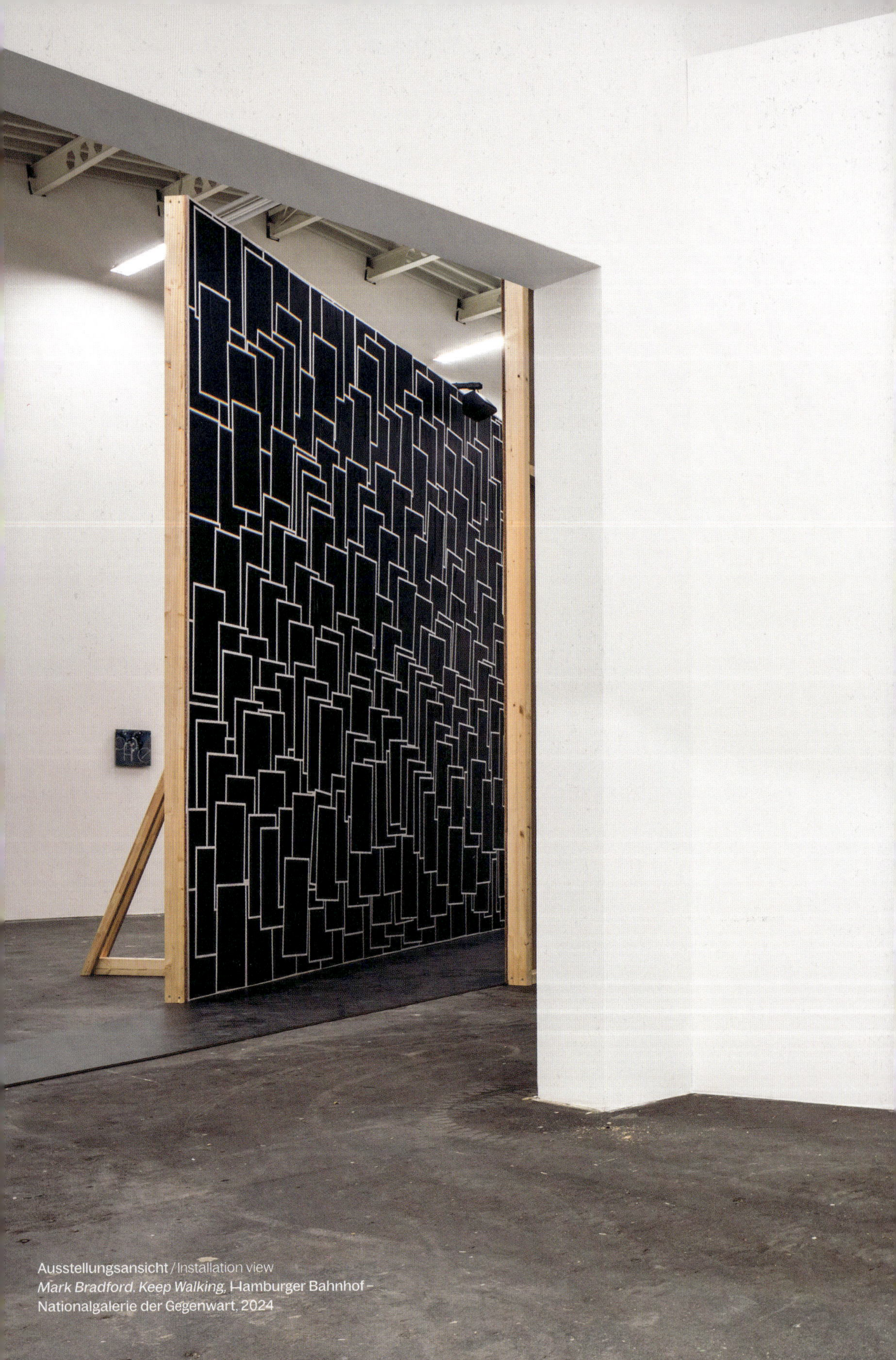

Ausstellungsansicht / Installation view
Mark Bradford. Keep Walking, Hamburger Bahnhof –
Nationalgalerie der Gegenwart, 2024

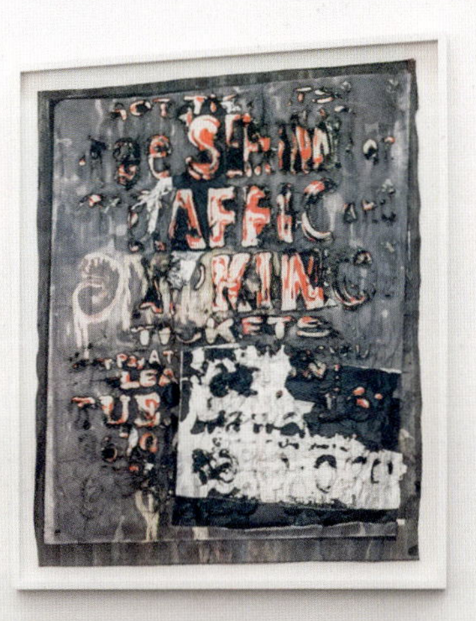
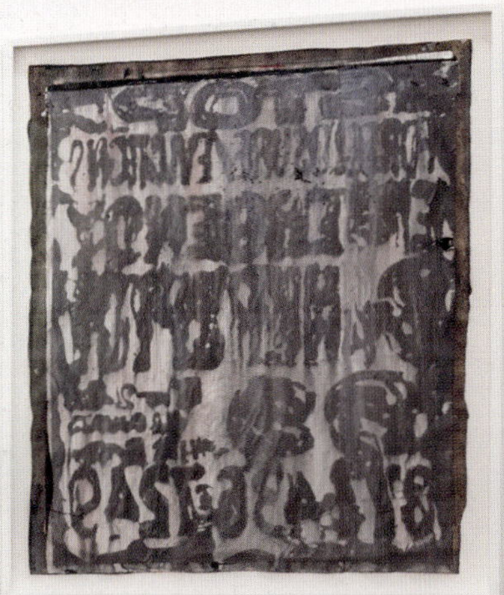

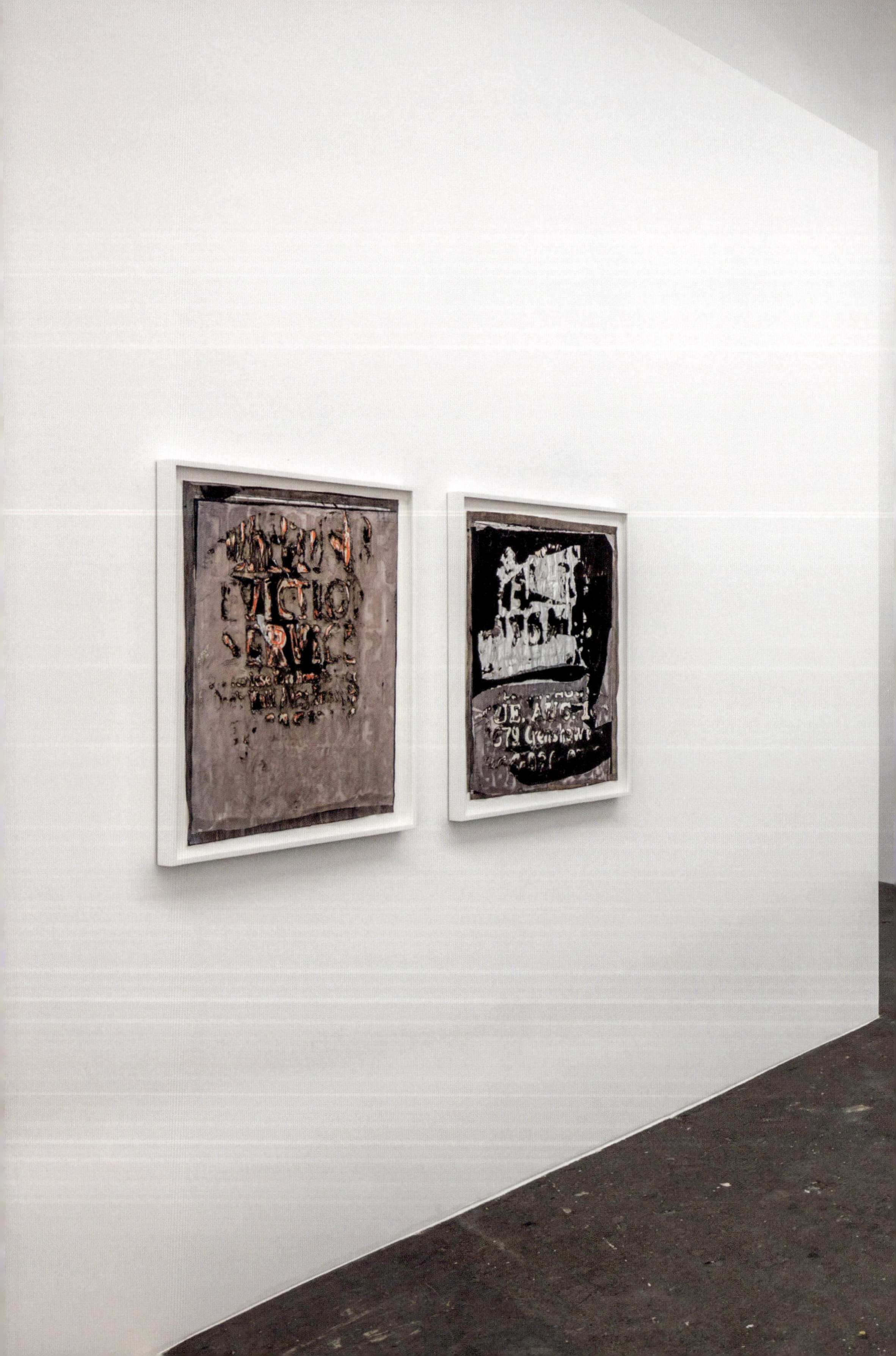

EVICTION
SERVICE
UE. AUG. 1
679 Crenshaw

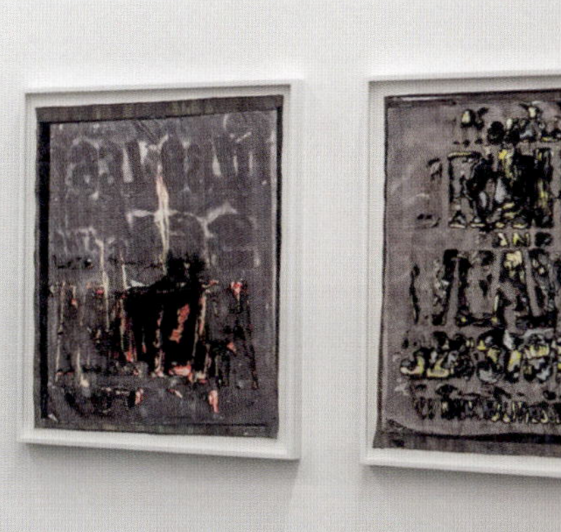

Ausstellungsansicht / Installation view
Mark Bradford. Keep Walking, Hamburger Bahnhof –
Nationalgalerie der Gegenwart, 2024

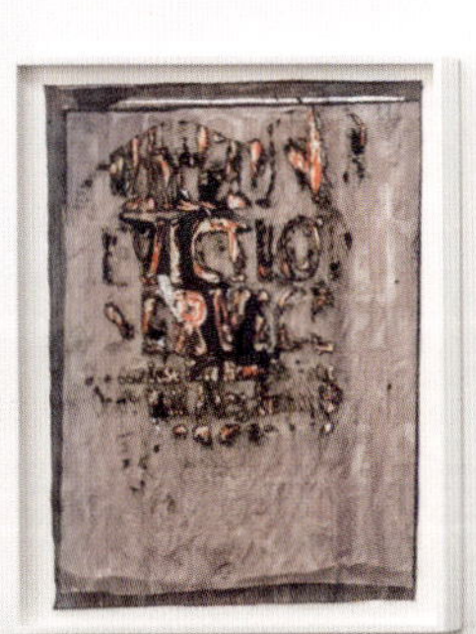
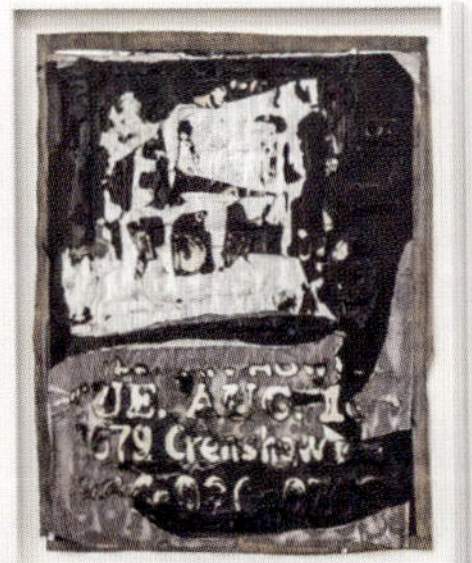

Ausstellungsansicht / Installation view
Mark Bradford. Keep Walking, Hamburger Bahnhof –
Nationalgalerie der Gegenwart, 2024

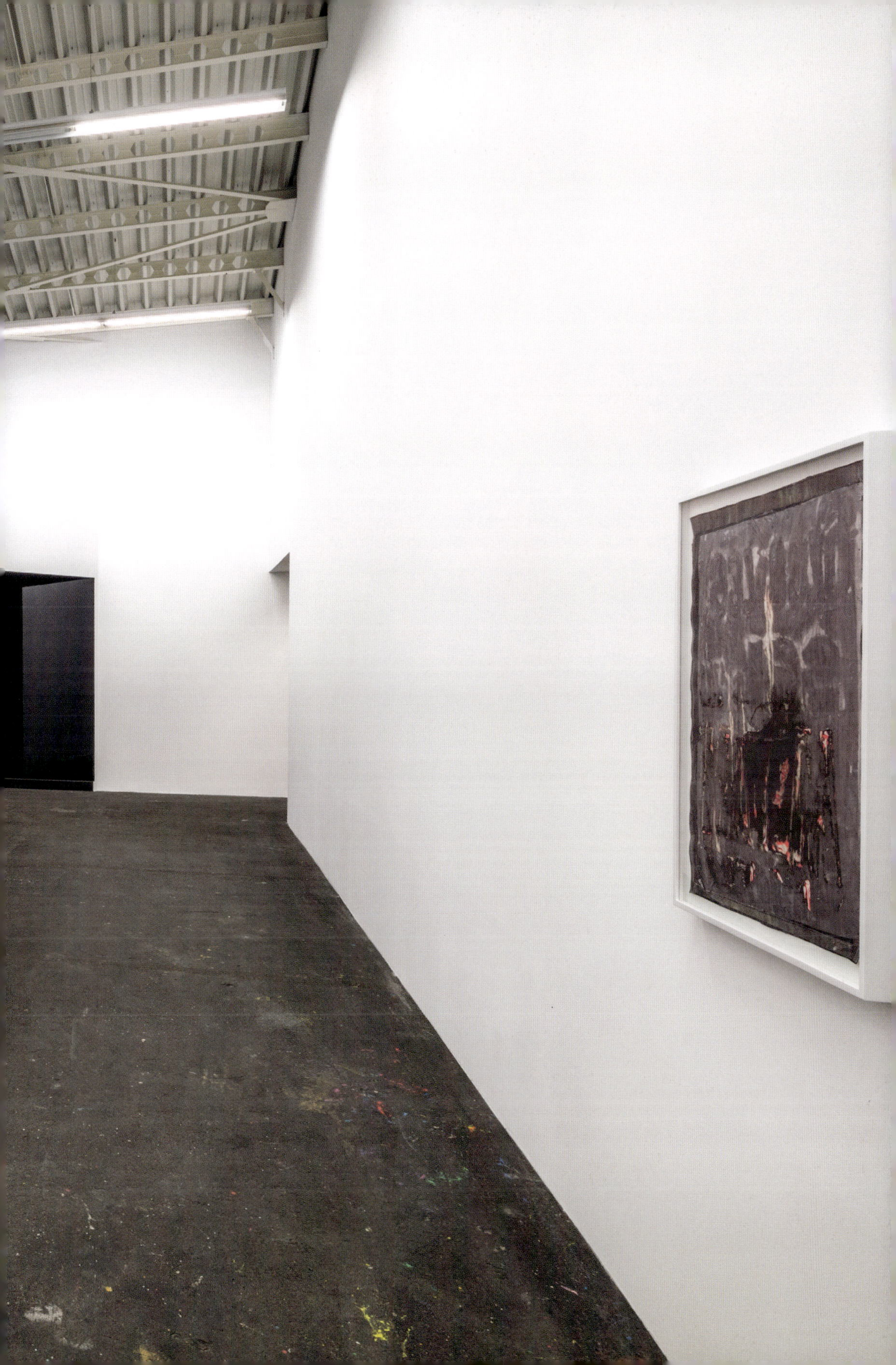

DO THESE PANTS MAKE MY DICK LOOK BIGGER?

Ausstellungsansicht / Installation view
Mark Bradford. Keep Walking, Hamburger Bahnhof – Nationalgalerie der Gegenwart, 2024

Inhalt / Content

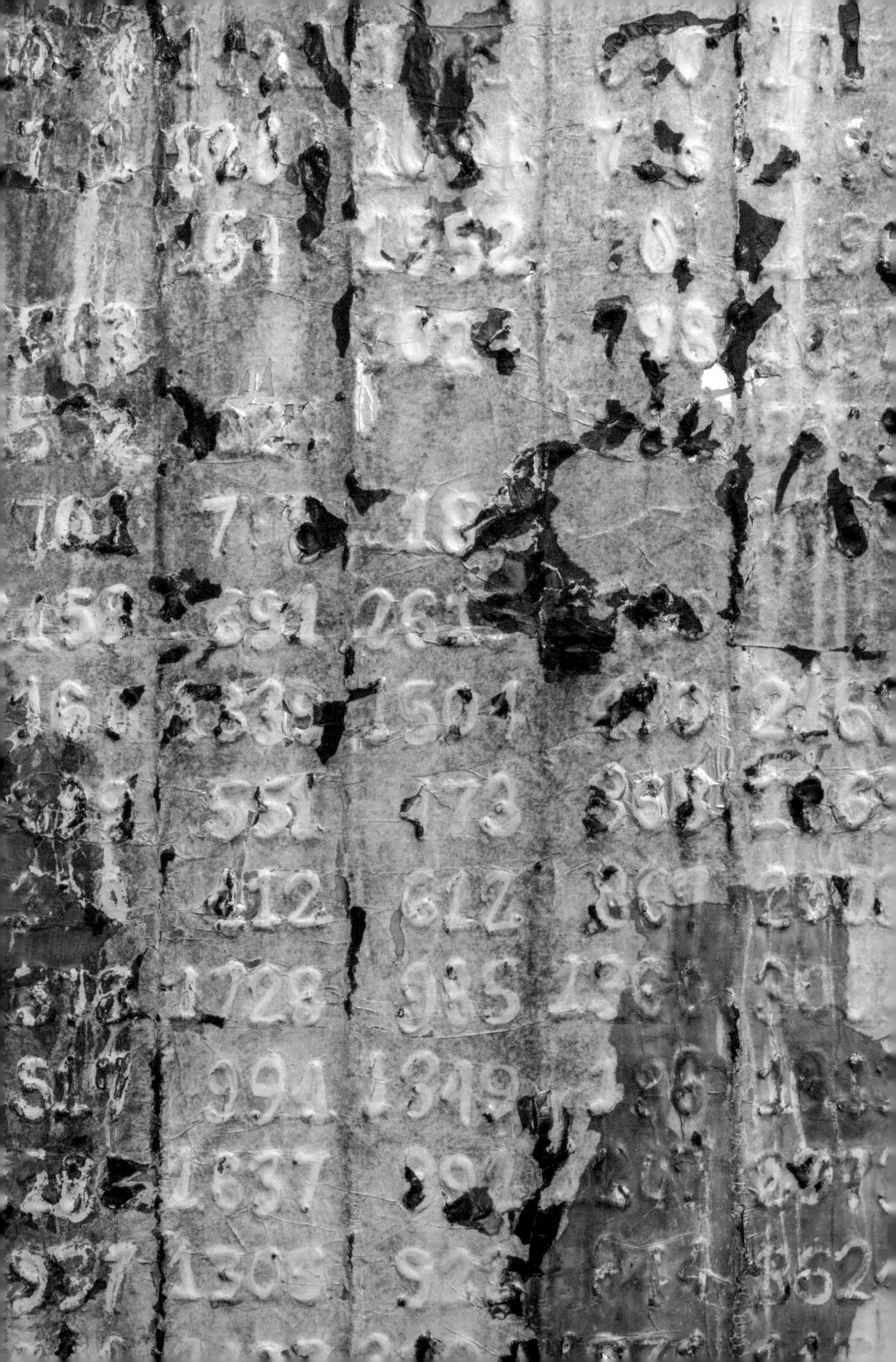

Das anhaltende Echo der Bewegung im Werk von Mark Bradford / The Persistent Echo of Movement in the Work of Mark Bradford

Sam Bardaouil

Mark Bradfords breit gefächerte künstlerische Praxis entspringt den Dynamiken von Bewegung im Kontext von Race und Identität. Die Arbeit erzählt von einem unbeirrbaren Streben nach Befreiung, wobei die nie versiegenden Rhythmen der Körper von ihrer Unterdrückung zeugen, aber auch Zeichen der Widerstandskraft sind. Mithilfe der Texturen in seinen Leinwänden, seinen satirisch gefärbten Videos und den historischen Bezügen seiner skulpturalen Installationen, in denen immer wieder unverhüllte Gesellschaftskritik zutage tritt, hinterfragt Bradford die vorherrschenden Narrative und motiviert uns zum Nachdenken über die komplizierte Wechselwirkung, die zwischen den Identitäten einzelner Menschen und dem gesellschaftlichen Gefüge als Ganzes besteht. Seine Kunst, die in der lebens-

Mark Bradford's expansive artistic practice is firmly rooted in the dynamics of movement within the prism of racial identity. It embodies an unyielding quest for liberation, where the ceaseless rhythms of bodies become both a testament to oppression and an assertion of resilience. Through textured canvases, satirical videos, and sculptural installations imbued with layers of history and social critique, Bradford disrupts established narratives, urging contemplation on the intricate interplay of identity and societal frameworks. Emerging from the vibrant tapestry of Los Angeles, his art transcends superficial aesthetics to probe deeply into the socio-political terrain, fostering a profound dialogue on the complexities inherent in contemporary society.

You Don't Have to Tell Me Twice, 2023, 305 x 531 cm, Mixed Media auf Leinwand / mixed media on canvas, Kravis Collection, Detail

sprühenden Vielfalt des Stadtbildes von Los Angeles zu verorten ist, geht weit über ihr vordergründiges ästhetisches Erscheinungsbild hinaus, um tief in gesellschaftspolitisches Terrain vorzudringen und einen höchst essenziellen Dialog über die komplexen Themen zu befeuern, die für die zeitgenössische Gesellschaft von hoher Relevanz sind.

Die erste Einzelausstellung des Künstlers in einer deutschen Institution fällt in eine Zeit, die für die historischen Räume des Hamburger Bahnhof – Nationalgalerie der Gegenwart von besonderer Bedeutung ist. Mark Bradfords Auseinandersetzung mit den schwer zu durchschauenden Verflechtungen von Race, Identität und Macht findet in einer Gesellschaft ihren Widerhall, die mit ihrem eigenen komplexen Erbe geprägt ist, einem Erbe, das von Fragen der Migration über Diskriminierung bis hin zu dem oft heiklen Umgang mit der eigenen Erinnerungskultur reicht. Bradford lädt die Besucher*innen zur kritischen Betrachtung aktueller Themen ein, die sein vielschichtiges Œuvre prägnant in den Fokus nimmt. Die Ausstellung versammelt wichtige Arbeiten aus mehr als zwanzig Jahren, in denen uns weitreichende Parallelen zu gesellschaftspolitischen Problematiken eröffnet werden. Dabei gelingt es den Werken auf unvergleichliche Art, die Grenzen der spezifischen Kultur, der sie entspringen, zu transzendieren, um uns mit differenzierten Realitäten zu konfrontieren, die weit allgemeingültiger sind.

Train Timetables-Serien

Die Ausstellung beginnt mit zwei monumentalen Leinwänden aus der Serie der *Train Timetables* (Zugfahrpläne). In diesen Arbeiten verweist Bradford auf den historischen Hintergrund der „Great Migration", der Abwanderung von Millionen Black Americans, die zwischen 1910 und 1970 in den industrialisierten Norden und Westen gingen, um den Jim-Crow-Gesetzen im Süden zu entkommen. Mit ihren komplexen Bedeutungsgeflechten und einem Reichtum an historischen Bezügen

Bradford's inaugural institutional solo presentation in Germany unfolds at a moment of significance within the storied walls of Hamburger Bahnhof – National Gallery of Contemporary Art in Berlin. His examination of the fraught intersections of race, identity, and power strikes a resonant chord in a society reckoning with its fraught historical legacies, from migration to discrimination and the intricacies of remembrance. Bradford invites viewers into a critical dialogue with these urgent themes, illuminated through the incisive lens of his transformative oeuvre. The exhibition, curated around over two decades of pivotal works that draw expansive sociopolitical parallels, transcends the boundaries of cultural specificity to encapsulate the nuanced realities they embody.

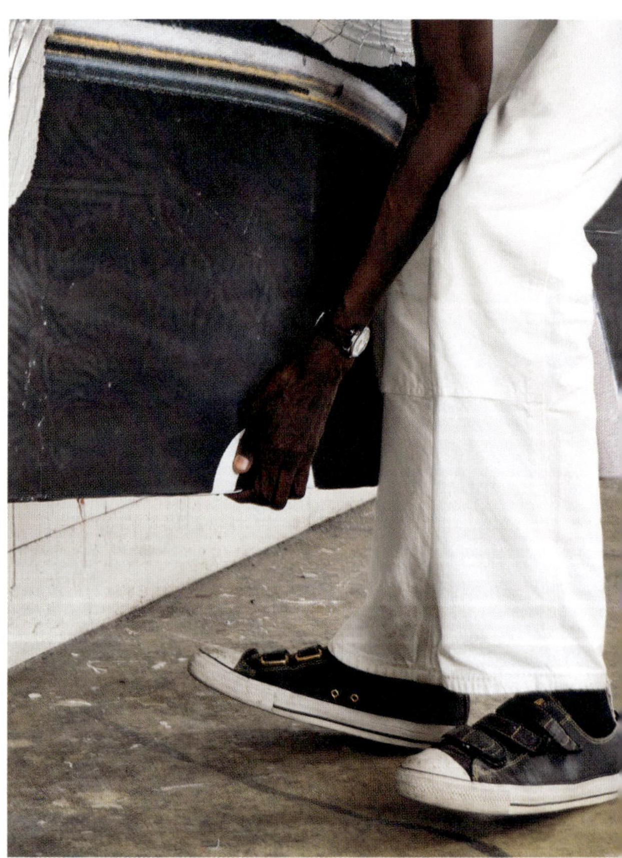

Mark Bradford, 2010

machen Bradfords Leinwände die Dynamiken dieser Bewegungen anschaulich und gehen ihrer Widerstandskraft auf den Grund. Sie finden ihren Widerhall in der historischen Funktion des Hamburger Bahnhofs, bevor dieser 1996 zur Nationalgalerie der Gegenwart wurde. Im Motiv der Eisenbahn kommen die Narrative der Great Migration und des Holocaust zusammen.

Bradford greift für seine Serie auf Zugfahrpläne aus den 1920er-Jahren zurück, in denen die Entfernungen zwischen den einzelnen Bahnhöfen gelistet sind. Rasterförmig, mithilfe von oxidiertem Papier und Dichtungsmasse erzeugt, tauchen Zahlen und Städtenamen aus den abstrakten Schichten einer Fläche auf, die einer alternativen Karte der Vereinigten Staaten gleichkommt. In der gedämpften Farbigkeit der Schichten – in weichen Grautönen und Schattierungen von Braun und Weiß – bringt Bradford den enormen Leidensdruck einer ganzen Generation zum Ausdruck, der vielen keinen anderen Ausweg bot, als ihr bisheriges Leben hinter sich zu lassen, in der Hoffnung auf bessere Möglichkeiten anderswo. In der Art eines immer wieder überschriebenen Palimpsests offenbaren die Werke Schichten der Gewalt; doch auch Hoffnung wird erkennbar und der unbeugsame Wille der Menschen, die auf diesen Strecken auf dem Weg in eine ungewisse Zukunft waren. Die Great Migration ist einerseits ein Akt der Auflehnung, zeugt aber auch vom Streben nach Freiheit, dem unbezwingbaren Geist von Millionen Menschen, die sich nach einer neuen, helleren Zukunft sehnten. In den zahllosen Schichten der *Train Timetables* treten Bruchstücke der zusammenhanglosen und doch miteinander verbundenen Routen zutage, denen die Black Americans folgten. Auf diese Weise erhalten die Betrachter*innen einen Eindruck der enormen Entfernungen, die auf der Reise real und psychologisch zu überwinden waren.

Der Hamburger Bahnhof, im Jahr 1848 als Bahnstation eröffnet, wurde 1884 geschlossen, da er für die Bedürfnisse der rasant anwachsenden Einwohnerschaft Berlins zu klein geworden war. Das Gebäude wurde 1906

Train Timetables Series

The exhibition commences with two monumental canvases from Bradford's *Train Timetables* series. These paintings evoke the historical backdrop of the Great Migration—a mass exodus of Black Americans escaping the Jim Crow South for the industrialized North and West between 1910 and 1970. Laden with intricate meanings and historical resonances, Bradford's canvases are uniquely positioned to probe the dynamics of movement and resilience. They resonate deeply with the complex past of Hamburger Bahnhof before its transformation in 1996 into the National Gallery of Contemporary Art. Through the medium of the railroad, they interweave narratives of the Great Migration and the Holocaust.

In this series, Bradford employs charts from the 1920s detailing travel distances between railroad hubs. Grid-like numbers and city names, etched with oxidized paper and caulk, emerge from a layered, abstract terrain reminiscent of a parallel map of the continental United States. Through subdued hues of stained canvas—soft grays, tans, and whites—Bradford captures the urgency and displacement experienced by an entire generation who uprooted their lives in pursuit of better opportunities. These paintings function as palimpsests, revealing the layers of violence, hope, and resilience embedded within the journeys of those who traversed these routes. The Great Migration was both an act of defiance and a quest for freedom, a testament to the indomitable spirit of millions striving for a brighter future. Fragmented and stratified, the *Timetables* reflect the disjointed, yet interconnected paths taken by Black Americans, echoing the physical and psychological distances they navigated.

Established as a train station in 1848, Hamburger Bahnhof closed in 1884 due to its inability to accommodate the burgeoning population of an expanding Berlin. Reopening in 1906 as a museum of transportation and construction, it suffered near-total destruction by the end of World War II. Despite its inactivity, parts of the railway network connected to the former station were utilized for deportations. The vestiges of these railroads, still visible around the

als Verkehrs- und Baumuseum wiedereröffnet, gegen Ende des Zweiten Weltkriegs jedoch nahezu komplett zerstört. Obwohl der Bahnhof stillgelegt war, wurden einige der mit der ehemaligen Bahnstation verbundenen Gleise für Deportationen genutzt. Um das Gebäude herum sind Fragmente des einstigen Eisenbahnnetzes verblieben, wo sie bis heute als Mahnmale an die begangenen Gräueltaten fungieren. Indem Bradfords *Train Timetables* in ebendiesen Kontext platziert werden, tritt in ihnen eine ambivalente Symbolkraft hervor – namentlich im Motiv der Eisenbahn, die ein Hoffnungsträger für die einen und für die anderen ein Erfüllungsgehilfe des Horrors war.

Indem er die Great Migration erforscht, bezieht sich Bradford auf die Erfahrung des rassifizierten Körpers. Die *Train Timetables* weisen über spezifische geografische Routen und konkrete Zielorte hinaus. Sie lassen die Ströme der Körper in unserer Vorstellung lebendig werden, die Schicksale all jener Menschen, die sich systemischer Marginalisierung ausgesetzt sahen und sich dagegen auflehnten. Die queere Identität Bradfords fügt dieser Erzählung ein weiteres Kapitel hinzu: Wie der rassifizierte Körper bewegt sich auch der gegenderte Körper durch Terrains, in denen überall Gefahren lauern und Vorurteile allgegenwärtig sind. Sich zu bewegen ist demnach mehr als eine Reise im physischen Sinn. Bewegung ist ein elementares Mittel, sich der eigenen Identität und Existenz zu versichern; sie ist ein Akt der Auflehnung und Zeichen der Widerstandskraft.

Durch Bradfords *Train Timetables* wird es uns möglich, all den erzwungenen Bewegungen nachzuspüren, die Teil der Menschheitsgeschichte sind, angefangen von den Fußeisen der Sklaverei bis hin zur Great Migration – letztere eine Geschichte vieler, die unter großem Druck standen und sich doch aus freien Stücken auf den Weg machten. Die Arbeiten erzählen von der Handlungsmacht der Menschen, die sich nach Freiheit und besseren Chancen sehnten. Der Hamburger Bahnhof, ein Ort, an dem die Schatten der Vergangenheit bis heute spürbar sind, fügt den inhaltlichen Bezügen einen weiteren Aspekt hinzu.

premises, stand as stark reminders of the atrocities committed. Positioned within this context, Bradford's work illuminates the dual symbolism of the train—both as a beacon of hope and a harbinger of horror.

Bradford's exploration of the Great Migration invokes the experience of the racialized body. The timetables transcend geographical routes and destinations; they embody bodies in motion, subjected to systemic marginalization. Bradford's queer identity adds yet another layer to this narrative—the gendered body, like the racialized body, navigates spaces fraught with peril and prejudice. Movement thus becomes not merely a physical journey but a profound assertion of identity and existence, an act of resistance and resilience.

Bradford's *Train Timetables* paintings encompass the echoes of coerced movements, from the shackles of slavery to the pressured yet voluntary migrations of the Great Migration. They bear witness to the agency of those who chose to pursue freedom and opportunity. Hamburger Bahnhof, a site where shadows of history linger, amplifies this thematic resonance. Bradford's work within this space underscores the ceaseless motion of bodies across history. The remnants of railroads around the museum serve as potent reminders of the dual nature of movement—a source of liberation for some, a path to destruction for others.

Bradford's engagement with train timetables prompts a critical reflection on modernization. The railroad, emblematic of industrial progress, embodies both the triumphs and pitfalls of modernity. This dualism underscores the ambivalence of technological progress—a force capable of both emancipation and oppression. In Bradford's paintings, the train timetables are fragmented and reassembled, mirroring the fractured histories they encapsulate. This fragmentation invites us to reconsider the narrative of modernization, acknowledging its potential for both advancement and atrocity. Exhibited at Hamburger Bahnhof, Bradford's works compel us to confront the broader history of technological progress and its dual-edged capacity for both liberation and destruction.

An diesem Ort sind Bradfords Werke besonders prädestiniert, die unablässigen Bewegungen von Körpern über den Lauf der Geschichte hinweg zu vermitteln, denn die um das Museum verbliebenen Bahntrassen sind ein wirkmächtiges Symbol, um uns an die Ambivalenz dieser Bewegungen zu erinnern, die für die einen ein Weg in die Freiheit waren, für andere hingegen eine Reise, die in der eigenen Vernichtung endete.

Bradfords Auseinandersetzung mit den Zugfahrplänen fordert zu einer kritischen Neubetrachtung der Konzepte auf, die mit Modernisierung verbunden sind. Am Beispiel der Eisenbahn, einem Symbol des industriellen Fortschritts, zeigt sich die triumphale Erfolgsgeschichte der modernen Errungenschaften, aber zum anderen werden auch die mit der Ära verbundenen Fallstricke deutlich. In diesem Kontrast tritt die Ambivalenz des technologischen Fortschritts zutage – einer Kraft, die Emanzipation fördern, gleichermaßen aber auch zur Unfreiheit führen kann. In Bradfords Malereien sind die Zugfahrpläne fragmentiert und neu zusammengefügt und spiegeln so die Brüche der in ihnen verborgenen Geschichte(n) wider. In ihrer Zerrissenheit laden sie uns ein, das Narrativ des Modernisierungsgedankens neu zu betrachten und uns seine Eignung als Instrument des Fortschritts aber auch des Horrors zu vergegenwärtigen. Im Kontext des Hamburger Bahnhof ausgestellt, motivieren uns Bradfords Arbeiten, die Geschichte des technologischen Fortschritts und seiner ambivalenten Wirkkraft, die zu Befreiung oder Vernichtung führen kann, aus einer allgemeineren Perspektive zu betrachten.

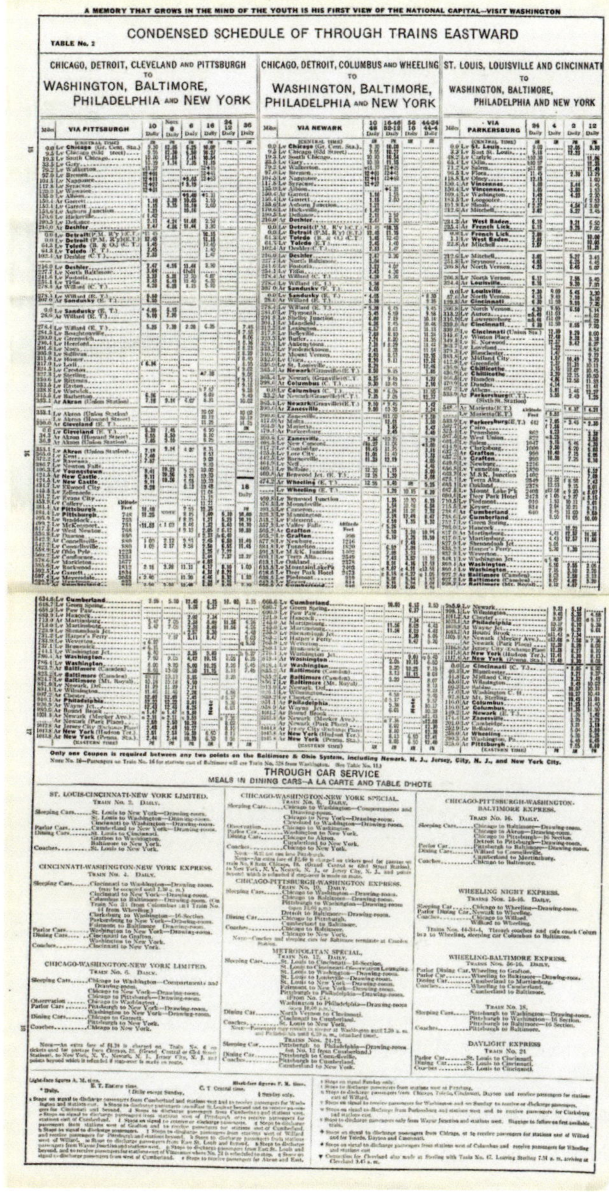

US-amerikanischer Zugfahrplan von 1922 /
US American train timetable from 1922

Spoiled Foot

Die Ausstellung wird mit der monumentalen Skulptur *Spoiled Foot* fortgesetzt, einer abstrakten Form, die von der Decke herabhängt und in ihrer imposanten Präsenz nach unserer vollkommenen Aufmerksamkeit verlangt. *Spoiled Foot* wurde ursprünglich für Bradfords Präsentation auf der Biennale von Venedig konzipiert, wo er 2017 die USA vertrat; die Skulptur war ein zentrales Werk in seiner Ausstellung *Tomorrow Is Another Day* (Morgen ist ein anderer Tag). Aus Schichten von Papier, Dichtungsmasse und Seilen entstanden, demonstriert sie einmal mehr den für Bradford typischen Ansatz, aus alltäglichen Materialien äußerst differenzierte, assoziationsreiche Oberflächenstrukturen zu erschaffen. In ihrer ramponierten Erscheinung evoziert sie Themen wie Vergänglichkeit oder Verwahrlosung und eröffnet prägnante Bezüge zur Auseinandersetzung des Künstlers mit gesellschaftlicher oder wirtschaftlicher Entrechtung.

Im Titel *Spoiled Foot* (ruinierter Fuß) sind verschiedene Interpretationsmöglichkeiten gegeben. Es kann der Hinweis auf einen Schritt sein, den jemand tut, um sich von Repressalien zu befreien, ein Schritt, um der ersehnten Freiheit oder dem Wunsch nach verbesserten Chancen näherzukommen, oder auch einer, der vom Versuch zu entkommen oder zu überleben motiviert ist. Auch regt uns *Spoiled Foot* zu Überlegungen über das Zu-Fuß-Gehen an, einer Fortbewegungsart, die infolge der Klassentrennung im öffentlichen Transportsystem für bestimmte Bevölkerungsschichten der US-amerikanischen Gesellschaft der einzige Ausweg war. Zudem lässt der Titel an Füße denken, die unter mühsamer Schwerstarbeit zerschunden wurden, und schärft so unser Bewusstsein dafür, welcher Preis für die Anpassung an widrigste Umstände und den anhaltenden Kampf um Überleben und Würde zu zahlen war. Im Hamburger Bahnhof von der Decke herabhängend, lädt *Spoiled Foot* das Publikum ein, sich der runden Form von allen Seiten anzunähern, das Werk aus wechselnder Perspektive zu betrachten und in immer andere räumliche Beziehung zum eigenen Körper zu setzen.

Spoiled Foot

The exhibition continues with the monumental sculpture *Spoiled Foot*. This abstract form hangs suspended from the ceiling, commanding attention with its imposing presence. Originally conceived for Bradford's presentation at the 2017 Venice Biennale where he represented the United States, *Spoiled Foot* was a centerpiece of his exhibition *Tomorrow Is Another Day*. Created from layers of paper, caulk, and rope, it embodies Bradford's distinctive approach of using everyday materials to create textured, resonant surfaces. Its fragmented appearance evokes themes of decay and neglect, resonating deeply with the artist's exploration of social and economic disenfranchisement.

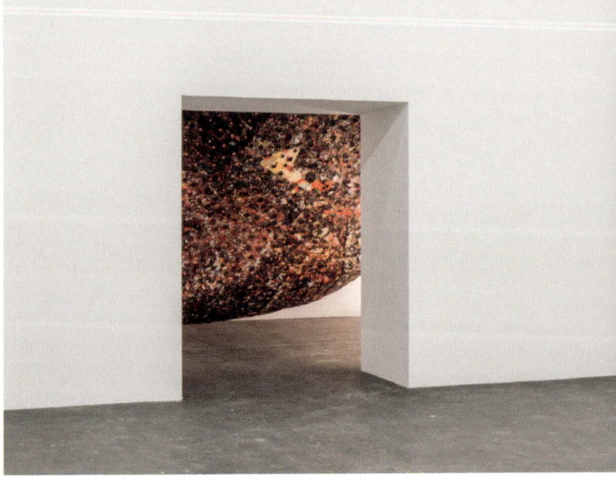

Mark Bradford, *Spoiled Foot,* 2016, Maße variabel / dimensions variable, **Mixed Media auf Leinwand, Holz und Trockenbauwänden** / mixed media on canvas, lumber, luan sheeting and drywall, **Courtesy the artist and Hauser & Wirth**

The title *Spoiled Foot* suggests various interpretations: moving away from oppressive conditions, striving towards freedom or opportunity, and endeavoring to escape or survive. It invites reflections on walking on foot as a consequence of class segregation in connection to transportation. Additionally, the title evokes feet worn down by laborious work, symbolizing the toll of resilience amidst adversity and the enduring struggle for dignity and survival. Suspended from the ceiling at Hamburger Bahnhof, *Spoiled Foot* demands the visitor moves around

Mithilfe der physisch erlebbaren, interaktiven Qualität der Skulptur erweitert Bradford seine Auseinandersetzung mit den physischen Einschränkungen und Zwängen, die von marginalisierten Communities erfahren werden, indem er sie hier auf die Körper des Ausstellungspublikums überträgt.

its spherical form, altering their bodily orientation and posture within the gallery space. The corporeal interactivity of the piece expands Bradford's exploration of the embodied experience of discomfort and constraint by marginalized communities throughout history onto the bodies of the visitor to his exhibition.

Pinocchio Is on Fire

Pinocchio Is on Fire

In den nächsten zwei Ausstellungsräumen ist *Pinocchio Is on Fire* (Pinocchio brennt) zu sehen, eine Installation, die aus drei Teilen besteht. Das ursprünglich 2010 konzipierte Werk ist aus diversen Komponenten zusammengesetzt, unter anderem geschwärzte Zeitungsseiten und schwarze Linoleumfliesen, wie sie in Schönheitssalons der 1980er-Jahre zu finden waren, in Verbindung mit einer Beleuchtung von oben und Nancy Wilsons Song *Tell Me the Truth* (Sag mir die Wahrheit). Schallplatten-Cover gehören ebenfalls dazu, die von Bradford umgestaltet wurden, indem er die originalen Darstellungen mit einem von ihm konzipierten *Pinocchio Is on Fire*-Poster kombiniert hat. Für die Präsentation im Hamburger Bahnhof entwickelte Bradford die ursprüngliche Version der Arbeit weiter, um die körperliche Wirkung zu intensivieren. Im ersten Teil der Gesamtinstallation finden sich die Besucher*innen vor einem langen, engen Tunnel wieder, der sich diagonal durch den gesamten Ausstellungsraum zieht. Von innen sind die Tunnelwände mit Hunderten von Zeitungsseiten ausgekleidet, die mithilfe von Tinte geschwärzt wurden und demzufolge unlesbar sind. Die bewusst herbeigeführte Dysfunktionalität stellt die Rolle der herkömmlichen Printmedien infrage. Von außen wurde der aus unbehandelten Holzplatten konstruierte Tunnel im Rohzustand belassen und lässt damit an den Backstagebereich im Theater oder bei einem Filmset denken. Auf spielerische Art übt Bradford Kritik daran, wie Informationen generiert und Bedeutung konstruiert und verunklart wird.

Occupying the next two galleries is *Pinocchio Is on Fire*, a three-part installation. Originally conceived in 2010, it features blacked-out newsprint, linoleum black tiles reminiscent of 1980s beauty shops, suspended lights, and Nancy Wilson's song *Tell Me the Truth*. Vinyl record covers, which Bradford remixed by blending original artwork with a *Pinocchio Is on Fire* poster he created, are also included. For its presentation at Hamburger Bahnhof, Bradford reconfigured the piece to further its corporeal impact. The first part of the installation features a long, narrow tunnel that runs diagonally across the entire space. Its internal walls are enveloped in hundreds of sheets of newsprint rendered illegible through layers of black ink. This deliberate obscurity challenges the conventional role of print media. The external walls of the tunnel, made of untreated wooden boards, are left unfinished akin to the backside of stage or movie sets, a playful critique of how information and meaning are constructed and diffused.

The emphasis on the corporeal experience in Bradford's adaptation of *Pinocchio Is on Fire* resonates with the central tenet of the piece: a refusal of the reductionism to which the gendered Black body is subjected, and the same body's representation in popular culture. The blacked-out papers symbolize the opacity of Black male sexuality. Here, Bradford refers to Teddy Pendergrass, who epitomized Black masculinity until his involvement with a transgender dancer shattered this image.

Pendergrass was a renowned American R&B singer, known for his powerful voice and commanding stage presence. In 1982, he was involved in a car accident that left him paralyzed from the chest down and drew attention due to

Die Betonung des körperlichen Erlebens in seiner ortsspezifischen Adaption von *Pinocchio Is on Fire* folgt dem zentralen Credo des Werks, und zwar erhebt Bradford Einspruch dagegen, auf Klischees reduziert zu werden, wie es gegenderten Schwarzen Körpern immer wieder widerfährt, und prangert die stereotypen Darstellungen dieser Körper in der Populärkultur an. Das geschwärzte Papier symbolisiert die Opazität der mit Schwarzen assoziierten männlichen Sexualität. Hiermit verweist Bradford auf Teddy Pendergrass, der in der Öffentlichkeit zum Inbegriff der Schwarzen Maskulinität avancierte, ein Image, das schließlich aufgrund der Tatsache zerstört wurde, dass er Umgang mit einer Transgender-Tänzerin pflegte. Pendergrass, ein renommierter amerikanischer R&B-Sänger, war für seine kraftvolle Stimme und überragende Bühnenpräsenz bekannt. Im Jahr 1982 war er in einen Autounfall involviert, der ihn vom Hals abwärts gelähmt zurückließ. Der Vorfall sorgte auch aufgrund der Anwesenheit von Tenika Watson, einer Transgender-Nachtclubtänzerin, für Aufmerksamkeit. Dass Watson mit Pendergrass im Auto saß, führte zu Gerüchten und Spekulationen, und zerstörte sein Image als heterosexueller Schwarzer und Männlichkeitssymbol.

Bradford stellt die These auf, dass Homosexualität bei Angehörigen der Schwarzen Community als unverzeihliche Sünde gilt. In der daraus resultierenden angespannten Situation, so Bradford, sähen sich viele queere Schwarze Männer außerstande, ihre wahre Identität auszudrücken. In der Tat lernte Bradfords Pinocchio so effektiv zu lügen, dass sein wahres Ich sogar für ihn selbst nicht länger erkennbar ist – ein Umstand, auf den ein blickdichtes schwarzes Quadrat verweist.

Nancy Wilsons Song *Tell Me the Truth* ist überall in der Installation zu hören. Das Lied exemplifiziert nicht nur die gesellschaftlichen Erwartungen an eine Hyper-Maskulinität, wie sie Schwarzen Männern immer wieder aufgezwungen wird, sondern beschreibt auch, welche Konsequenzen dies für Frauen haben kann, insbesondere für diejenigen, die von Partnern ohne ihr Wissen mit dem HIV-Virus infiziert wurden. Der 1963 erschienene Song spiegelt den Geist der Bürgerrechtsbewegung zu einer Zeit wider,

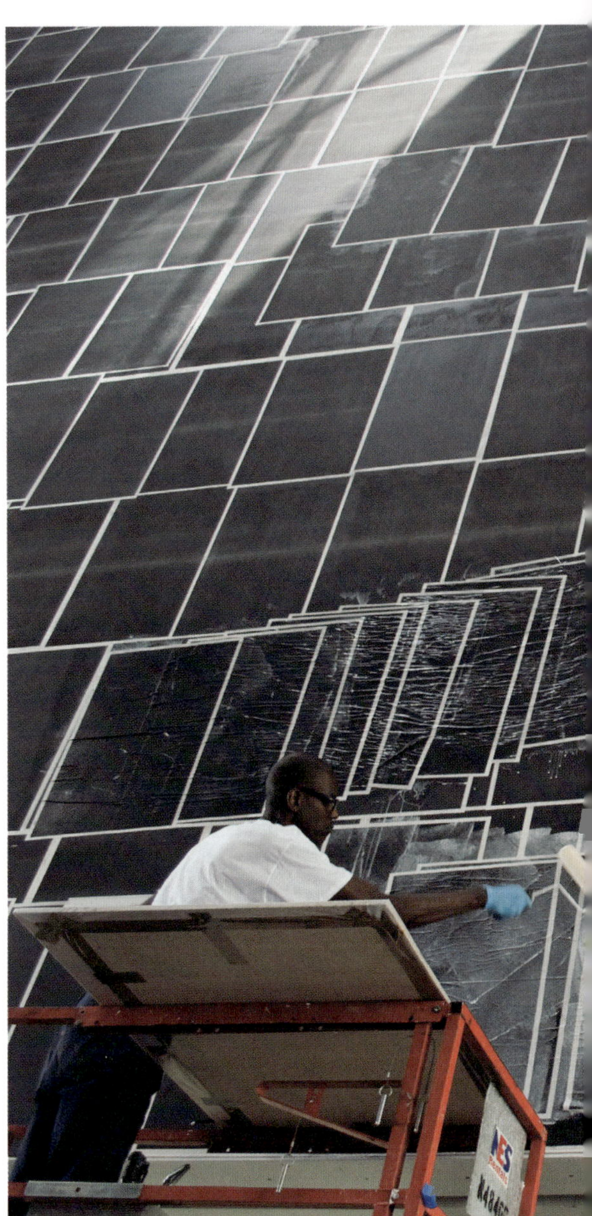

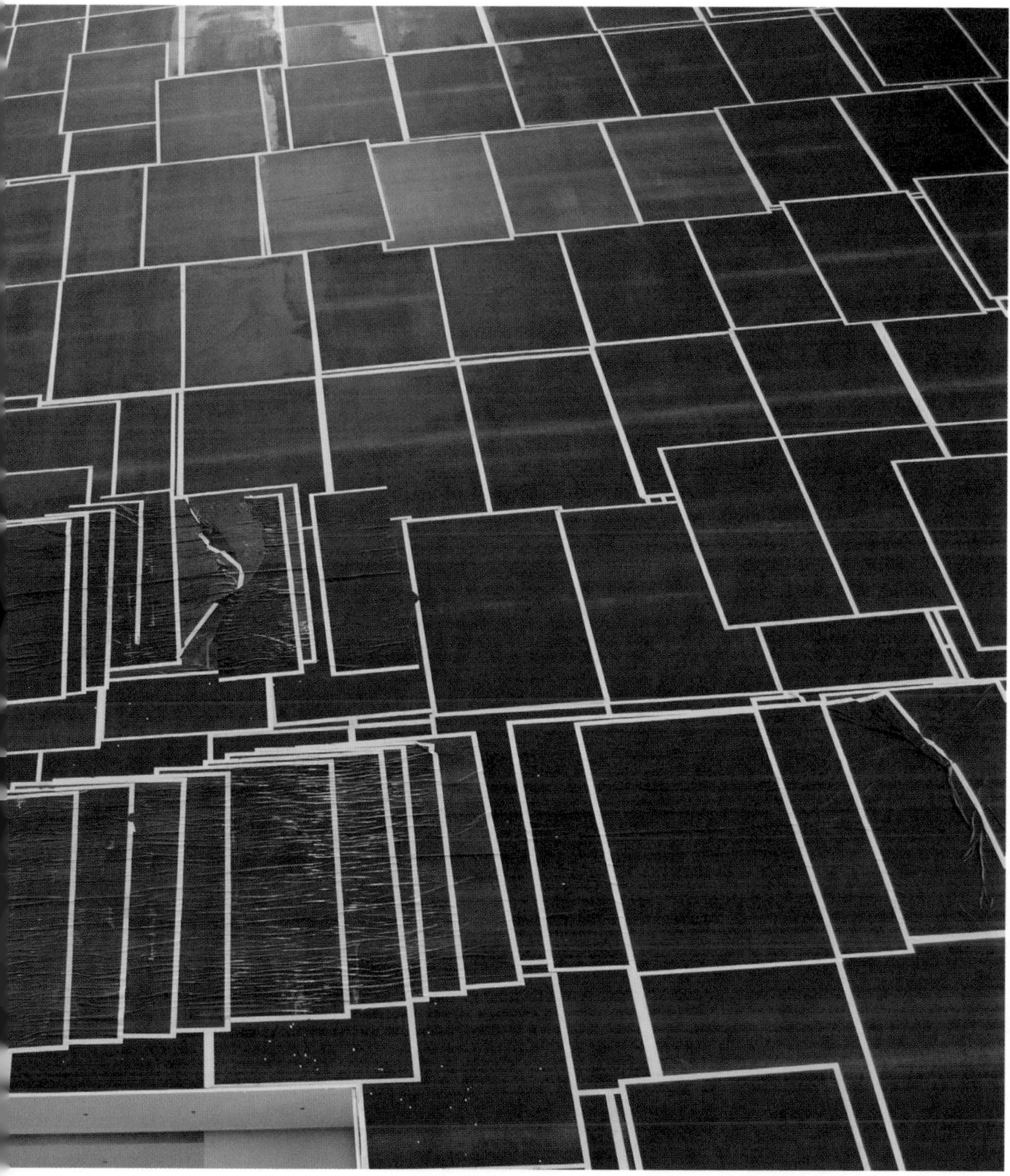

Mark Bradford bei der Installation von / installing *Pinocchio Is On Fire*,
Museum of Contemporary Art Chicago, Chicago, 2011

in der mancherlei Fortschritte zu verzeichnen waren, was die Gleichberechtigung der Geschlechter anbelangte – und doch wurde Homosexualität weiterhin stigmatisiert. Durch Wilsons Lied wird die emotionale Bedeutung von Bradfords Installation weiter intensiviert, da uns zu Bewusstsein gelangt, welche persönlichen und gesellschaftlichen Konsequenzen sich ergeben können, wenn man gezwungen ist, seine wahre Identität zu verbergen. Der Song dient uns als eindringliche Erinnerung an die noch immer verbreitete Unehrlichkeit und das tiefe Verlangen nach Authentizität im Leben derjenigen, die unter dem Druck der gesellschaftlichen Erwartungen zu leiden haben.

Die Schallplatten, die ebenfalls zur Installation gehören, symbolisieren, welche Bedeutung Musik besonders zur Zeit der HIV-Epidemie für die schwule Szene hatte. Neben ihrer eigentlichen Berufung fungierten Clubs als medizinische Versorgungsstationen oder Betreuungssysteme – und nicht zuletzt hatte man hier einen Ort, an dem Musik und Tanz die Melancholie eine Zeit lang vergessen ließen. Die insgesamt 27 Schallplatten stehen für 27 Bekannte von Bradford, die an AIDS verstarben. Welche Musik auf ihnen zu hören ist, spielt für den Künstler dabei keine Rolle. Unsere Aufmerksamkeit soll vielmehr auf die Hülle der Platten gelenkt werden. Jeder der Coverentwürfe ist ein Unikat, das Bradford, von seinem Poster *Pinocchio Is on Fire* ausgehend, eigens gestaltet hat.

Der zweite Teil, der zu *Pinocchio Is on Fire* gehört, im Hamburger Bahnhof allerdings nicht gezeigt wird, ist eine Schallplatte in einer Hülle aus Samt, auf deren Cover zu lesen ist: „It's easy to get arrested in this town when you stay out as late as I do." (In dieser Stadt wird man leicht verhaftet, wenn man nachts so spät unterwegs ist wie ich.) In der Edition mit 150 Exemplaren spielt Bradford eine von ihm selbst erfundene, fiktive Figur: Pinocchio J.P. Washington, eine Parodie von Teddy Pendergrass.

Im gedämpften Schein eines einzelnen roten Spotlichts präsentiert sich der dritte Teil der Installation, namentlich das Einkanalvideo

the presence of Tenika Watson, a transgender nightclub performer. The fact that Pendergrass had been in the car with Watson led to rumors and speculation, challenging his image as a heterosexual Black male icon.

Bradford suggests that homosexuality is an unforgivable sin for the Black community, creating a tension where queer Black men cannot freely express their true identities. Bradford's Pinocchio learned to lie so effectively that even he could no longer recognize his true self, represented by an opaque black square.

Nancy Wilson's song *Tell Me the Truth* permeates the entire installation. This song underscores the societal expectation of hyper-masculinity imposed on Black men and its impact on women, particularly those who unknowingly contracted AIDS from their partners. Released in 1963, the song resonates with the Civil Rights movement's spirit, a time marked by progressive strides towards equality, yet homosexuality remained stigmatized. Wilson's song amplifies the emotional gravity of Bradford's installation, highlighting the personal and societal consequences of concealing one's true identity. It serves as a haunting reminder of the pervasive dishonesty and the deep yearning for authenticity that permeates the lives of those living under the weight of societal expectations.

The vinyl records that accompany the installation symbolize the significance of music within the gay community, especially during the AIDS epidemic. Clubs served as hospitals, discos, and support systems, where music and dancing masked melancholy. The 27 records represent 27 people Bradford knew who died from AIDS. The music embossed on them is of no significance to Bradford. It is the cover that Bradford seeks to draw our attention towards. Each cover is a unique creation by the artist, based on the Pinocchio Is on Fire poster he created.

The second part of the installation, not present at Hamburger Bahnhof, is a record with a velvet cover that reads: "It's easy to get arrested in this town when you stay out as late as I do." In this edition of 150, Bradford plays a fictional character of his invention: Pinocchio J.P. Washington, a parody of Teddy Pendergrass.

Spiderman, das sich als eindrücklicher Kommentar zu den Normen unserer Gesellschaft und dem Umgang mit marginalisierten Stimmen erweist. Das sechsminütige Video zeigt einen Schwarzen Comedian, eine Transperson, die ihren Act einem amüsierten Publikum darbringt, wobei sich das Gelächter jedoch mit Unbehagen und etwas wie tiefem Erkennen mischt. Bradford lässt sich hier von der kruden, kontroversen Stand-up-Comedy der 1980er-Jahre inspirieren, insbesondere Eddie Murphys bahnbrechender Performance *Delirious* (Fantasierend) aus dem Jahr 1983, und setzt Humor als Mittel zur kritischen Introspektion ein.

Hinter der Fassade der Comedy verbirgt sich eine tiefgreifende Kritik daran, wie in der Gesellschaft mit Ignoranz und Falschinformationen umgegangen wird. Verweise auf Michael Jacksons Jheri-Locken, den Kampf des Rappers Eazy-E gegen HIV oder die AIDS-Krise in der Schwarzen Community verorten die Erzählung in einem spezifischen historischen Kontext und beleuchten die diversen Probleme, die an der Schnittstelle von Race, Gender-Identität und Sexualität weiterhin vorhanden sind.

Während das Konzept ursprünglich vorsah, dass Bradford selbst in Erscheinung treten sollte – und zwar in eine rote Lederjacke gekleidet, wie Murphy sie trug – wurde *Spiderman* schließlich zu einer Installation, in der der Performer unübersehbar fehlt. Der Comedian selbst bleibt unsichtbar; auf dem Bildschirm sind lediglich die Worte zu lesen, die er spricht. In dieser Abwesenheit manifestiert sich eine überaus wirksame Kritik, denn wir werden uns auf anschauliche Weise der Mechanismen bewusst, wie marginalisierte Stimmen im öffentlichen Diskurs beiseitegeschoben oder auf bloße Klischees oder Pointen reduziert werden können. Bradfords *Spiderman* regt die Betrachter*innen zu Überlegungen an, welch tiefere Bedeutung oft mit Humor verbunden ist, etwa wenn das Eingeständnis von gesellschaftlichen Missständen mit Lachen überspielt wird.

In the dim glow of a solitary red spotlight, *Spiderman*, a single-channel video that is the third part of the installation, unfolds as a poignant exploration of societal norms and marginalized voices. Lasting six minutes, the piece features a Black transgender comedian delivering a routine to a laughing audience whose chuckles are tinged with discomfort and revelation. Drawing inspiration from the raw and controversial stand-up comedy of the 1980s, particularly Eddie Murphy's seminal 1983 performance *Delirious*, Bradford uses humor as a tool for critical introspection.

Within this comedic veneer lie profound critiques of societal attitudes towards ignorance and misinformation. References to Michael Jackson's Jheri curls, rapper Eazy-E's battle with HIV, and the AIDS crisis in the Black community anchor the narrative in a specific historical context, illuminating persistent issues at the intersections of race, gender identity, and sexuality.

Originally envisioned with Bradford himself donning a red leather jacket reminiscent of Murphy's attire, *Spiderman* has evolved into an installation where the physical performer is conspicuously absent. The comedian himself is never visible; only the words that he is saying appear on the screen. This absence serves as a potent critique, highlighting how marginalized voices can be sidelined in public discourse, reduced to mere stereotypes or punchlines. Through *Spiderman*, Bradford challenges viewers to confront the implications of humor, urging reflection on how laughter can obscure deeper societal injustices.

Pinocchio Is on Fire, as Bradford's broader installation is titled, emerges as a layered narrative of transformation, blurring the boundaries between performance and installation art. It deftly captures a masculinity grappling with repression yet evolving through Bradford's nuanced portrayal. His adept use of found materials—newspaper clippings, vinyl records, and audio recordings—coupled with his talents as a scriptwriter and performer, underscores his exploration of the socio-political landscapes that shape Black gendered experiences.

Through *Spiderman* and beyond, Bradford invites contemplation not only of the fluidity of

Pinocchio Is on Fire, so der Titel von Bradfords Gesamtinstallation, ist eine aus vielen Handlungsebenen zusammengesetzte Erzählung, in der die Grenzen zwischen Performancekunst und Installation verwischen. Mit versierter Hand zeichnet Bradford das Bild einer Maskulinität, die mit der eigenen Unterdrückung zurechtzukommen sucht, durch die nuancierte Darstellung des Künstlers jedoch nichtsdestoweniger eine Entwicklung durchlebt. Seine Untersuchung der gesellschaftspolitischen Umstände, von denen die Erfahrungen Schwarzer gegenderter Personen geprägt werden, vermitteln sich anschaulich durch den empfindsamen Umgang mit gefundenen Materialien – mit Zeitungsartikeln, Schallplatten und Audioaufnahmen – gepaart mit den Talenten des Künstlers als Geschichtenerzähler und Performer.

Mit *Spiderman* und auch auf allgemeinerer Ebene lädt Bradford zum Nachdenken über die fließende Natur unserer Identitäten und den anhaltenden Einfluss der prädominanten kulturellen Erzählungen auf die zeitgenössische Gesellschaft ein.

Im Anschluss an *Pinocchio Is on Fire* können die Ausstellungsbesucher*innen eine Reihe von Räumen erkunden, die einem weiteren zentralen Motiv in Mark Bradfords Œuvre gewidmet sind: den tiefen Rissen in der Gesellschaft, die durch sozioökonomische Ungleichheit entstehen. Von eigenen Kindheitserlebnissen in South Los Angeles motiviert, untersucht Bradford so diverse Aspekte wie Verwahrlosung, nachbarschaftliche Konflikte oder auch die Widerstandsfähigkeit des menschlichen Körpers und zeigt so das ganze Stratum der Verhältnisse auf, wie sie in den Vierteln dieser Gegend anzutreffen sind. Er erforscht die unterschwelligen Spannungen und offenen Konflikte, die auf soziale Ungleichheit zurückzuführen sind, und richtet sein Augenmerk auf Phänomene wie Gentrifizierung, ethnisch motivierte Vorurteile oder den allerorts erkennbaren Einfluss des Kapitalismus auf unsere städtischen Umfelder.

Mithilfe von gefundenen Sperrholzplatten und Straßenplakaten stellt Bradford einen konkreten Bezug zu dem Milieu her, aus dem

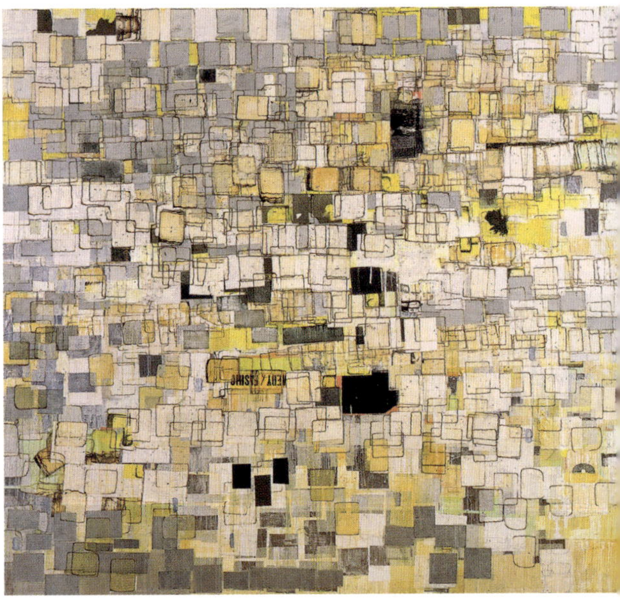

Mark Bradford, *Nasty Put Some Clothes On*, 2002, 183 x 213 cm, Mixed Media auf Leinwand / mixed media on canvas, Courtesy the artist and Hauser & Wirth

identity but also of the enduring influence of cultural narratives on contemporary society.

Upon exiting *Pinocchio Is on Fire*, the visitor traverses a sequence of rooms devoted to another core motif in Mark Bradford's oeuvre: the profound fissures born from socio-economic disparity. Inspired by his upbringing in South Los Angeles, Bradford peels back the strata of neglect, strife, and resilience endemic to neighborhoods. He scrutinizes the underlying frictions and clashes stemming from inequity, addressing issues like gentrification, racial bias, and the pervasive impacts of capitalism on cityscapes.

Through salvaged plywood and street posters, Bradford nods to the physical milieu that fuels his creativity and underscores the socio-economic underpinnings shaping it. At Hamburger Bahnhof, his exhibition unfolds with several works that explore these realities through diverse yet interconnected lenses. Each piece serves as a poignant testament to Bradford's astute inquiry into the fault lines of contemporary urban life.

sich seine Kreativität nährt, und evoziert den sozioökonomischen Unterbau, dem sie entspringt. In seiner Ausstellung im Hamburger Bahnhof sind mehrere Arbeiten versammelt, die diese Realitäten aus verschiedenen, aber dennoch verwandten Perspektiven erforschen. Jedes der Werke zeugt von Bradfords scharfsinniger Auseinandersetzung mit den Spannungslinien, die im zeitgenössischen Großstadtleben zu identifizieren sind.

End Papers-Serien

Drei überdimensionale Werke dominieren einen ganzen Ausstellungraum. Auf den ersten Blick scheint es sich um schlichte weiße Flächen zu handeln, die von präzisen horizontalen und diagonalen Linien durchzogen sind. Bei näherer Betrachtung jedoch werden in den Leinwänden Schichten von verwirrender Komplexität erkennbar, wie sie für Bradfords künstlerischen Ansatz typisch sind. Die speziell für die Ausstellung konzipierten Arbeiten sind die jüngsten Beispiele aus seiner fortlaufenden Werkgruppe der *End Papers* (Dauerwellenpapier), die in engem Bezug zu Bradfords familiärem Hintergrund steht. Die Serie erforscht Themen wie Klassenzugehörigkeit und stellt Verbindungen zwischen einem spezifischen Material und allgemeineren gesellschaftlichen Zusammenhängen her.

Die *End Papers* haben einen besonderen Stellenwert in Bradfords künstlerischer Arbeit. Bereits in den frühen 2000er-Jahren begann er, dieses besondere Material, das er aus seiner frühen Kindheit kannte, zu untersuchen. „End papers" sind dünne Einwegpapiere, die das Haar beim Legen von Dauerwellen vor Hitzeschäden schützen, was besonders bei der Behandlung von Schwarzem Haar wichtig ist. Bradfords Technik besteht darin, diese Spitzenpapiere – Massenprodukte in Schwarzen Friseursalons – minutiös auf Leinwänden zu schichten, die mit Farbe behandelt werden; gelegentlich werden auch weitere Elemente hinzugefügt. Zunächst versengt er das Spitzenpapier an den Rändern mit einer Flamme, sodass eine dunkle Umrisslinie entsteht. In ein-

End Papers Series

Three expansive paintings command an entire gallery space, initially presenting as simple white surfaces marked with precise horizontal and diagonal lines. Yet upon closer examination, these canvases reveal layers of intricate complexity characteristic of Bradford's artistic approach. Crafted specifically for this exhibition, they stand as the latest offerings in his ongoing *End Papers* series. This collection is intimately entwined with Bradford's personal narrative. It delves into themes of class, and the intersection of material choices within broader societal contexts.

The *End Papers* series marks a pivotal phase in Bradford's evolving artistic odyssey, commencing in the early 2000s when he revisited materials from his early upbringing in South Los Angeles. End papers are thin, disposable papers that protect the hair from heat damage when perming, which is particularly important when treating Black hair. Bradford's meticulous technique involves layering these papers, commonplace in Black hair salons, onto canvases treated with paint and occasional embellishments. His method includes singeing the edges of the end papers with flame, leaving a darkened outline. Arranged in overlapping layers, these charred-edged papers yield patterns and textures that enrich the works with depth and complexity. Over time, the *End Papers* series evolved in scale and intricacy, transitioning from smaller, intimate pieces to grander, more detailed compositions.

Bradford's use of end papers is profoundly personal and symbolic, rooted in memories of his mother's beauty salon—a space of transformation and community. Choosing end papers as his medium serves as a potent critique of socio-economic disparity. Typically discarded post-use, here they are repurposed into objects of value, transforming everyday items into artworks that challenge established norms of worth, reflecting Bradford's broader inquiry into questions of social equity.

ander überlagernden Formationen angeordnet, erzeugen die Blätter mit ihren verkohlten Rändern sodann Muster und Texturen, die den Werken Tiefe und Komplexität verleihen. Mit der Zeit wurden die *End Papers* immer größer und komplexer; aus kleinformatigen, intimen Arbeiten entwickelten sich groß angelegte Kompositionen mit einem schier unerschöpflichen Reichtum an Details.

Bradfords Gebrauch des Spitzenpapiers ist zutiefst persönlicher und symbolischer Natur; sein Material verbindet sich mit Erinnerungen an den Friseursalon seiner Mutter – einem Raum, in dem sich alles um Transformation und Gemeinschaft drehte. Mit seiner Entscheidung für das Spitzenpapier als sein künstlerisches Medium äußert der Künstler eine deutliche Kritik an der sozioökonomischen Ungleichheit, wie sie sich bis heute durch die Gesellschaft zieht. Das Papier, das nach der Anwendung für gewöhnlich im Müll landet, wird hier umfunktioniert und in ein Objekt von Wert verwandelt. Ein rein funktionales Alltagsobjekt wird zu einem Kunstwerk, das die gängigen Vorstellungen darüber, was wir als wertvoll betrachten, erschüttert. In gleichem Zuge wird auch in dieser Serie Bradfords allgemeineres Anliegen, die Forderung nach gesellschaftlicher Gleichberechtigung, zum Ausdruck gebracht.

Death Drop

Inmitten der drei oben erwähnten Arbeiten aus der *End Papers*-Serie begegnet uns Mark Bradfords skulpturales Werk *Death Drop* (2023). Es ist eine überdimensionale Nachbildung von Bradfords eigenem Körper, hier in der ikonischen Death Drop-Pose aus der amerikanischen Ballroom Culture dargestellt. Die Entscheidung des Künstlers, den eigenen Körper als Modell zu benutzen, verleiht der Skulptur autobiographisches Gewicht und bringt

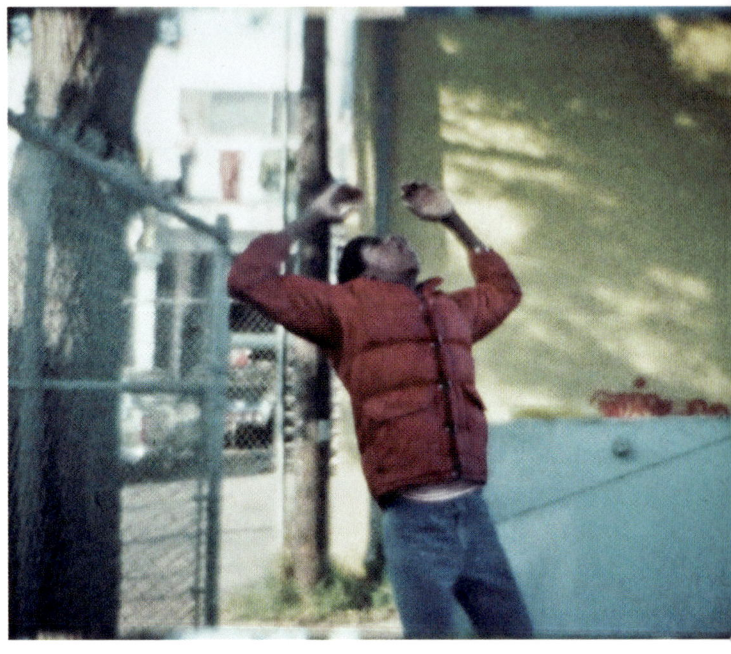

Mark Bradford, *Death Drop,* 1973, Maße variabel / dimensions variable, Einkanal-Video / single-channel video, Farbe, 0:20 Min. (Loop), Courtesy the artist and Hauser & Wirth

Death Drop

Nestled among the three commanding paintings mentioned above is Mark Bradford's sculpture *Death Drop* (2023), positioned at the room's center. It emerges as a monumental embodiment of the artist's body, captured in the iconic Death Drop pose from ballroom culture. Bradford's choice to feature his own body infuses the sculpture with autobiographical weight, echoing themes of vulnerability and defiance.

Inspired by Bradford's early cinematic explorations, notably *Death Drop* (1973), where a youthful Bradford portrayed himself falling as if struck by a bullet, the sculpture extends this motif into three-dimensional reality. Enlarged and suspended mid-movement, Bradford's figure embodies both physical collapse and metaphorical ascent. This dualism poignantly captures the tension between mortality and transcendence.

Death Drop (2023) moves beyond static representation to become a dynamic commentary on performance and persecution. The pose, celebrated in ballroom culture for its flamboy-

Themen wie Verletzlichkeit ins Spiel, aber auch den Willen zum Widerstand.

Die Skulptur, die von frühen filmischen Untersuchungen des Künstlers inspiriert wurde – namentlich *Death Drop* (1973), das einen jugendlichen Bradford im Fallen, wie von einer Kugel niedergestreckt, zeigt – überführt das Motiv in die dreidimensionale Realität. Vergrößert und in der Bewegung festgehalten, verkörpert die Figur des Künstlers sowohl einen physischen Sturz als auch den metaphorischen Aufstieg.

Über die rein statische Darstellung hinaus kann *Death Drop* (2023) als dynamischer Kommentar zu Fragen der öffentlichen Selbstdarstellung und der Verfolgung bestimmter Personen verstanden werden. Die Pose – in der Ballroom Culture aufgrund ihrer extravaganten Trotzhaltung zelebriert – findet ihren Nachhall in Bradfords soziohistorischer Erzählung. Die Wahl seiner Materialien, einschließlich der symbolischen Steppjacke, unterstreicht die Verletzlichkeit queerer Körper außerhalb ihrer geschützten Räume und fordert die Betrachter*innen zur Auseinandersetzung mit der Diskriminierung auf, die in den Normen unserer Gesellschaft und in unserer Sprache angelegt ist.

Mithilfe dieser Kombination aus persönlicher Geschichte und zeitgenössischem Diskurs eröffnet Bradford einen leidenschaftlichen Dialog über die Kämpfe der Vergangenheit und die Realitäten der Gegenwart. *Death Drop* zeugt nicht nur von Bradfords individueller Entwicklung als Künstler, sondern ist auch eindrucksvoller Beleg eines fortgesetzten Strebens nach Sichtbarkeit.

Zwei Werke, die sich mit sozioökonomischer beziehungsweise queerer Verletzlichkeit auseinandersetzen, spielen eine wichtige Rolle in Bradfords Œuvre: die in jüngerer Zeit entstandene großformatige Malerei *Manifest Destiny* (Offensichtliche Bestimmung) (2023), die aus drei Teilen besteht, und die Videoinstallation *Deimos* (2015). In ihrer direkten Gegenüberstellung erzeugen sie einen intensiv erlebbaren Raum, in dem sich die Besucher*innen inmitten der Formen der Ausbeutung wiederfinden, die in den jeweiligen Arbeiten evoziert wird.

ant defiance, finds resonance within Bradford's sociohistorical narrative. His choice of materials, including the symbolic puffer jacket, underscores the vulnerability of queer bodies outside cultural sanctuaries, prompting viewers to confront the inherent discrimination in societal norms and language.

Through the fusion of personal history with contemporary discourse, Bradford constructs a poignant dialogue on past struggles and present realities. *Death Drop* stands as a testament to Bradford's artistic evolution and a powerful statement on the ongoing quest for visibility.

Echoing the themes of socio-economic and queer vulnerability respectively are two works that occupy a significant position in Bradford's oeuvre: the more recent three-part, large-scale painting *Manifest Destiny* (2023) and the video installation *Deimos* (2015). Positioned facing each other, their placement plunges the visitor into a space of direct confrontation between the forms of exploitation that the works evoke.

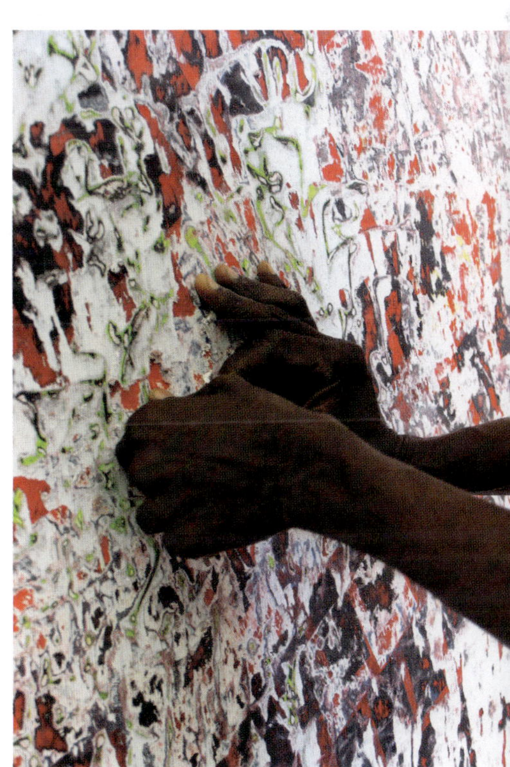

Mark Bradford, 2007

Manifest Destiny

Bradfords monumentales Bild *Manifest Destiny* konfrontiert die Betrachter*innen mit einer physisch eindringlichen Kritik am Gedanken des US-amerikanischen Expansionismus und der sozioökonomischen Ausbeutung der Gegenwart. Die Arbeit, die vom Fußboden bis an die Decke reicht, besteht aus dicken Schichten von Papier, die der Künstler von Reklametafeln an den Fassaden von Los Angeles erbeutet hat und auf denen die Botschaft „Johnny Buys Houses" (Johnny kauft Häuser) zu lesen ist. In den knappen Worten klingen historische und moderne Ungerechtigkeiten an; Parallelen zwischen der Landnahme zu Zeiten der Kolonialherrschaft und dem Turbokapitalismus der heutigen Zeit drängen sich auf.

Der Titel *Manifest Destiny* nimmt auf die gleichnamige Doktrin des 19. Jahrhunderts Bezug; mit dem Gedanken der „offensichtlichen Bestimmung" sollte das Vorrücken in Richtung Westen als göttliche Mission der USA legitimiert werden. Bradfords Interpretation wiederum erteilt jedem Anflug von Romantik eine schonungslose Absage; er entlarvt die Ideologie als Instrument der Zwangsenteignung, Vertreibung und kulturellen Auslöschung. Die fragmentierten Schichten der Teilstücke, aus Überresten von Plakaten und Werbebildern zusammengesetzt, evozieren die optisch chaotische Komplexität, die typisch für unsere Stadtlandschaften ist, und enthalten den ausdrücklichen Hinweis auf die Erzählungen marginalisierter Communities, die zumeist unter der Oberfläche verborgen bleiben.

Bradfords Wahl von Materialien aus dem Baumarkt entspricht seinem Anliegen, Alltagsobjekte in tiefsinnige Aussagen über Macht und Geschichte zu verwandeln. Sein *Manifest Destiny* ist der vordringliche Appell an die Betrachter*innen, sich mit den bis heute spürbaren Folgen von Ausbeutung und Vertreibung auseinanderzusetzen. Der Künstler zieht dabei eine direkte Verbindungslinie vom historischen Unrecht, das an den Native Americans begangen wurde, bis hin zur Gentrifizierung und der wirtschaftlichen Ungleichheit der heutigen Zeit. Bradford ruft zum kritischen Nachdenken dar-

Manifest Destiny

Bradford's monumental painting *Manifest Destiny* confronts viewers with a visceral critique of American expansionism and contemporary socio-economic exploitation. Composed of thick panels of billboard paper sourced from the walls of Los Angeles, the artwork stretches from floor to ceiling, emblazoned with the proclamation "Johnny Buys Houses." This phrase hauntingly echoes historical and modern injustices, drawing parallels between past colonial conquests and present-day predatory capitalism.

The title *Manifest Destiny* harkens back to the 19th-century doctrine used to justify America's westward expansion as a divine mission. Bradford's interpretation starkly strips away any romanticism, revealing it as a tool for expropriation, displacement, and cultural erasure. The fragmented layers of the panels, adorned with remnants of posters and advertisements, evoke the chaotic visual tapestry of urban landscapes, alluding to the obscured narratives of marginalized communities.

Bradford's choice of materials from hardware stores underscores his commitment to repurposing everyday objects into profound statements on power and history. *Manifest Destiny* demands viewers confront ongoing legacies of exploitation and displacement, drawing direct lines from historical injustices against Native Americans to contemporary issues of gentrification and economic inequality. Bradford urges critical reflection on how colonial ideologies continue to shape American society today.

This painting serves as a poignant reminder of the unresolved tensions between progress and exploitation in the American narrative.

Deimos

Displayed on a large LED wall, the video work *Deimos* resurrects the legacy of The Roxy, a legendary roller disco and gay club in Chelsea, New York. Once a vibrant hub of nightlife and solidarity, The Roxy succumbed to the relentless forces of gentrification and the gradual fading of New York's historic club culture in 2007.

über auf, in welchem Ausmaß die US-amerikanische Gesellschaft bis heute von kolonialem Gedankengut geprägt ist.

Das Werk erinnert auf einprägsame Art und Weise an das bis heute nicht bewältigte Spannungsverhältnis zwischen Fortschritt und Ausbeutung in der Geschichte der USA.

Deimos

Großformatig auf einer LED-Wand zu sehen, erweckt die Videoarbeit *Deimos* das legendäre Roxy zu neuem Leben, einen ehemaligen Schwulenclub mit Rollschuh-Disco in Chelsea, New York. Das Roxy, früher ein lebenssprühender Treff, um das Nachtleben zu genießen und sich mit anderen solidarisch zu zeigen, musste 2007 schließen; es wurde Opfer der erbarmungslos fortschreitenden Gentrifizierung und kann somit als exemplarisches Beispiel für das allmähliche Aussterben der geschichtsträchtigen New Yorker Clubkultur gelten.

In *Deimos* entwickelt Bradford eine faszinierende visuelle Erzählung: Orange und braune Räder rollen, von ihren Rollschuhen getrennt, willkürlich über eine unaufgeräumte Oberfläche. Die Bilder, eine berührende Hommage an unzählige durchfeierte Nächte und die vielen gemeinsamen Erlebnisse, die die Stammkundschaft des Roxy zusammenschweißten, werden von Sylvesters Discohit *Grateful* (Dankbar) von 1978 begleitet, einer zutiefst anrührenden Melodie. Der Sänger Sylvester, dessen Name unauslöschlich mit dem Nachtleben in LA verbunden ist und der von der Szene heißgeliebt war, verstarb 1988 tragischerweise an Komplikationen, die auf AIDS zurückzuführen waren, sodass Bradfords Installation ein Element des Innehaltens und trauernden Gedenkens enthält.

Der Soundtrack zum Video, für den der Song auf die Hälfte des Tempos verlangsamt wurde, erfüllt den Raum mit einem melancholischen, sonoren Klang, einer Atmosphäre, die die tiefgreifenden Auswirkungen von AIDS spürbar werden lässt, wie auch die Erinnerungen an die Menschen, die man während der Epidemie verlor. Für Bradford, der die kultu-

In *Deimos*, Bradford constructs a mesmerizing visual narrative: orange and brown wheels, detached from their skates, roll erratically across a cluttered surface. This imagery serves as a poignant homage to the countless nights and shared experiences of The Roxy's patrons, set to the haunting melody of Sylvester's 1978 disco anthem *Grateful*. Sylvester, a beloved figure of LA's nightlife scene, tragically passed away from AIDS-related complications in 1988, adding layers of somber reflection to Bradford's installation.

The video's soundtrack, slowed to halfspeed, imbues the space with a melancholic yet resonant atmosphere, echoing the profound impact of AIDS and commemorating those lost during the epidemic. For Bradford, who navigated the cultural landscapes of 1980s Los Angeles as a young gay Black man, *Deimos* becomes a personal tribute to the resilience and camaraderie found amidst adversity.

Bradford transforms mundane remnants of the past—abandoned roller-skate wheels—into potent symbols of cultural memory and loss. Like the critique of capitalist expansionism embedded with *Manifest Destiny*, *Deimos*'s evocation of The Roxy's legacy highlights how gentrification and urban redevelopment have erased spaces vital to queer communities, emphasizing the broader socio-economic shifts that marginalize and displace vulnerable groups.

Float

Vulnerability, manifest through corporeal motion, stands at the core of the installation awaiting the visitor in the adjacent space. Bradford's intervention unfolds across the gallery floor, fashioned from hundreds of 20-meter-long strips of painted paper. Executed in Bradford's signature accretion style, the work meticulously layers materials gleaned from urban environments, subjecting them to the abrasive forces of sanding and pulling and unveiling unforeseen hues and textures. Bradford conjures a turbulent seascape through the stratification of salvaged artifacts—billboard flyers, posters, twine, canvas, and an array of found objects.

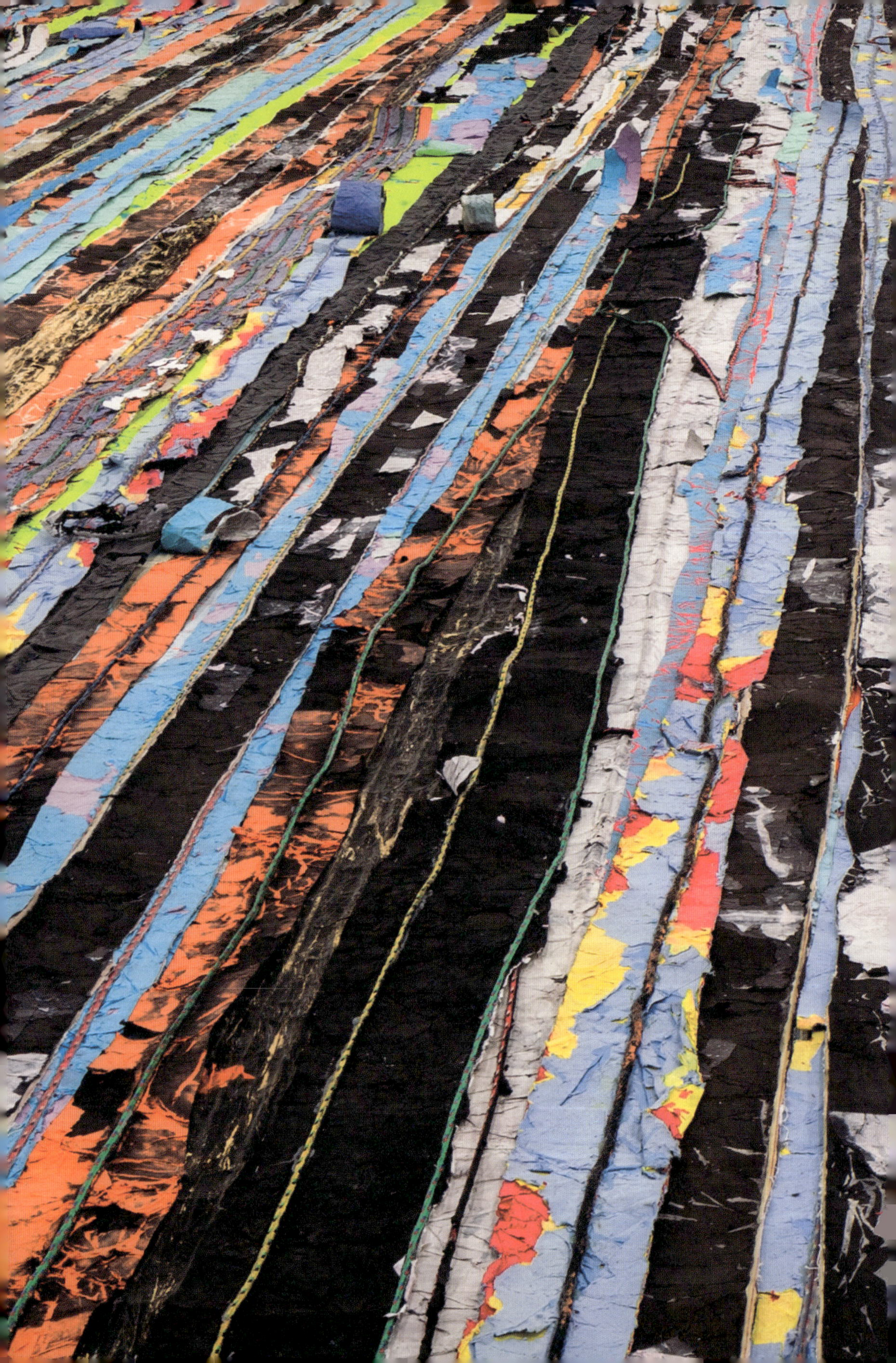

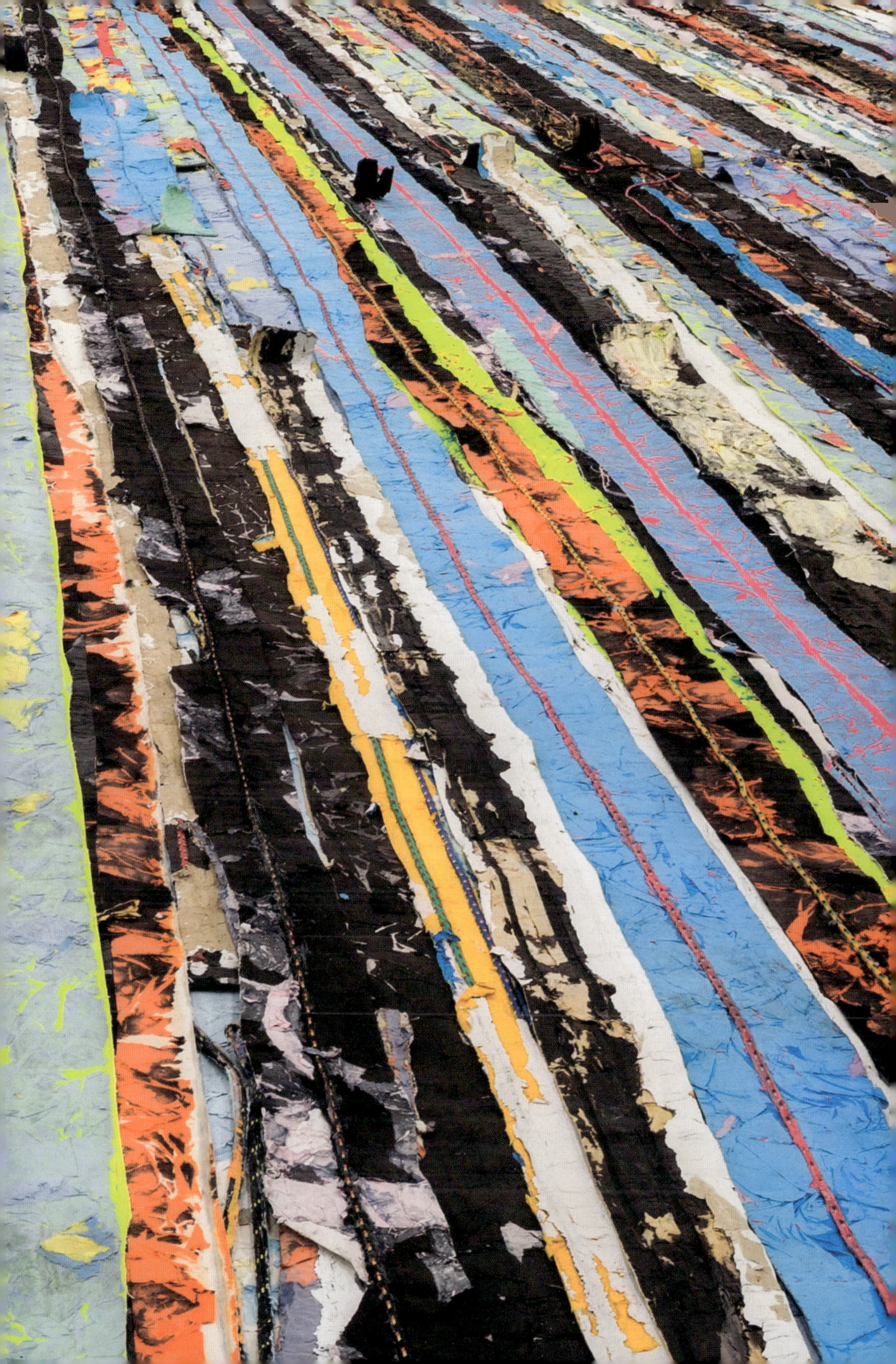

relle Szene im Los Angeles der 1980er-Jahre als junger Schwarzer, schwuler Mann erlebte, ist *Deimos* ein persönlicher Tribut an die Widerstandskraft der Menschen und die enorme Solidarität, die inmitten widrigster Umstände zutage trat.

Bradford macht profane Relikte aus der Vergangenheit – die Räder ausrangierter Rollschuhe – zum Teil unseres kulturellen Gedächtnisses und verwandelt sie in wirkmächtige Symbole für den erlittenen Verlust. In ähnlicher Manier wie die in *Manifest Destiny* geäußerte Kritik am kapitalistischen Expansionismus, zeigt sich am Beispiel des legendären Roxy in *Deimos*, wie Räume, die für die queere Community unersetzlich waren, der Gentrifizierung und städtischen Sanierungsmaßnahmen weichen mussten. Damit zeichnet Bradford auch ein allgemeineres Bild der sozioökonomischen Verschiebungen, die dazu führen, dass vulnerable Gruppen immer weiter an den Rand der Gesellschaft gedrängt werden.

Float

Verletzlichkeit, die sich mithilfe von physischer Bewegung offenbart, ist das Thema der Installation, die die Besucher*innen im nebenan gelegenen Raum erwartet. Bradfords Intervention erstreckt sich über den Boden der Galerie und ist aus Hunderten von 20 Meter langen bemalten Papierstreifen gefertigt.

Bradford schichtete akribisch Materialien aus dem städtischen Umfeld übereinander, setzt sie den aggressiven Kräften des Schleifens und Ziehens aus und bringt so unvorhergesehene Farbtöne und Texturen zum Vorschein. In seinen Schichtungen dieser zusammengetragenen Artefakte – Fetzen von Plakatwänden, Flyer, Poster, Schnur, Leinwand und einer Ansammlung anderer gefundener Objekte – evoziert Bradford nichts weniger als eine aufgewühlte Meereslandschaft.

Die immersive Formation, eine speziell für die Ausstellung konzipierte Arbeit, lädt die Betrachter*innen zum Begehen ein, um den Reichtum ihrer Texturen an jeder Stelle zu erkunden. Dabei sollen wir uns, so will es der

This immersive creation, conceived explicitly for the exhibition, beckons viewers to walk on its textured terrain. Bradford's installation prompts a contemplation of discomfort elicited by unconventional actions within institutionalized settings. This unease, borne of coercing the body into unfamiliar modes that defy decorum, metaphorizes the self-consciousness experienced by those who defy or elude predetermined social constructs. Just as walking upon the artwork disrupts the passive gaze, daring to transgress normative societal boundaries can provoke marginalization and systemic exclusion.

In his latest endeavor, Bradford dissolves distinctions between painting and sculpture, transforming the gallery floor into a dynamic, three-dimensional topography that extends reflections on violence and resilience into the visitor's physical experience. The installation operates as both a metaphorical and literal platform—one to be traversed, critiquing social oppression through the embodied act of movement.

At the far end of the space in which *Float* is installed, a projection of a young man, hovering above the floor, beckons the visitor forth. It sets the stage for the subsequent encounter with a selection from the *Merchant Posters* series, both artworks converging to underscore Bradford's profound interrogation of social struggles, and the resilient spirit embedded in everyday acts of navigation and negotiation.

Merchant Posters

Bradford's *Merchant Posters* series springs from the wild, pulsing heart of South Los Angeles, where vibrant, unruly advertisements stake their claims on telegraph poles, shop fronts, and every available surface in between. These posters are not just visual clutter—they are urgent messages to those living on society's edge, promises of quick loans, legal lifelines, and expedited paths through the bureaucratic thickets.

Bradford, with the eyes of a seer and the hands of a bricoleur, salvages these fragments of urban life. He does not just collect; he resur-

Künstler, mit dem Unbehagen auseinandersetzen, das sich nicht selten bei uns einstellt, wenn wir aufgerufen sind, in einem institutionellen Rahmen auf unkonventionelle Weise zu agieren. Das Gefühl der Unsicherheit, dem Körper ein ungewöhnliches Verhalten zuzumuten und dabei den im Museum üblichen Regeln zuwiderzuhandeln, versteht der Künstler als Parallele zu einer anderen Form der Nötigung: dem Druck, unter dem Menschen stehen, die sich gegen die von der Gesellschaft vorgeschriebenen Regeln auflehnen oder sich ihnen entziehen. Ebenso wie das Hinwegschreiten über das Kunstwerk eine rein passive Rezeption des Werks unmöglich macht, kann das Wagnis, die normativen gesellschaftlichen Grenzen zu überschreiten, Marginalisierung und systemische Exklusion zur Folge haben.

In diesem jüngsten Unterfangen, in dem er die Grenze zwischen Malerei und Skulptur verwischt, verwandelt Bradford den Fußboden des Ausstellungsraums in eine dynamische, dreidimensionale Topografie; ein Terrain, in dem die Auseinandersetzung des Künstlers mit Phänomenen wie Gewalt und Widerstandskraft für die Betrachter*innen physisch real erlebbar wird. Die Installation fungiert buchstäblich wie auch im übertragenen Sinn als Plattform – sie ist ein Areal, das die Ausstellungsbesucher*innen durchqueren können, um der hier thematisierten gesellschaftlichen Unterdrückung mit den Bewegungen des eigenen Körpers nachzuspüren und sich aktiv dagegen zu positionieren.

Am hinteren Ende des Raumes, in dem *Float* (Floß) gezeigt wird, fällt die Projektion eines jungen Mannes in den Blick, der über dem Fußboden zu schweben scheint. Das Bild stimmt uns auf die anschließende Begegnung mit einer Auswahl aus der Serie der *Merchant Posters* (Händler-Poster) ein. Im Zusammenspiel der Werke wird Bradfords tiefes Gespür für gesellschaftliche Konflikte abermals ins Bewusstsein gebracht – es regt sich aber auch der Geist des Widerstands, wie er auch im alltäglichen Handeln und Verhandeln von Menschen spürbar ist.

rects. His process is one of tearing, sanding, and layering, a physical engagement with the very skin of the city. Each piece is a palimpsest, an urban manuscript overwritten by the urgent demands of daily survival and the relentless march of capital. This inundation of commercial imagery, Bradford reflects, creates a psychic mass, a dense overlay that exerts a relentless pressure on those who live beneath it.

In *Merchant Posters*, Bradford makes the city speak. Fragmented texts and ghostly images come together in a dance of revelation and concealment. Through his layering, Bradford builds a labyrinthine tapestry, each piece a story, each tear and abrasion a testament to the struggle and resilience of urban life.

Through the *Merchant Posters*, Bradford becomes a cartographer of the invisible, mapping the unseen forces that shape urban life. His art is a radical act of retrieval, a turning of discarded ephemera into profound meditations on survival, resistance, and the ceaseless churn of the metropolis.

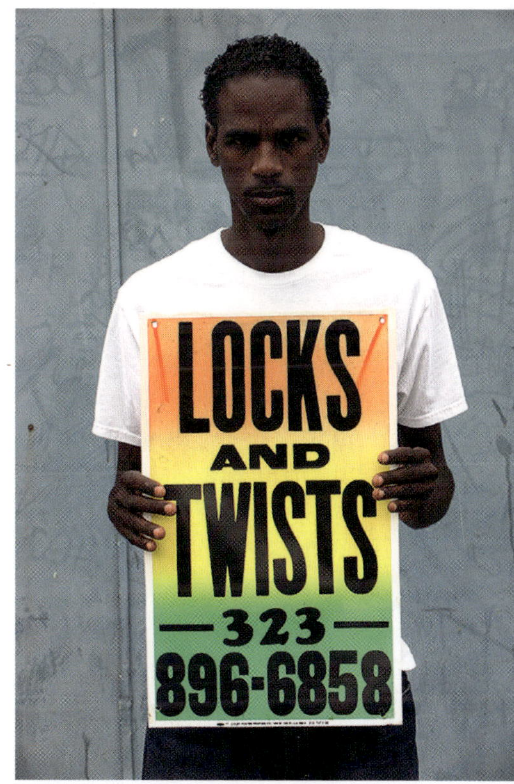

Mark Bradford mit einem Werbeplakat /
holding a merchant poster in **Los Angeles, 2005**

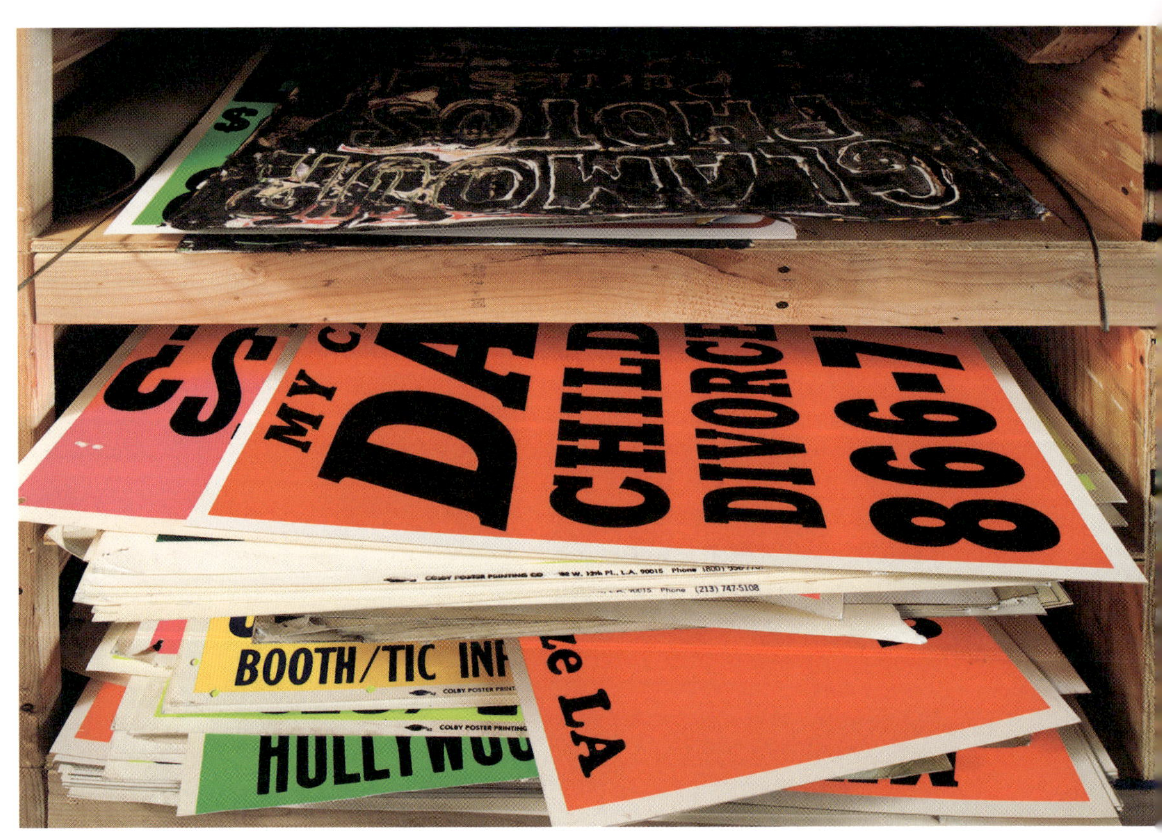

Werbeplakate im Atelier von Mark Bradford /
Merchant posters in Mark Bradford's studio, 2010

Merchant Posters

Bradfords Serie der *Merchant Posters* entstammt dem wilden, pulsierenden Leben mitten in South Los Angeles, einer Gegend, wo lebenssprühende, wild wuchernde Werbeplakate ihre Ansprüche anmelden, auf Telegrafenmasten, Ladenfassaden und jeder verfügbaren Fläche dazwischen. Diese Poster sind nicht einfach ein visuelles Durcheinander; sie gehen vielmehr mit vordringlichen Botschaften an all diejenigen einher, die an den Rändern der Gesellschaft leben. So locken sie mit dem Versprechen auf einen schnellen Kredit, Hilfe bei Problemen mit der Justiz oder der Aussicht auf beschleunigte Wege durch den Dschungel der Bürokratie.

Bradford nimmt sich dieser Fragmente des urbanen Lebens mit den Augen eines Sehers und den Händen eines Bastlers an. Dabei sammelt er sie nicht einfach, sondern haucht ihnen vielmehr neues Leben ein – in einem Prozess, in dem er reißt, schleift und schichtet, einer physischen Auseinandersetzung mit dem, was man als die Haut der Stadt beschreiben könnte. Jede der Arbeiten ist ein Palimpsest, ein immer wieder überschriebenes urbanes Manuskript, das von den vordringlichen Bedürfnissen des tagtäglichen Überlebenskampfes und dem erbarmungslosen Vormarsch des Kapitals zeugt. Diese kommerzielle Bilderflut, so Bradford, fügt sich zu dicken Schichten zusammen, einer Art psychischer Masse, die einen unerbittlichen Druck auf diejenigen ausübt, die unter ihrem Gewicht zu leben gezwungen sind.

In diesen Arbeiten kommt die Stadt selbst zu Wort. Textfragmente und gespenstische Bilder ergänzen sich in einem Wechselspiel aus Erkennen und Verbergen. Aus diesen Schichten konstruiert Bradford ein komplexes Labyrinth, wobei jedes Teilstück eine eigene Geschichte hat und jeder Riss und jede abgeschürfte Stelle von der Mühsal und der robusten Kraft des urbanen Lebens zeugt.

In den *Merchant Posters* wird der Künstler zum Kartografen des Unsichtbaren; er zeichnet einen Abriss der unterschwelligen

Niagara

Mark Bradford's *Niagara*, a 2005 video installation, hits the viewer with an urgent call to confront the raw realities of urban life, identity, and the narratives that bind them. The piece unfolds on a double-sided floating screen, capturing the determined stride of Melvin, a young Black man, as he navigates the unforgiving streets of Los Angeles.

The title *Niagara* harkens back to the 1953 film-noir starring Marilyn Monroe, yet here, Bradford flips the script. Instead of Monroe's iconic walk, we witness Melvin's purposeful journey. His walk is a defiant homage to cinematic storytelling, set against an urban landscape rife with tension and drama.

Melvin's worn attire and the litter-strewn streets plastered with desperate advertisements paint a stark picture of contemporary urban decay. Bradford's imagery is a searing critique of societal neglect and economic exploitation, exposing the relentless pressures faced by Black American communities.

Bradford's formal choices intensify the impact. The double-sided projection, the play of light and shadow, and the rhythmic visual cadence draws the viewer into Melvin's world.

Niagara stands as a testament to Bradford's genius in fusing cinematic allusion with unflinching social commentary. By channeling film-noir aesthetics and thrusting them into the heart of contemporary urban struggles, Bradford challenges us to rethink the Black experience in the cityscape. This is not just art—it is a call to action, a demand for recognition and change. Melvin's walk is a powerful statement of strength and vulnerability, a challenge to the stereotypes that seek to confine him, a declaration that every step is an act of resistance.

Kräfte, die auf das Großstadtleben einwirken. Seine Kunst ist ein radikaler Wiedergewinnungsakt; Bradford nimmt kurzlebige Erscheinungen, Objekte, die bereits ausgemustert wurden, zum Anlass für tiefgründige Betrachtungen, in denen es um Fragen des Überlebens, um Widerstandskraft und die unaufhörliche Fluktuation in der Metropole geht.

Niagara

Mark Bradfords *Niagara*, eine Videoinstallation von 2005, richtet sich an die Betrachter*innen mit dem dringenden Appell, der ungeschönten Realität des urbanen Lebens ins Auge zu sehen und sich mit Fragen der Identität und den damit verbundenen Narrativen auseinanderzusetzen. Im Video, das auf einer doppelseitigen Projektionsfläche zu sehen ist, beobachten wir den energischen Gang eines jungen Schwarzen namens Melvin, der auf einem harten Pflaster unterwegs ist, den Straßen von Los Angeles.

Der Titel *Niagara* nimmt auf den gleichnamigen Film Noir von 1953 mit Marilyn Monroe in der Hauptrolle Bezug. In diesem Fall jedoch kehrt Bradford die Story ins Gegenteilige um. Statt Monroes ikonischen Hüftschwung zu bewundern, folgen unsere Blicke nun Melvins zielstrebigen Schritten. Die Art, wie er sich bewegt, eine freche Hommage an das Kino, ist vor dem Hintergrund eines urbanen Settings inszeniert, das allerlei Spannungen und Konflikte erahnen lässt.

Das Straßenbild – mit Müll übersät und hoffnungslos mit Reklame gepflastert – zeichnet ein düsteres Bild der heutigen Zeit, eines der urbanen Verwahrlosung, was auch Melvins abgetragene Kleidung zu bestätigen scheint. Bradfords Bilder äußern eine scharfe Kritik an gesellschaftlicher Vernachlässigung und wirtschaftlicher Ausbeutung und exponieren zugleich den gnadenlosen Druck, den Schwarze Communities in Amerika zu spüren bekommen.

Durch Bradfords formale Entscheidungen wird die Wirkung weiter intensiviert. Die zweiseitige Projektion, das Spiel von Licht

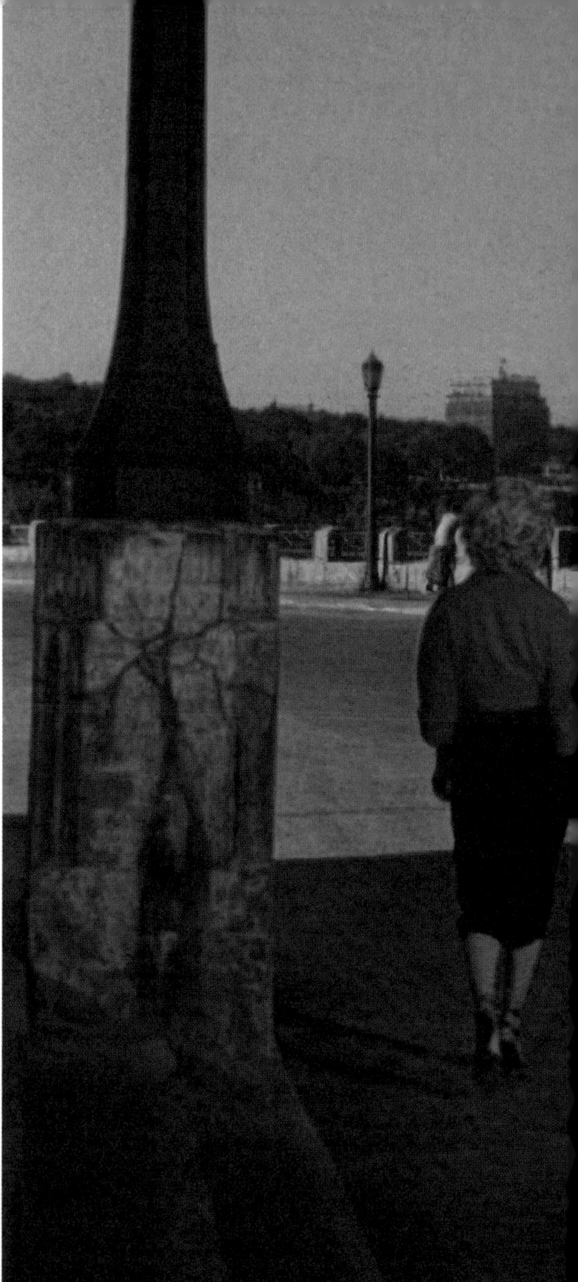

Marilyn Monroe in *Niagara*, 1953

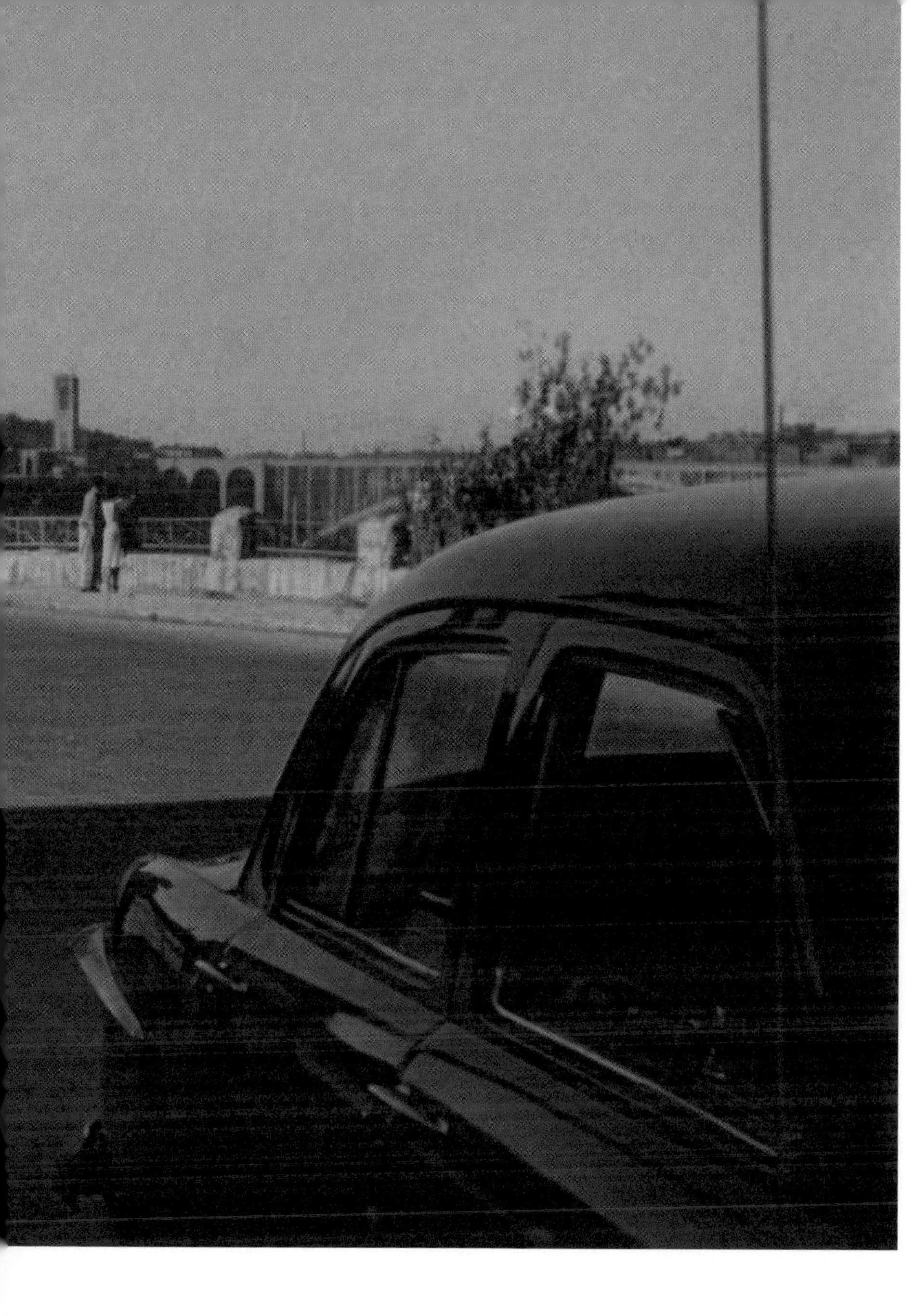

und Schatten und der Rhythmus der Bilder ziehen die Betrachter*innen tief in Melvins Welt hinein.

Niagara kann als exemplarisches Beispiel für Bradfords Geschick gelten, Anspielungen auf das Kino mit unerschrockenen Kommentaren zur Situation der Gesellschaft zu verbinden. Indem er sich die Ästhetik des Film Noir aneignet und sie ins Zentrum der urbanen Konflikte unserer Zeit überträgt, schärft er unser Bewusstsein für die Erfahrungen Schwarzer Menschen im städtischen Raum. Insofern ist dies mehr als nur Kunst – es ist zum einen ein Aufruf zum Handeln und zum anderen die Forderung nach Beachtung und nach Veränderung. Melvins Gang, eine nachdrückliche Erklärung der eigenen Stärke wie auch ein Hinweis auf Verletzlichkeit, fordert die Klischees heraus, die ihn einschnüren und zu ersticken drohen. Seine Art zu gehen demonstriert, dass jeder gegangene Schritt ein Akt des Widerstandes ist.

Die Bandbreite an Bildern und Assoziationen, die Bradfords Arbeiten heraufbeschwören – von ihren unzähligen historischen Quellen bis hin zu den vordringlichen Themen der Gegenwart – erzeugt einen emotionalen Nachhall in uns. Bradford offenbart die Diskrepanz zwischen den Versprechungen des industriellen Fortschritts und seiner geplatzten Träume. Seine Leinwände evozieren Bilder von Familien, die in Eisenbahnen zusammengepfercht sind, Körpern, die von Schwerstarbeit gezeichnet sind, und von ganzen Wohnvierteln, die ökonomischen Interessen weichen mussten, die Maßlosigkeit und Habgier zum Opfer fielen. Inmitten dieser Kakofonie jedoch scheint Widerstandskraft auf, eine Haltung, die sich im Tanzen angesichts des Todes zeigt. Der Unvermeidlichkeit der Krankheit stellt Bradford dabei die unerschütterliche Standhaftigkeit der vielen gegenüber, die sich weigerten, vor den gesellschaftlichen Zwängen in die Knie zu gehen.

Im Zentrum von Bradfords Untersuchungen steht der Körper; er dient uns als Instrument, das uns die Komplexitäten der Welt zu erkunden erlaubt. Unsere Haut ist eine erste äußere Grenze, eine, die zärtliche Liebkosungen

The lexicon of images and associations summoned forth by Bradford's work—from the deep reservoirs of history to the urgent currents of contemporary life—stirs within us a profound resonance. Bradford navigates the arc of industrial dreams and their disintegrating promises. His canvases unfurl visions of families huddled on trains, bodies weathered by labor, and neighborhoods erased by the rapacious tendrils of economic greed. Amidst this cacophony, he portrays the defiance of dancing amidst death, confronting the inevitability of illness with unwavering resolve against societal constraints.

At the heart of Bradford's inquiry lies the body—a conduit through which we navigate the world's intricacies. Our skin forms an initial boundary, marking the threshold between tender caresses and the weight of conformity and oppression. Yet, within these constraints, an indomitable desire propels our bodies onward, resisting stagnation, persisting against all odds. Bodies in motion embody life's pulsations—the rhythm of ebbs and flows, peaks and troughs. Bradford captures this essence, speaking to a universal truth: our shared inhabitation of corporeal existence.

Whether journeying towards liberation or fleeing from repression, Bradford's exploration of the body and all that it endures unveils the complexities of mobility within contemporary spaces. His work invites contemplation on the manifold meanings of movement—of departure and arrival, seeking sanctuary or asserting presence. The centrality of the body in Bradford's artistic discourse renders it accessible and resonant, transcending the constraints of place, time, culture, race, and gender. Keep walking. Keep moving forward.

fühlt, aber auch die Last der Anpassung zu tragen hat und Unterdrückung spürt. Und doch werden unsere Körper von einem unbezähmbaren Verlangen vorangetrieben, einer Sehnsucht, die sich gegen Stillstand wehrt und allen Widrigkeiten zum Trotz fortbesteht. In Körpern, die in Bewegung sind, wird der Pulsschlag des Lebens hörbar – der Rhythmus von Ebbe und Flut, der Höhen und Tiefen unseres Seins. Bradford erfasst diese Essenz, in der eine universelle Wahrheit aufscheint, aufs Genaueste: die uns allen gemeinsame Erfahrung einer körperlichen Existenz.

Ob sich unser Streben auf Befreiung richtet oder es darum geht, bestimmten Repressalien zu entkommen, Bradfords Untersuchungen des Körpers und all dessen, was dieser ertragen muss, offenbaren die Komplexitäten der Mobilität, die zu den Lebenswelten unserer Zeit dazugehört. Sein Werk lädt zum Nachdenken über die unzähligen Bedeutungen ein, die mit unseren Bewegungen assoziiert werden können – von Aufbruch und Ankunft über die Suche nach einer Zuflucht bis hin zum Behaupten der eigenen Präsenz. Die zentrale Stellung des Körpers in Bradfords künstlerischem Diskurs macht diesen zugänglich und verleiht ihm einen eindrücklichen Klang. Zudem überwindet er die Beschränkungen von Ort und Zeit, unterschiedlichen Kulturen sowie von Race und Gender. Geht weiter. Bewegt euch immer weiter voran.

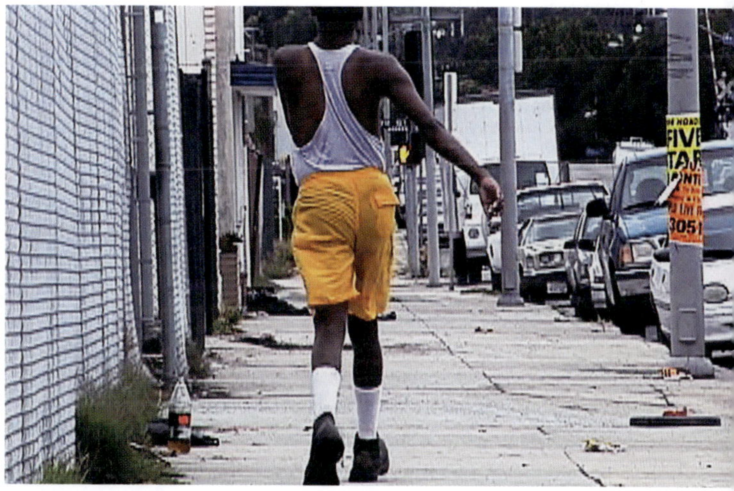

Mark Bradford, *Niagara,* 2005, Maße variabel / dimensions variable, Video, Farbe / video, color, 3:17 Min., Courtesy the artist and Hauser & Wirth

Mein Leben gehört mir / My Life Belongs to Me

Eine Unterhaltung / A Conversation:
Sam Bardaouil mit / with
Mark Bradford

Sam Bardaouil Ich erinnere mich an unser erstes Gespräch, bei dem du viel über Gewalterfahrungen des gendergeprägten und des rassifizierten Körpers geredet hast. Daher ist meine erste Frage an dich: Warum ist es dir wichtig, diese Erfahrung von Gewalt in deiner Arbeit zu thematisieren?

Mark Bradford Weil die Gewalt 2024 nicht weniger Teil des Lebens ist, als sie es 1930 war. Sie ist eine omnipräsente Energie, sie ist omnipotent und sie ist immer da. Für mich nehme ich beides an: das Schöne und das Schreckliche, das Profane und die Komplexität des Lebens. Aber allzu glatt sollte es nicht sein, denn dann geraten wir leicht in Panik, sobald sich die Dinge etwas chaotisch entwickeln.

SB Wann wurde dir bewusst, dass du Künstler bist? Wann hast du erkannt, dass Kunst dein Weg ist, dich auszudrücken und mit diesen Fragen umzugehen?

MB Dass ich Künstler war, ging mir erst spät auf. In ärmeren Communities hört man über Men-

Sam Bardaouil I remember the first time we talked, you spoke a lot about the experience of violence through the gendered body, through the racialized body. So the first question that I have for you is why do you feel compelled to talk about this experience of violence in your work?

Mark Bradford Because the violence is as alive in 2024 as it was in 1930. It's an omnipresent energy, it's omnipotent, it's always there. So I take both: I take the beautiful and the awful, and the profane and the complexity of life. But I do not like when it's just too clean because then we panic when things become a little messy.

SB When did you realize that you are an artist? When did you realize that art is the way through which you want to talk or embrace these questions?

schen, die anders sind, eher etwas wie: „Oh, er ist eben etwas anders" oder „Er ist kreativ" oder „Das ist der, der mir mit meiner Frisur hilft". Wenn du dir die erste und die zweite Generation einer Familie anschaust, die die Chance haben zu studieren, dann werden aus den ersten, die aufs College gehen, für gewöhnlich Ärzt*innen, Anwält*innen, Ingenieur*innen; das sind die typischen Berufe der ersten Generation von Collegeabsolvent*innen.

Ich gehöre zu einer solchen ersten Generation. Und auch, als ich im Friseursalon gearbeitet habe und auf Leute traf, die studierten, drehten sich die Gespräche immer um diese Berufe. Also glaubte ich, dass dies der Sinn und Zweck eines Studiums war. Man ging auf die Universität, um einen guten Job zu finden, Teil des Systems zu sein, um krankenversichert zu sein, später eine Rente zu bekommen und den gesellschaftlichen Aufstieg zu schaffen. Ich dachte einfach, das ist der Gedanke, der dahintersteckt. Doch das war nichts für mich.

SB Würdest du demnach sagen, dass für dich oder für Leute, die du damals kanntest, Kunst etwas war, über das man entweder nicht sprach oder das als Luxus betrachtet wurde?

MB Weißt du was, Sam? Es kam in unserer Welt einfach gar nicht vor. Wir gingen in Nightclubs, wir färbten unser Haar in unterschiedlichen Farben, wir machten uns zurecht, nähten eigene Outfits, übten unsere Schritte. Die Clubs waren mein Performanceraum. Sie waren meine Leinwand, mein Ausstellungsort, aber ich brachte das nie mit Kunst in Verbindung. Für mich war ein Nightclub einfach ein offener und sicherer Raum, da er immer auch ein Ort für schwule Menschen ist. Kein Außenraum, vielmehr ein geschützter Innenraum, in dem du dich ausdrücken kannst. Das war alles, was ich damals wusste.

Es war ein Raum, um dich auszuleben, das Schwulsein auszuleben. Ich habe das nicht weiter analysiert oder als etwas empfunden, das ich erst lernen musste. Es gehörte einfach zu meinem Leben dazu. Und ich mag immer noch nicht viele Labels. Wirklich nicht.

MB I bumped into being an artist much later. In poorer communities, they will define people that are different as, 'Oh, he's just a little different,' or 'he's creative,' or 'he's the one that helps me with my hair.' If you're talking about first generation, second generation, usually the first people that go to college are doctors, lawyers, engineers, that first generation of people that went to college.

I am the first generation. And even when I worked in the hair salon and I saw people go to school, that is what they went for. And so I just thought that that was what university was for. You went to get a good job to be part of the system, to get health insurance and retirement, and to move up in class. So I just thought, well, that's what it's for. But that wasn't for me.

SB So would you say that for you or for people that you knew at the time, art was something that was either not thought of at all, or considered as a luxury?

MB You know what Sam? It wasn't considered. You know, we would go to nightclubs, we would paint our hair with different colors, we would dress, we would sew outfits, we would practice these routines.

The nightclub was the space of the performance. That was my canvas or my museum, but I never thought of it as being art. I just thought of it as being an open space, a safe space because it's always a gay space. Interior, not exterior, to express yourself. That's all I knew.

It was a space of a lived experience, of a lived condition. I didn't conceptualize it as being something that I had to learn about. It was something that I just inhabited. And I still don't like a whole lot of labels. I really don't. I'm just very naturally fluid in everything.

Ich denke, ich bin von Natur aus eher schwer fassbar und passe in keine Schublade.

Ich habe auch nie lange genug innegehalten, um mir Gedanken über irgendwelche Zuschreibungen zu machen. Ich habe mich einfach dem Sog des Erlebens überlassen, und Nightclubs liebte ich, weil es hier einen Ort gab, an dem Leute außerhalb ihrer eigenen vier Wände zusammenkommen konnten. Sobald du dein eigenes Zuhause, deine eigene Küche, deine Gemeinschaft verlässt, kommt ja immer so etwas wie Verletzlichkeit ins Spiel.

Welchen Namen man mir gab, war mir dabei egal. Heute Sam, morgen Mark und übermorgen Marsha. Ich liebte das. Die meiste Zeit ging es einfach um dieses wundervolle Gemeinschaftserleben, und anschließend trennten sich dann die Wege und jeder kehrte in sein Alltagsleben zurück.

SB Dieses Gefühl der Gemeinschaftlichkeit stellt sich mitunter auch bei deinen fertigen Kunstwerken ein. Würdest du dich eher als Einzelkämpfer sehen, als Künstler im stillen Kämmerlein, der sich etwas ausdenkt und im Alleingang umsetzt, oder war auch der kooperative Gedanke wichtig, um dahin zu gelangen, wo du jetzt bist?

MB Sowohl als auch. Es kommt vor, dass ich ein sehr einzelgängerisches Verhalten an den Tag lege, manchmal arbeite ich einfach lieber allein. Und dann wieder gibt es Projekte, an denen mehr Leute beteiligt sind und die mehr zu einer gemeinschaftlichen Sache werden – bis zu einem gewissen Punkt. Denn meine Idee wird immer meine Idee bleiben. Was ich dann brauche, ist Unterstützung um die eigentliche Idee herum. Beispielsweise sind meine pädagogischen Projekte immer gemeinschaftlicher angelegt, denn darum geht es ja; das liegt in der Natur der Sache.

Weißt du, der Künstler und der Produzent und Autorschaft und das Heroische der Hand und das Bauchgefühl... manchmal wird es mir ein bisschen zu langweilig. Zwar bin ich der Autor der eigentlichen Idee, aber es gibt immer Aspekte, die gemeinschaftlich sind. Ich glaube

I never slowed down enough to think about the label. I was just simply caught up in the experience and I loved nightclubs because people would leave their spaces, their homes and there's always the vulnerability when you're out of your own house, your own kitchen, your own community.

I didn't care what name you gave me. Sam tonight, Mark tomorrow, Marsha the next night. I love that. And a lot of times we would just have these wonderful communal experiences, and then we'd all go back to whatever lives we had.

SB That sense of community also sometimes precedes the artwork when it's finished. Do you feel that you are a sole author, the lonely kind of artist that conceives and executes, or is that kind of sharing also very important for you in terms of getting to where you are?

MB Both. Sometimes I can be very solitary, sometimes it's just a lone person working on my own. And then sometimes I have projects where it's just necessary that more people are involved. And it's necessary that it becomes more of a communal thing – to a point. If it's my idea, it's always my idea. And then I need support around the idea. Now, the educational stuff is always more communal because inherently, that's really what it's about.

You know, the artist and the author and the authorship and the heroicness of the hand and the gut... sometimes it gets a little old for me.

Yes, I'm the author of the idea, but there are parts of it that are communal. I do believe that every single person that works on a show is part of the show.

SB To what extent do you feel it's a conscious effort when you are choosing materials that reference certain communities? And at what point do you feel they cease to be representations of something and they

tatsächlich, dass jede Person, die an einer Präsentation mitarbeitet, Teil der Ausstellung ist.

SB Bis zu welchem Punkt entscheidest du dich bewusst für Materialien, die in Bezug zu bestimmten Communities stehen? Und wann ist der Moment erreicht, an dem etwas nicht länger als spezifischer Verweis fungiert und zu einem formalen Element wird, das du aus ästhetischen Gründen benutzt? Wie vollzieht sich diese Art Transformation?

MB Alles macht sich an der Arbeit fest, sei es die formale Struktur, der gesellschaftliche Aspekt, die Art der Abstraktion, der alchemistische Prozess in meinem Atelier, die spannungsreiche Geschichte der Abstraktion. All diese Geschichte(n) fließen in die Arbeit ein und sind zumindest zeitweilig von Bedeutung. Ich kann nicht alle Details kontrollieren, aber indem ich bestimmte Materialien auswähle und Bezüge zu spezifischen Gesellschaftsschichten eröffne, kann ich genügend Spannung erzeugen, um die Diskussion in die Richtung zu weisen, die ich einschlagen will. Zumindest hoffe ich das.

SB Würdest du sagen, es ist dein Anliegen, die Geschichte der Abstraktion zu unterminieren – vor dem Hintergrund des vorherrschenden Narrativs, dass nämlich diese Geschichte unauflöslich mit dem weißen männlichen Künstler verbunden ist?

MB Die Idee, die mit Abstraktion verbunden wird, ist oft die, dass du einen leeren Behälter hast und es an dir ist, womit du ihn füllst. Und das tust du, indem du dich von deinen animalischen Instinkten oder was auch immer leiten lässt. Aber mein Gedanke war: Was, wenn ich das umkehren würde, wenn es nicht mehr diese Innenschau wäre, sondern vielmehr etwas, das nach außen weist? Und was, wenn ich das ganze Spektrum an Materialien um mich herum betrachten und ganz bestimmte Aspekte daraus auswählen würde? Und wenn ich das alles dann in mein Atelier bringe und

become a formal component that you are using for an aesthetic purpose? How does that kind of transformation take place?

MB Everything clings to it, whether the formal parts of it, the social fabric of it, the kind of abstraction, the alchemy that happens in my studio, the loaded history of abstraction. All these histories are kind of moving in and out of it. I can't control every single part, but I can load it enough with certain class and material choices to point the conversation where I'm trying to go. Hopefully.

SB Would you say that this is your plot, to subvert the history of abstraction, knowing the dominant narrative that it's been associated with the white male artist?

MB This idea of abstraction is that it's an empty container and you go in and channel the animal in you or whatever. I just thought, well, what if I reverted, what if it's not this inward thing, it's this outward thing.

And what if I'm looking at the palette around me? And what if I pull very specifically from that palette? And then what if I bring it into my studio and only talk about abstraction, but never use any of the materials? That just made everybody super, super uncomfortable and I was just playing stupid because sometimes you gotta be careful.

If people know you're coming to destroy something, they'll lock the door. If they don't know, you can kind of walk in and go, 'Oh, by the way, I have a bomb.'

I went to school in the 1990s and there was a strong push for me to think about identity, to think about my sexuality, to really to describe it and act up. I was totally down with that. I'll just do it my way. Yeah, it's like pushing me.

SB The body and the movement of the body became a central point in this exhibition. What does the body represent to you,

dabei aber nur über Abstraktion reden würde, ohne irgendwelche dieser Materialien je ins Spiel zu bringen? Also bei vielen erzeugte diese Strategie ein gewisses Unbehagen. Ich aber stellte mich dumm, denn manchmal musst du vorsichtig sein. Wenn die Leute wissen, du kommst in der Absicht, etwas zu zerstören, verriegeln sie die Tür. Wissen sie es aber nicht, kannst du einfach hineinspazieren und sagen, „Übrigens, ich habe eine Bombe dabei."

Ich habe in den 90ern studiert und damals legte man mir nahe, über Identität nachzudenken, über meine Sexualität nachzudenken. Man wollte, dass ich sie in konkrete Worte fasse und ein großes Thema daraus mache. Das allerdings wollte ich überhaupt nicht, ich wollte es auf meine Art machen. Ja, ich hatte tatsächlich sehr stark das Gefühl, dass man mich in diese bestimmte Richtung drängen wollte.

SB Der Körper und seine Bewegungen sind ein zentraler Aspekt dieser Ausstellung. Welche Bedeutung hat der Körper für dich, Mark? Und wie werden Körper in die Ausstellung eingebracht und Körperlichkeit und Bewegung für die Besucher*innen erlebbar gemacht?

MB Ich hatte nie ein schwieriges Verhältnis zu meinem eigenen Körper; allerdings war mein Körper immer etwas, das überanalysiert wurde. Mein körperliches Erscheinungsbild unterscheidet sich sehr von dem vieler Menschen, die man so sieht. Nun gut, die Leute versuchen ja immer, alles zu etikettieren. Also ist mein Körper exotisch. Für mich geht das in Ordnung, es macht mir nichts aus. Ich sage nur, dass mein Körper überanalysiert wird, meine Hautfarbe, wie dünn ich bin, wie groß ich bin. Und mit 62 denke ich mir: Gibt es nichts anderes auf der Welt; muss wirklich alles immer um dieses Thema kreisen?

In der Ausstellung bin ich zum ersten Mal nicht nur mit meinem Körper im Dialog, sondern auch mit den Körpern derer, die die Ausstellung erleben. Ich würde nie begehbare Arbeiten schaffen oder Leute einladen, sich

Mark? And how do you feel we are bringing the body and the experience of corporeality and movement into the exhibition?

MB I haven't had a difficult relationship with my body, but I've always had an over-dialogued relationship with my body. My physicality is very different than a lot of people that I see. Now, people try to put labels on it. It's exotic. It's great. I don't care about all that. I'm just saying that this body is over dialogued. My color, how thin I am, how tall I am. And at 62, I'm just like, are we still talking about that?

In the exhibition, it is the first time I've had a dialogue with not only my body but those of people experiencing a show.

I've never really asked people to walk across one of my works or to navigate around this kind of maze-like thing. I've always been just the opposite: no, I'm not going to ask anybody to do anything with their bodies because I kind of hate that. So I would never. It is kind of interesting that this time I'm allowing people to experience corporeality through their bodies more than I've probably ever. I've never done that. I allowed myself to develop a show around the body.

SB What are you curious about when it comes to Berlin?

MB I lived so long in Europe in my twenties because of the AIDS epidemic. So when I was going to Berlin, it was Checkpoint Charlie and it was a very different world. And I was like, yeah, that's not for me. It was a very aggressive place. It was the 1980s and skinheads were very aggressive. And Berlin at that time, it was behind the iron curtain and it was dangerous to a Black body.

So Mark wasn't too interested and to put it this way, there were enough gay clubs in West Berlin for Mark, and then when it opened up, I did go back in the nineties, but it hadn't become cool yet and people hadn't moved there yet. And so, I'm kind of looking forward to seeing what Berlin is now that it has become an international place

einen Weg durch ein Labyrinth zu bahnen oder so etwas in der Art. Im Gegenteil, ich habe immer gesagt, dass ich nie irgendjemanden veranlassen würde, etwas mit seinem oder ihrem Körper zu machen. Ich hasse das und würde nie so vorgehen. Insofern ist es interessant, dass ich Besuchenden dieses Mal mehr als je zuvor ermögliche, Körperlichkeit mithilfe ihrer eigenen Körper zu erleben. Das ist etwas, das ich nie vorher getan habe: Ich habe mir erlaubt, eine Präsentation um den Körper herum zu entwickeln.

SB Auf was bist du neugierig, wenn du in Berlin bist?

MB Ich habe in meinen Zwanzigern lange in Europa gelebt, wegen der AIDS-Epidemie. Als ich damals nach Berlin kam, gab es noch den Checkpoint Charlie; es war eine ganz andere Welt. Und es war ganz und gar nicht mein Ding. Es war ein sehr aggressives Milieu. Das war in den 80er-Jahren, und die Skinheads waren damals sehr aggressiv. Berlin war zu der Zeit noch hinter dem Eisernen Vorhang und für einen Schwarzen Körper ein gefährlicher Ort. Also hatte Mark kein allzu großes Interesse und, lass es mich so formulieren, es gab genügend Schwulenclubs für Mark in Westberlin. In den 90er-Jahren ging ich dann wieder hin, nachdem die Mauer gefallen war, aber zu der Zeit war Berlin noch kein angesagter Ort; es gab noch keine coolen Leute, die in die Stadt gezogen waren. Von daher freue ich mich nun wirklich darauf zu sehen, wie die Atmosphäre jetzt ist, nachdem sich Berlin zu dieser internationalen Metropole entwickelt hat und Leute aus aller Welt anzieht, die hierherkommen und in der Stadt leben wollen. Ich bin gespannt und werde mich umschauen.

SB Du hast viele Projekte realisiert, die einen starken gesellschaftlichen, politischen und gemeinschaftlichen Charakter haben. In letzter Zeit beispielsweise deine Arbeit in Venedig, die mit Process Collettivo entstand, oder dein Projekt mit der Public Art Commission für das Los Angeles County Museum of Art, aber

and people come from all over the world to live there. I'll go around.

SB You've done a lot of projects that have this very strong social, political, communal aspect. Recently the work that you have been doing with Process Collectivo or the work that you did with the Public Art Commission with LACMA, even your art projects, there's a lot of work that is very much centered on building bridges, taking the artist and the art out of the ivory tower and placing them back in the context of living life, which is exactly what we were talking about at the beginning of this conversation. It's like art and life are not two opposites.

MB They don't have to be,

but we have to also stop thinking that we don't have value within the mainstream of the world, that they won't understand us.

That they're not smart enough to get me blah, blah, blah, blah, blah. If there's a problem, you stand strong, you go back, you don't take shit from nobody, you have value at the table, and you say your piece. You belong in this village. You belong there.

I stand as who I am, and I share, but I'm not going to have anybody, I don't care how rightwing or left-wing they are, belittle and make me less valuable. I'm always an artist. I'm always thinking the way that I think, but I don't have a problem bridging.

I kind of like going to places where the community knows very little about art or they know very little about, you know, gayness or whatever. I've given lectures at a Black Baptist church in the South which clearly was not my art going audience. I didn't change the message, I just changed where I gave the message. I think that if we feel that we have value, we have to be strong enough to move within different communities and be willing to risk some people not agreeing with you, but still to build those bridges, and give people the choice to make those kinds of con-

auch andere Kunstprojekte von dir. In vielen deiner Arbeiten baust du Brücken mit dem Ziel, Künstler*innen und Kunst aus dem Elfenbeinturm herausholen und sie wieder in den Kontext des gelebten Lebens einbringen zu wollen; eben dem entsprechend, worüber wir zu Beginn unserer Unterhaltung gesprochen haben – wie es ist, wenn Kunst und Leben keine gegensätzlichen Welten sind.

MB Das müssen sie tatsächlich nicht sein. Wir sollten dann aber auch aufhören zu denken, dass wir für den Mainstream in der Welt nicht von Bedeutung sind und wir von den meisten Menschen sowieso nie verstanden werden. Dieses ganze „Die Leute sind nicht clever genug, mich zu verstehen"-Blabla. Wenn es ein Problem gibt, zeigst du dich standhaft, bleibst beharrlich und lässt dir von niemandem etwas gefallen. Du hast etwas Wertvolles beizutragen, und du sagst, was du zu sagen hast. Du hast einen Platz, du bist Teil der Gemeinschaft.

Ich stehe für das ein, was ich bin, und bin auch gern bereit, mit anderen zu teilen, aber ich erlaube niemandem, egal, wie rechts- oder linksorientiert die Person ist, mich herabzusetzen oder mir Wert absprechen zu wollen. Ich werde immer Künstler sein. Ich werde immer so denken, wie ich nun einmal denke, habe aber kein Problem damit, Brücken zu bauen.

Ich gehe gern an Orte, wo die Community wenig über Kunst oder über die schwule Szene oder was auch immer weiß. Ich habe Vorträge vor Schwarzen Baptistengemeinden im Süden gehalten, die offensichtlich nicht mein kunsttypisches Publikum repräsentierten. Dabei habe ich meine Botschaft nicht verändert, ich habe nur den Ort geändert, an dem ich sie übermittelt habe. Ich denke, wenn wir glauben, dass wir von Wert sind, müssen wir auch stark genug sein, uns mit unterschiedlichen Communities auseinanderzusetzen. Wir müssen das Risiko eingehen, auf Menschen zu treffen, die anderer Meinung sind. Und trotzdem dürfen wir nicht nachlassen, sondern müssen wir immer weiter Brücken bauen und Leuten die Chance geben, eigene Überlegungen zu solchen Themen anzustellen. Denn

siderations. But if we're not there at those conversations, then what can we do?

I make work out of a context and it's an American context. I am not a global artist. I make work out of the issues of North America and probably from an African American, gay, queer, lower-class person, whatever. But I hope enough grab on to it. They're like, Well, I didn't understand all of it, but honey, I got some of it. It's like church, you know, you go to church and you're like, Well, what did he say? Well, girl, I didn't understand all of it, but the spirit was moving. I think that, you know, that's what we have to hope for. And that's kind of what I got in my mind. Like, I'm just going to have to trust that they're going to catch the spirit. They're going to catch the spirit.

These are universal tropes. I'm all talking about these journeys, these migrations, violence. Longing, masquerade. We all do these things.

SB We all have a body and we all have experienced this sense of not being comfortable in our body for whatever reason. And I think that's where your work kind of transcends its specificity. It really captures something that is very, very universal. You cannot summarize the complexity, but that's where I feel art is able to do what words and publications can't. There's something about listening to the pain of a person, or watching the body of a person or standing in front of a painting and getting lost in the layers. And I believe that that's where your work is just, so present. It engulfs you. When everything else fails, the work stands for itself.

MB I use abstraction to deconstruct and deal with my own traumas, my own life. I'm not going to sit here and tell you my whole life. You can figure out I probably had some good times and some bad times. I will use the form of abstraction to point to things. But when I want to hide, I'll hide, I will show what I want to show. I give myself that permission.

My life belongs to me and how I share it or when I share it belongs to me. So my hope is that as you

wenn wir uns diesen Diskussionen entziehen würden, was bliebe dann noch übrig zu tun?

Ich produziere meine Arbeiten aus einem spezifischen Kontext heraus und zwar einem amerikanischen. Ich sehe mich nicht als globalen Künstler, sondern produziere Arbeiten vor dem Hintergrund der Probleme, wie sie sich in Nordamerika stellen, und darüber hinaus sicherlich auch aus der Perspektive eines Schwarzen Amerikaners, eines Schwulen, einer queeren Person aus der Unterschicht, was auch immer. Aber ich hoffe, es wird genug Menschen geben, die etwas daraus für sich mitnehmen können. Leute, die sagen: „Nun, alles habe ich zwar nicht verstanden, Honey, aber ein bisschen davon ist mir schon klargeworden." Es ist wie in der Kirche. Weißt du, du gehst in die Kirche und fragst: „Was hat er gemeint?" „Also gut, jedes Detail habe ich wohl nicht verstanden, aber der Geist hat mich gepackt." Ich denke, das ist etwas, auf das wir hoffen können. Es entspricht in etwa dem, was ich im Sinn habe. Etwas wie: „Ich muss mein Vertrauen nur in den Geist setzen." Ich baue darauf, dass sie den Geist aufschnappen, eine Grundhaltung mitbekommen.

Das sind alles universelle Tropen; meine Themen sind Reisen, Migration, Gewalt, Verlangen, Maskerade – alles Dinge, die wir tun.

SB Wir haben alle einen Körper und wir alle haben das Gefühl erlebt, uns in unserem Körper unwohl zu fühlen, aus welchem Grund auch immer. Und ich denke, das ist der Moment, an dem deine Arbeit ihre Spezifität transzendiert und etwas wahrhaft Universelles vermittelt. Ihre Komplexität lässt sich nicht in kurze Worte fassen, aber ich denke, hier kommen wir genau an den Punkt, wo Kunst etwas leisten kann, was Worte – oder auch eine Publikation wie diese – nicht vermitteln können. Den Schmerz einer anderen Person wahrzunehmen, einen anderen Körper zu betrachten oder auch vor einer Malerei zu stehen und sich in ihren Schichten zu verlieren – all das sind universelle Erfahrungen, die jeder von uns kennt. Und ich glaube, an genau dieser Stelle besitzt

move through this show, you'll get enough bits and bops and things to say he had some good times and some dark times and some funny times and some rough times and you know what? If they come away with that I'm fine.

deine Arbeit einfach diese unvergleichliche Präsenz; sie schafft es, dich komplett in ihren Bann zu ziehen. Und wenn alles andere versagt, ist da immer noch die Arbeit und steht für sich selbst.

MB Ich nutze Abstraktion als Mittel, um mein eigenes Leben zu dekonstruieren und mich mit meinen persönlichen Traumata auseinanderzusetzen. Das ist mein Weg, statt hier zu sitzen und dir mein ganzes Leben zu erzählen. Wie du dir vorstellen kannst, habe ich gute und auch schlechte Zeiten erlebt. Ich benutze die Form der Abstraktion, um auf bestimmte Dinge hinzuweisen. Aber was ich verbergen will, werde ich immer verborgen halten. Ich zeige nur das, was ich auch zeigen will. Das gestatte ich mir. Mein Leben gehört mir, und wie und wann ich etwas mit anderen teile, ist an mir. Aber beim Rundgang durch die Ausstellung gibt es hoffentlich das Eine oder das Andere zu entdecken und die Leute werden vielleicht sagen können: „Er hatte gute Zeiten und dunkle Zeiten, lustige Zeiten und harte Zeiten." Und weißt du was? Wenn die Leute das aus der Ausstellung mitnehmen können, bin ich zufrieden.

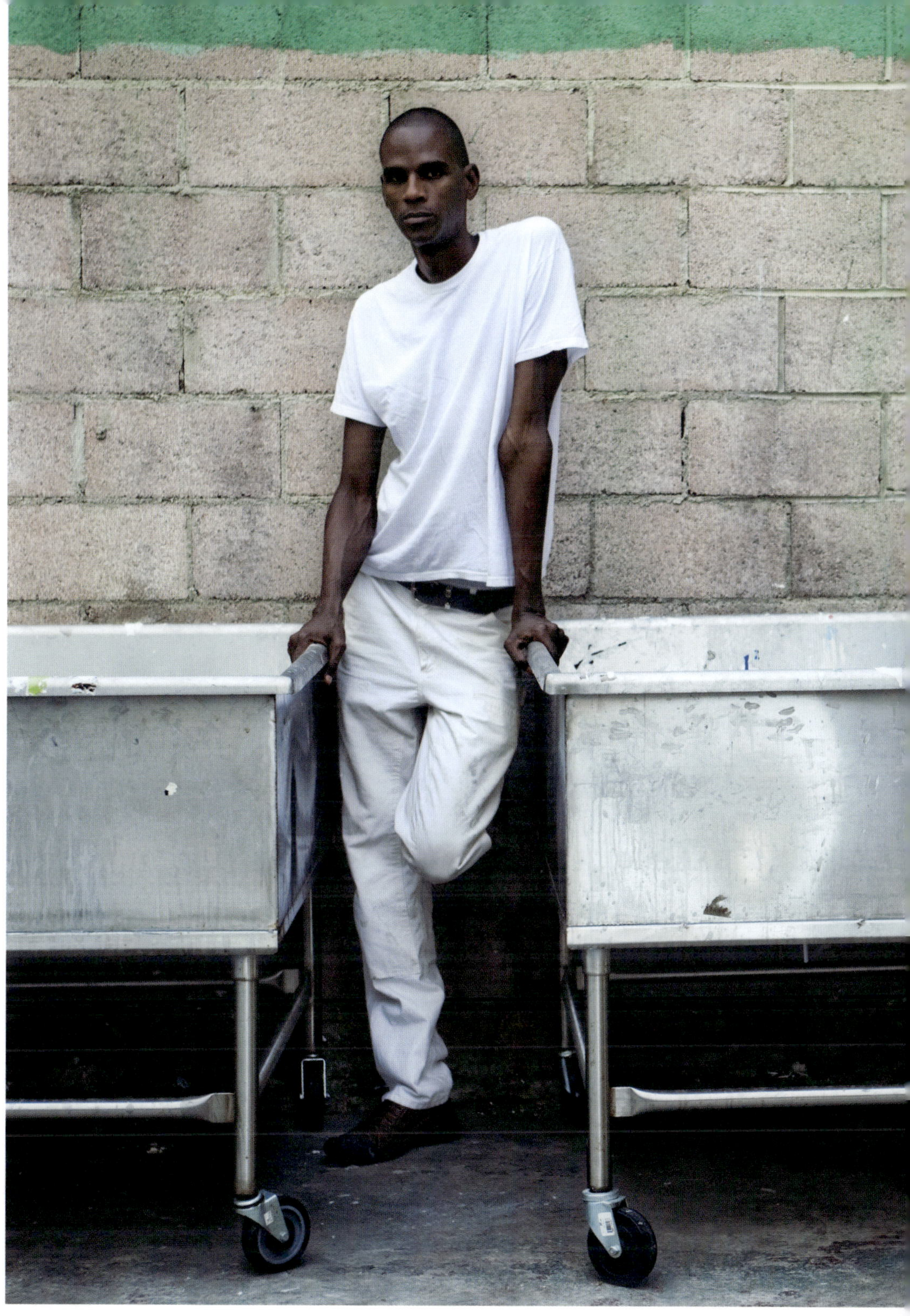

Mark Bradford, 2010

Ausgewählte Textauszüge / Excerpts from Selected Readings

Mark S. Bradford

Teka Selman, 2001

Als Künstler, ‚Beauty Operator' und Kultur-historiker hat Mark Bradford ein Gesamtwerk geschaffen, das inspiriert ist von „Kunstthe-orien und Räumen, in denen neue Entwick-lungen in der Schwarzen Populärkultur per-formt werden", so der Künstler. Dass Bradford nicht nur zeitgenössischer Künstler, son-dern auch Hairstylist ist, spiegelt sich in der Diversität seiner Arbeiten wider. Er verbin-det die ‚Werkzeuge der Zunft' mit den tradi-tionellen Gestaltungsmitteln der Kunst und malt, näht, fotografiert und collagiert die Welt um sich herum, konkret: die Welt von South Central Los Angeles. Durch die Verwendung von Zeichen und Symbolen der regionalen Schwarzen Populärkultur lässt Bradford her-kömmliche Auseinandersetzungen mit dem Thema Race hinter sich und begibt sich mit-ten hinein in die Kultur von South Central – einen so in sich geschlossenen wie hyper-realistischen Raum.

Bradford ist nicht der erste Künstler, der sich mit Fragen der Identität befasst, doch verfolgt er in seiner neusten, *Prometheus 2001* betitelten Reihe von Arbeiten einen erfrischend ironischen Ansatz. Schon in

Part artist, 'beauty operator,' and cultural histo-rian, Mark Bradford has created a rich body of work which draws from what the artist describes as "art theory and the space where new trajec-tories of black popular culture are performed." That Bradford is both a hairstylist and contem-porary artist is clearly reflected in the diversity of his work. Seamlessly blending 'the tools of the trade' with more traditional art media, Bradford paints, sews, photographs, and sculpts the world around him, the very specific world of South Central Los Angeles. Via the signs and symbols of the region's black popular culture, Bradford moves beyond conventional discussions about race into the vernacular of South Central—a space that is as exclusive as it is hyper-realistic.

Bradford is not the first artist to deal with issues of identity, yet his new series of works, *Prometheus 2001*, does so with an ironic and refreshing sense of humor. In the past, Bradford has indicated that he is interested in a black-on-black dialogue surrounding the boundaries of identity and black modernism. In this instance, he appoints a modern-day ambassador in the mythological figure of Prometheus—a Diony-sian trickster who was condemned to the island

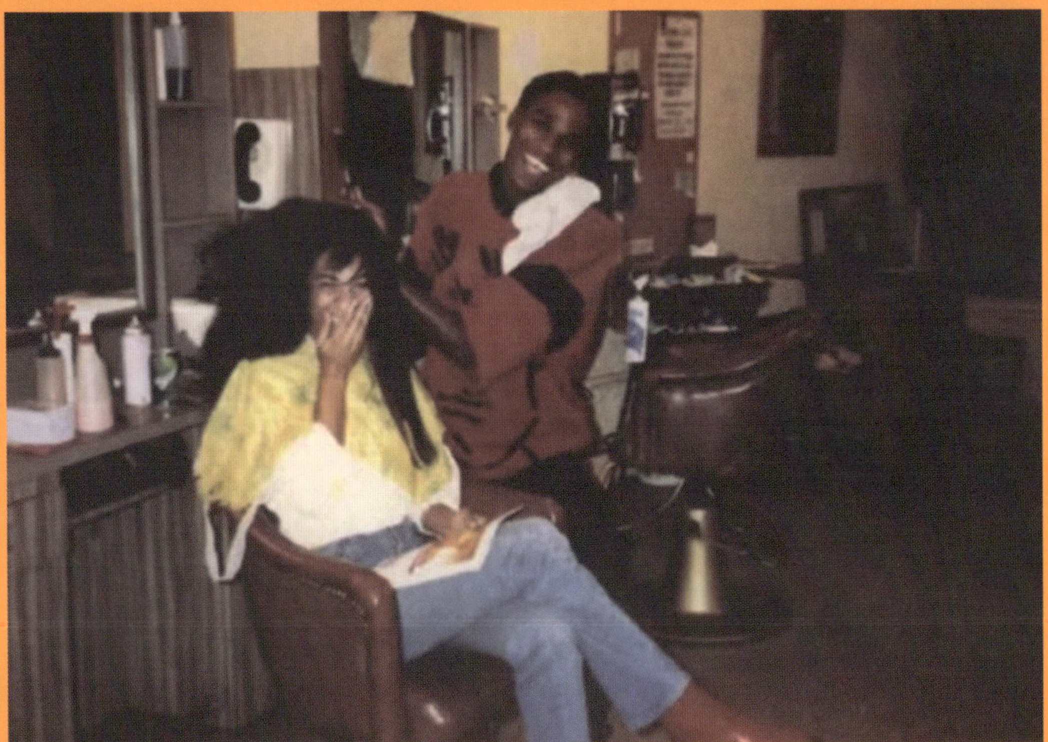

Mark Bradford im Friseursalon seiner Mutter / in his mother's hair salon

früheren Arbeiten hat Bradford sein Interesse an einem rein Schwarzen Dialog über die Grenzen von Identität und Schwarzer Moderne bekundet. In den aktuellen Arbeiten ernennt er die mythische Figur des Prometheus – diesen dionysischen Gauner, der wegen seines unehrenhaften Verhaltens im Kaukasusgebirge an einen Felsen gekettet wurde – zu einem Botschafter der heutigen Zeit, der „an der Grenze zwischen Fakt und Fiktion Unruhe stiften" soll. In der Tradition der Postmoderne erkundet Prometheus die Ikonographie des spezifischen South-Central-Stils, um das „sogenannte Konstrukt des ‚Twenty-first Century Negro'" zu hinterfragen. (…)

Indem er Porträtmalerei und ‚Ghetto-fabulösen'-Style, Malerei und Hip-Hop-Paraphernalien zusammenbringt, lotet Bradford den Bereich zwischen ‚high' und ‚low' Art aus und stellt unsere Vorstellung von dem Verhältnis von Klasse und Kultur infrage. (…) Doch Bradfords Arbeiten sind entschieden unbekümmerter als die seiner Wegbereiter*innen, und auch seine Verweise auf die Signifikate

of Caucus due to his improper ethical practices—in order to "trouble the boundaries between fact and fiction." Working in the tradition of post-modernism, Prometheus explores the iconography of style in South Central, in order to question the so-called 'construction of the twenty-first century Negro.' (…)

In combining portraiture with 'ghetto-fabulous' style and painting with hip-hop gear, Bradford negotiates the space between 'high' and 'low' art, confusing our conceptions about the relationship between class and culture. (…) Yet Bradford's work is distinctively more light-hearted than that of his forerunners. Referencing contemporary signifiers of black culture with a tongue-in-cheek sensibility. A close inspection of his textile pieces reveals that both the clothing and canvases gain their incandescent hue from cellophane hair color. In his portraits, sitters are juxtaposed with the artifacts of popular black fashion, culture, and style: a fashion-forward diva poses with a fierce looking stuffed tiger, a couple stands proudly next to a portable oven used for heating hair curlers and hotcombs, and a young

der Schwarzen Kultur sind geprägt von liebevoller Ironie. Bei genauerer Betrachtung seiner textilen Arbeiten wird deutlich, dass der transluzente Schimmer der Kleidungsstücke und Leinwände von Cellophanes-Haarfarben herrührt. In seinen Porträts stellt er den Modellen Gegenstände aus der Schwarzen Mode und Populärkultur gegenüber: Eine Fashion-Diva posiert mit einem ausgestopften, grimmigen Tiger, ein Paar steht stolz neben einem Gerät zum Erhitzen von Lockenwicklern und Glätteisen, ein junger Mann posiert in Hip-Hop-Klamotten, die mit Cellophanes-Haarfarbe bearbeitet wurden. Alles ist durchdrungen von einem kulturspezifischen Humor, und es erschließt sich den Betrachtenden nicht, ob die ikonografischen Bilder ernst oder parodistisch gemeint sind ...

Veröffentlicht in: Thelma Golden (Hg.), *Freestyle,* Ausst.-Kat. Studio Museum in Harlem, New York (New York: Studio Museum Harlem, 2001), S. 26ff.

Übersetzt aus dem Englischen von Harriet Fricke

man models hip-hop gear treated with cellophane hair color. An ironic and culturally specific sense of humor tinges these images, and it becomes unclear whether these iconographic images and forms are genuine or parody...

Published in: Thelma Golden (ed.), *Freestyle,* exh. cat. Studio Museum in Harlem, New York (New York: Studio Museum Harlem, 2001), pp. 26ff.

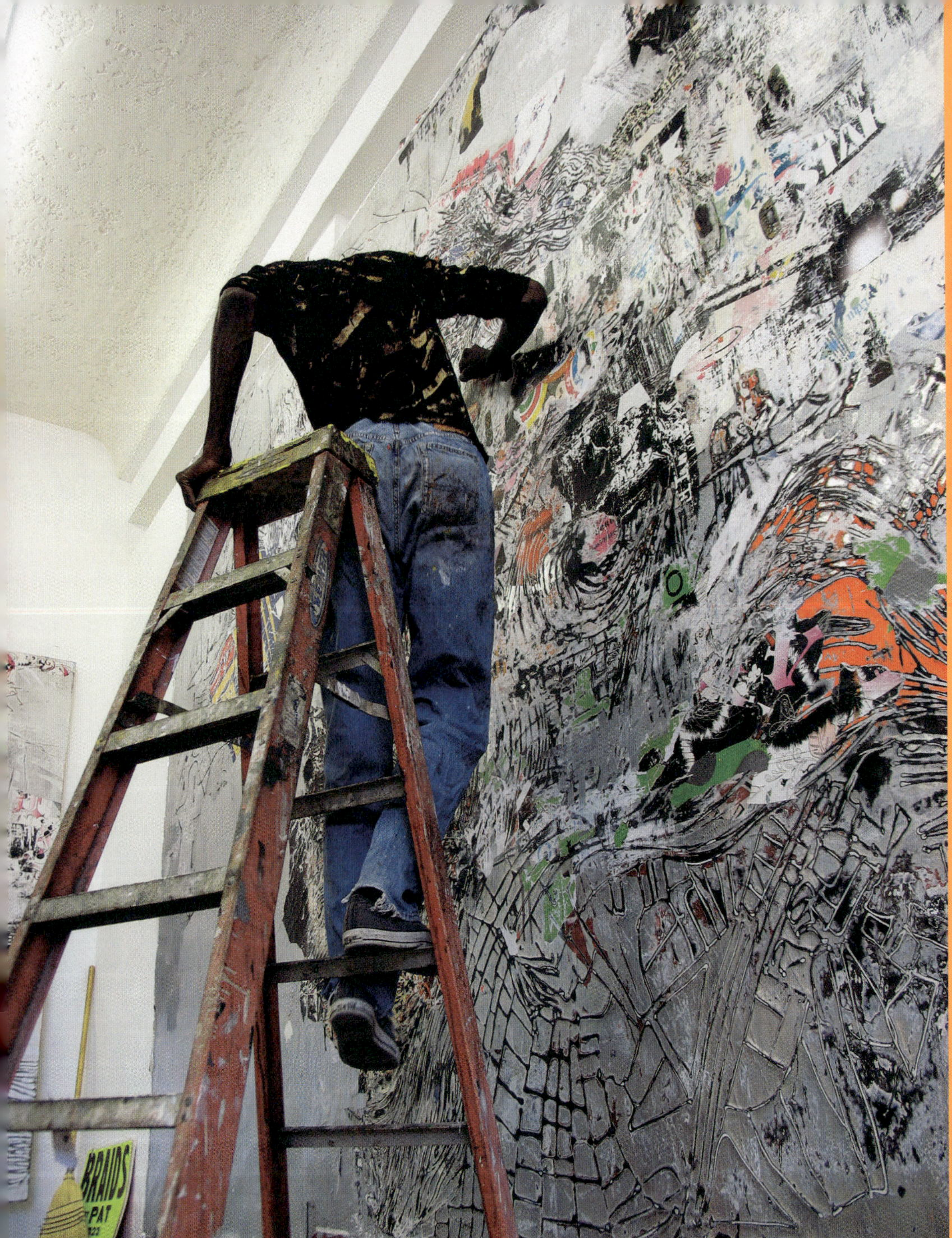

Mark Bradford, 2007

Neither New nor Correct: New Works by Mark Bradford

Carter E. Foster, 2007

Bei den ausgehöhlten, collagierten, verspleißten, zerrissenen, zusammengeschweißten und auf etliche anderen Arten manipulierten Oberflächen in Mark Bradfords neuesten Gemälden handelt es sich genau genommen nicht um gemalte Bilder. Über die Jahre hat er eine Technik entwickelt, gefundenes Papier in unzähligen Schichten so zusammenzufügen, dass er „malen kann, ohne Farbe zu benutzen". Visuell gehören die Arbeiten – von ihm als Gemälde konzipiert – eindeutig in die Kategorie Malerei: Bradford bevorzugt große Formate, spielt mit dem Spannungsverhältnis zwischen Fläche und Tiefe und greift auf komplexe Farbarrangements zurück. Dabei machen die von ihm verwendeten Materialien und der formale Gestaltungsprozess einen wesentlichen Teil des Sujets aus – die Präsentation eines Ortes als Manifestation von Erinnerung und verstreichender Zeit. In seinen jüngsten Arbeiten schlägt Bradford eine neue Richtung ein mit weitreichenden Parallelen zur Geschichte der grafischen Künste, bleibt dabei aber immer der Malerei verhaftet. (...)

Seit seinem Abschluss am California Institute of the Arts im Jahr 1997 stellt Bradford aus gefundenen Materialien die Matrizen für seine Arbeiten her. Seit 2004 benutzt er hauptsächlich Plakate und Zettel, die er in South Central

The excavated, collaged, torn, networked, fused, and otherwise highly manipulated surfaces that make up Mark Bradford's recent paintings are, literally speaking, not painted at all. Over the years he has developed and refined a technique using numerous layers of found paper that has allowed him to find "a way to paint without using paint." Visually, these works—which he conceives as paintings—align themselves comfortably with that medium: Bradford favors largeness of scale, plays on the tension between flatness and depth, and uses complex color arrangements. At the same time, the materials he uses to create them and the process of making their form a significant part of their content—the representation of place as a manifestation of memory and passing time. This recent work reflects a new direction in Bradford's oeuvre, with wide-ranging parallels in the history of the graphic arts, even as it remains comfortably in the category of painting. (...)

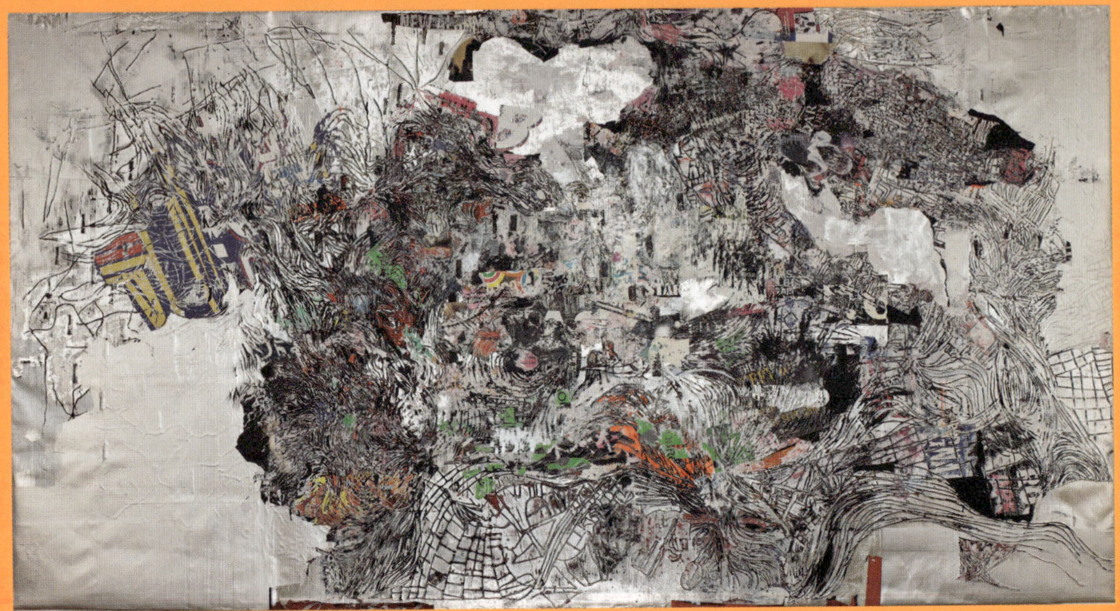

Mark Bradford, *Bread and Circuses*, 2007, 338 x 643 cm, Mixed Media auf Leinwand / mixed media on canvas, Courtesy the artist and Hauser & Wirth

Los Angeles – wo der Künstler auch lebt und arbeitet – auf der Straße findet. Dadurch wird er zu einem Teil des örtlichen informellen Sektors. Die von ihm verwendeten Plakate und Handzettel lokaler Händler bewerben eine Vielzahl von Dienstleistungen, Produkten und Events: Friseursalons und Nagelstudios, zum Verkauf stehende Immobilien, Putzdienste, religiöse Andachten, Alkoholika. Bradford erzeugt daraus Kunstwerke mit eigenem kulturellen und kommerziellen Wert. (...)

In seinem Arbeitsprozess setzt sich Bradford auch mit dem Konzept der Ruine auseinander, denn Leerstand und Verfall sind in einer Stadt, deren Baustruktur und Infrastruktur einem relativ schnellen Wandel unterworfen sind, allgegenwärtig. Bei Bradfords urbanen Ausgrabungsstätten handelt es sich meist um verlassene, randständige und geräumte Orte, die ‚im Verschwinden begriffen‘ sind und sich deshalb besonders gut für eine Aneignung und Neuzuschreibung von Bedeutung und Funktion eignen. Die auf ihren Oberflächen angebrachten Plakate und Handzettel, die für die lokale Wirtschaft für das stete Generieren von Einkommen essenziell sind, werden in der Regel bald mit neuen überklebt, die wiederum selbst nach kurzer Zeit durch andere

Since graduating from California Institute of the Arts in 1997, Bradford has used found materials to create the matrices that form his pieces. From 2004 on, these have been mostly street bills and notices scavenged from neighborhoods in South Central Los Angeles, where the artist lives and works. By using these raw materials he participates in small informal economies. The very local merchant posters and one-sheets solicit patronage for serves, products, and events of all sorts—hair and nail care, real estate, cleaning, prayer meetings, liquor. Bradford in turn transforms them into artwork with its own cultural and commercial value. (...)

Bradford's working process also engages with the concept of the ruin, especially salient in a city whose structures and infrastructures shift with relative rapidity. The sites he excavates are often abandoned, marginal, evacuated spaces, ones 'on the wane,' making them ripe for appropriation and a reassignment of meaning and function. The posters and notices on these surfaces, drawn into the swift demands of the local economy to generate new income, are soon obscured by new ones, which are in turn covered over. This raw material that forms that basis of Bradford's work represents a compressed version of a quick history, fragmented

ersetzt werden. Diese Rohmaterialien, die die Grundlage von Bradfords Arbeiten bilden, lassen sich wie die komprimierte Fassung einer kurzen Geschichte des Ortes lesen, handelt es sich doch um Fragmente von Gebrauchsgegenständen, die mit einem konkreten Ort und einer bestimmten Zeit verknüpft sind; flüchtig erstellt zwar, aber nicht weniger aussagekräftig als die antiken Ruinen Roms.

Die flüchtige Qualität ist diesen Materialien naturgemäß eingeschrieben, und ihre besondere Bedeutung entsteht für Bradford durch ihre Anwesenheit und ihr Aufeinandertreffen in einer konkreten Lebensumwelt... In Ruinen manifestiert sich die kollektive Erinnerung, gleichzeitig wecken sie persönliche Erinnerungen. Indem Bradford die Materialien in seinen Arbeiten gewissermaßen einfriert, gelingt es ihm, die Ästhetik ihres Entstehungsprozesses einzufrieren. Letzten Endes zeigt er durch das Fragmentieren und Neukombinieren von in urbanen Lebensumwelten gefundenen Materialien die Geschichte eines konkreten Ortes auf.

Veröffentlicht in: Carter E. Foster (Hg.), *Neither New nor Correct: New Works by Mark Bradford,* Ausst.-Kat. Whitney Museum of American Art, New York (New Haven / London: Yale University Press, 2007), S. 7–8, 23–25.

Übersetzt aus dem Englischen von Harriet Fricke

artifacts of a particular place and time as much as any Roman ruin, albeit fugitive and hastily constructed ones.

This fugitive quality is part of the very nature of this matter, and its intersection and presence in a particular environment imparts an important meaning for Bradford... Ruins manifest collective memory and evoke personal ones. As he freezes this material in his work, Bradford also freezes the aesthetic of the act that made it. His subject matter, ultimately, invokes history and place through fragmentation and recombination of matter from the urban environment.

Published in: Carter E. Foster (ed.), *Neither New nor Correct: New Works by Mark Bradford,* exh. cat. Whitney Museum of American Art, New York (New Haven / London: Yale University Press, 2007), pp. 7–8, 23–25.

Border Crossings

Ernest Hardy, 2010

In der Kunst von Mark Bradford gibt es keine Absperrbänder aus Samt – nicht in den Arbeiten selbst, nicht zwischen ihm und dem Publikum, nicht zwischen den unterschiedlichen Zuschauergruppen, die er erreichen möchte. Die Arbeiten sind dicht / vielschichtig / schwindelerregend querverweisend... bodenständig & raffiniert; technisch ausgeklügelt & ehrlich hausgemacht ... *dope*. Ein visuelles Mixtape aus bekannten Mainstream- und subkulturellen Underground-Werbeslogans / aus den Titeln, Geistern und Gefühlswahrheiten von Vintage-Soul und heutigem Hip-Hop (Mainstream *und* Indie... denn Snobismus ist nicht erlaubt) / aus griechischer Mythologie, Schwarzer Folklore und der Lebensrealität heutiger Latino-Einwanderer / aus klassischen Hollywoodstreifen, gesampelt wegen ihrer die Eingeweide durchrüttelnden Essenzen / ... und aus Bradfords eigener Biografie als Spross einer in der Arbeiterklasse / dem Kaufmannsstand verwurzelten Négritude (Resilienz, Erfindungsgabe, Beharrlichkeit). Seine Arbeiten schließen keinen aus. Sie errichten keine „Zutritt verboten!"-Schilder zwischen Stadtvierteln und Kulturen. Um sie zu verstehen, braucht man kein abgeschlossenes Semiotik-Studium, um Zugang zu erhalten muss man keinen Hipster- (oder blaublütigen) Kunstwelt-Ausweis vorzeigen. Die Arbeiten überschreiten Grenzen. (...)

There are no velvet ropes in Mark Bradford's art – not within the works, not between him and the audience, and not between the multiple audiences he hopes to reach. The work itself is dense / multi-layered / staggeringly cross-referential... Gut-bucket & refined; technologically refined & unabashedly mammy-made... *Dope*. It's a visual mix-tape scratched from both mainstream-familiar and underground-sub-cultural advertising slogans / from the titles, evoked ghosts, and emotional truth of both vintage soul tunes and contemporary hip-hop (mainstream and indie... no snobbery allowed) / from Greek mythology, Negro folklore, and modern-day Latino immigrant realities / from classic Hollywood flicks that are sampled for their viscera-strumming essences / ... and from Bradford's own autobiography: the working class / merchant class Negritude (resilience, innovation, persistence) from which he is sprung. It doesn't exclude anyone. It refuses to erect "no entry" barriers around any neighborhoods or culture, and doesn't require either a degree in semiotics to make sense, or a hipster's (or blue-blood's) art-world ID badge for access. The work crosses borders. (...)

The South Los Angeles area is a paradox. Its rep is one of violence and depravity, an all-encompassing lack of resources, leadership, and even morality that some would claim defines its character. Entwined history & current truth are more complex. Yes, there is criminality and

South Los Angeles ist ein Paradoxon. Seinem Ruf nach herrschen dort Gewalt und Sittenlosigkeit und es mangelt an Geldmitteln, Ordnung und moralischen Grundsätzen – für einige genau das, was seinen Charakter auszeichnet. Verschlungene Geschichte & aktuelle Wahrheit sind noch komplexer. Ja, es gibt Kriminalität und Verkommenheit und Typen, mit denen man sich besser nicht anlegt und bei denen man betet, dass sie sich nicht mit einem anlegen. Doch South Los Angeles ist auch eine der schönsten Ecken von LA; es gibt breite Streifen dieses viel geschmähten / verkannten / verzerrt dargestellten Ortes, wo ungeheuer entspannte Vibes wehen. Sie stehen für das Beste in der Stadt, und das liegt nicht daran, dass hier Geld, Prominenz oder Macht zur Schau gestellt werden. Und obwohl einem bei der multikulturellen und multilingualen Mischung schon mal der Wind des Clash der Kulturen ins Gesicht bläst, ziehen nicht unbedingt gleich auch die Wolken des von den Medien aufgebauschten drohenden Kriegs zwischen Afroamerikanern und Latinos auf. Trotzdem sieht und spürt man an jeder Ecke diese Reibungen und ihre zahllosen Begleiterscheinungen (darunter das Herausformen und Umformen von alten oder embryonalen Kulturen), die uns letzten Endes zeigen, dass Marks Arbeiten nicht nur – hochgradig – von seiner Umwelt inspiriert sind; sie sind Reportagen.

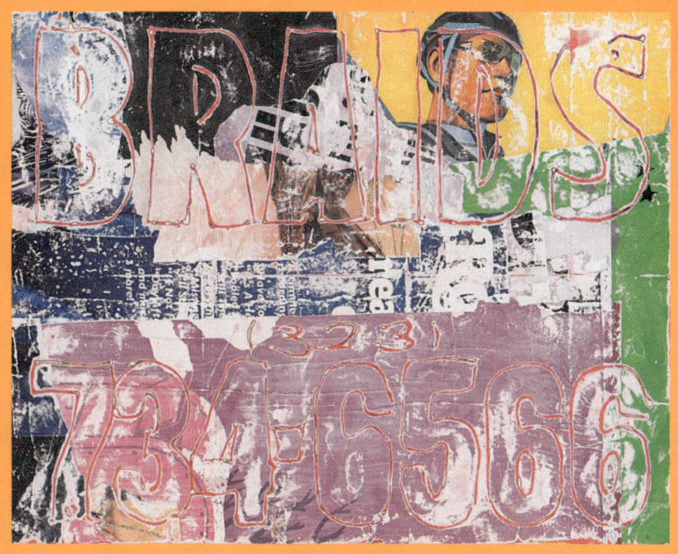

Mark Bradford, *Untitled,* 2007, 56 x 71 cm, Mixed Media auf Leinwand / mixed media on canvas, **Courtesy the artist and Hauser & Wirth**

foulness and people you just don't want to fuck with, and you pray won't fuck with you. But South Los Angeles is also one of the most beautiful parts of LA; there are thick slivers of this much maligned / misunderstood / misrepresented spot where the vibes are extraordinarily chill, soothing. Those slivers rep the best of the city and it has nothing to do with money, celebrity, or flaunted power. While the air of this multi-cultural and multi-lingual co-mingling can break tense along lines of assorted clashes of cultures, it doesn't necessarily cloud with the media-hyped threat of an Afro-American vs. Latino race war. Still, you see and feel *struggle* and its countless side effects (including the shaping and reshaping of cultures both old and embryonic) everywhere, underscoring the fact that Mark's work isn't simply—and hugely—influenced by his surroundings; it's reportage.

Veröffentlicht in: Aspen Art Museum (Hg.), *Merchant Posters,* Ausst.-Kat. Aspen Art Museum, Aspen (New York: Gregory R. Miller, 2010), S. 7–10.

Übersetzt aus dem Englischen von Harriet Fricke

Published in: Aspen Art Museum (ed.), *Merchant Posters,* exh. cat. Aspen Art Museum, Aspen (New York: Gregory R. Miller, 2010), pp. 7–10.

What You See Is What You Get!

Connie Butler, 2015

… für Bradford ist die Stadt ein Ort, der leidet und würgt – wie ein menschliches Wesen, ein Körper, der zu ersticken droht. Ein Ort, der von Amerikas weit in die Geschichte zurückreichende Geringschätzung seiner Menschen zeugt. Bradford arbeitet die Straßen der Stadt in das Gewebe seiner Arbeiten ein, buchstäblich, indem er schabt und kratzt, als gälte es, etwas von der Oberfläche abzutragen. Als könnte der Akt, dies in Bedeutung zu verwandeln, von heilender Wirkung für eine Netzstruktur sein, die infolge der gesellschaftlichen, wirtschaftlichen und politischen Vernachlässigung bis an den Punkt ihrer vollständigen Auflösung zerfasert ist. Laut Christopher Bedford, der die erste Retrospektive des malerischen Werks von Mark Bradford kuratiert hat, kommt in seinen Werken tatsächlich eine „nachdrückliche Präferenz für Ortsspezifisches" zum Ausdruck – ein unermüdliches Interesse, seine Umgebung zu kartieren. Der menschliche Impuls, Raum kartografisch zu erfassen oder mithilfe von Bildern und Texten auf Gebäudeoberflächen, Wänden, Reklametafeln und anderen urbanen Konstruktionen verstandesmäßig in Besitz zu nehmen, ist etwas, das Bradford fasziniert, und so wird er zum Sammler all dessen, was die Kritikerin Katy Siegel als „temporäre Geschichte(n) seiner Stadt" identifiziert. In mancher Hinsicht ist seine Kunst eine Praxis, die die Figur – das Thema Körper – aus dem Narrativ einer uns gut bekannten Gegend in Los Angeles entfernt, deren Maschinerie ausschließlich mit Figuration evoziert wird;

… for Bradford the city is a place that suffers and heaves—like a person, like a body—as it bears witness to the long history of America's disregard for its own. Bradford works the streets into the fabric of his work—literally scouring and scraping as if extracting some of the city's surface, and making meaning from it, will somehow suture a grid frayed to the point of unraveling as a result of social, economic, and political neglect. According to Christopher Bedford, the curator of the artist's first painting retrospective, an "insistent localism"—an ongoing interest in mapping his environment—indeed underlies all his work. Fascinated by the human impulse to make space intelligible through charting and physically applying images and texts to surfaces of buildings, walls, billboards, and other urban structures, Bradford is a gatherer of what the critic Katy Siegel has called "temporary histories of his city." In some ways, his is a practice of removing the figure—the body as subject—from the narrative of a region of LA that has been conjured as only figurative, a mass of social realism, a place inhabited by people and bodies to be contained and suppressed. Richard Schiff has called Bradford's brand of abstraction "material realism," and for the artist this tension between realism and social abstraction is not academic but engages a kind of realness that he likens to the elaborate performances and problematics of the world of drag and cross-dressing.

In their materials, processes, and references, Bradford's paintings recall the now extensive history of black artists whose work refers

eine formlose Masse aus sozial-realistischen Bildern, ein Ort aus Menschen und Körpern, die gelenkt und in Schablonen gepresst werden. Richard Schiff bezeichnet Bradfords charakteristische Art der Abstraktion als „stofflichen Realismus", und für den Künstler selbst ist die Spannung zwischen Realismus und sozialer Abstraktion keineswegs akademisch, sondern führt vielmehr zu einer Art Realsein, die er mit den raffinierten Performances und komplexen Problematiken in der Welt des Drag und Crossdressing gleichsetzt.

Mit ihren Materialien, Prozessen und Bezügen erinnern Bradfords Malereien an die mittlerweile lange Reihe Schwarzer Künstler*innen, deren Arbeiten symbolisch oder indexikalisch auf das Vermächtnis der Bürgerrechtsproteste in den Vereinigten Staaten verweisen, indem sie sich mit Artefakten auseinandersetzen, die auf die Unruhen verweisen. (...) Bradford reflektiert diese Geschichte von Körpern in seiner Praxis und zwar in besonderem Maße in der Arbeit, von der diese Ausstellung den Titel entlehnt. *Scorched Earth* (2006) verweist explizit auf die Ereignisse von 1992: Die symbolically or indexically to the legacy of the US civil rights protests through the recycled artifacts of unrest. (...) Bradford's practice reflects this embodied history, never more so than in the painting from which this exhibition takes its title. *Scorched Earth* (2006) directly refers to the events of 1992: its aggressive, blackened surface resembles a charred relic or a scab on the surface of the city's crusty topography. Bradford took an ordinary rope—conventionally used to bind and secure—embedded it deeply into the surface of paint, and then ripped it from the grip of the paint as it dried. This surface—both performative and violent, functional and evocative—left behind deep striations that operate as a kind of skeleton, something interior that anchors the painting and its thick layers of material, and as marks on skin or carvings into a topography, an exterior action that exposes traces of color and life. 'Scorched earth' is also military terminology for a policy of devastation.

Published in: Connie Butler (ed.), *Scorched Earth,* exh. cat. Hammer Museum, Los Angeles (Munich / London / New York: Prestel, 2015), pp. 16–18.

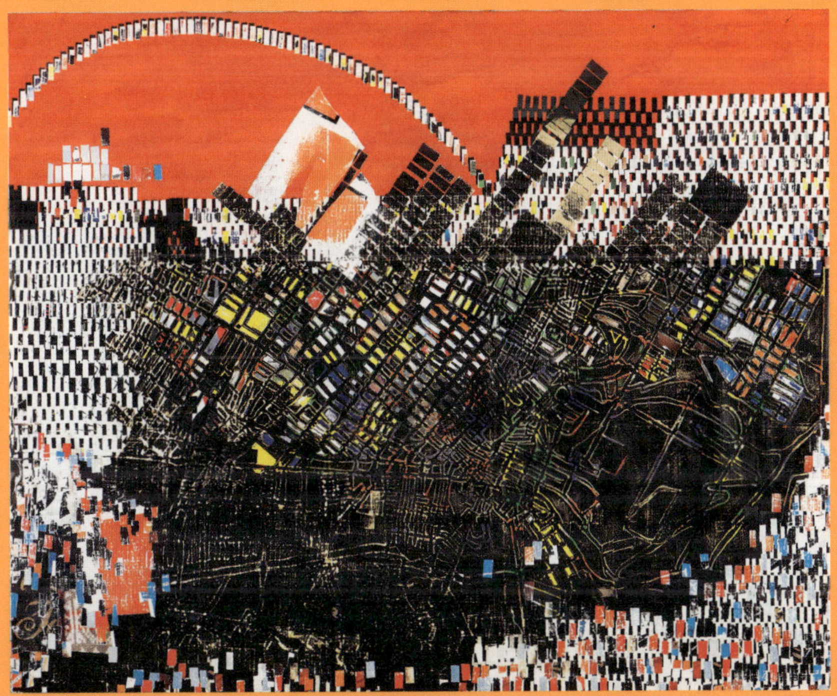

Mark Bradford, *Scorched Earth,* 2006, 240 x 300 cm, Mixed Media auf Leinwand / mixed media on canvas, Courtesy the artist and Hauser & Wirth

aggressiv geschwärzte Fläche ähnelt einem verkohlten Relikt oder einer verkrusteten Stelle auf der topologischen Struktur der Stadt. Bradford nahm einen gewöhnlichen Bindfaden – wie er im Alltag benutzt wird, um etwas zusammenzuschnüren oder zu sichern – und tauchte ihn tief in die Farbe ein, um ihn dann, als die Farbschicht anzutrocknen begann, energisch reißend aus der Fläche herauszulösen. Die Materialität der Schnur – gleichermaßen performativ und von gewaltsamer Kraft zeugend, funktional und evokativ – hinterließ tiefe Furchen, die eine Art Skelett darstellen; eine tief ins Innere reichende Struktur, die die Malerei und ihre dicken Materialschichten zusammenhält. Zugleich wirken die Rillen jedoch wie Kratzspuren auf der Haut oder Einschnitte in eine Topografie und wären in dem Fall als Resultat eines Eingriffs von außen zu erachten, um Farbe und Spuren von Leben freizulegen. *Scorched Earth* (verbrannte Erde) ist zudem ein militärischer Begriff, der eine Kriegstaktik der völligen Verwüstung beschreibt.

Veröffentlicht in: Connie Butler, (Hg.), *Scorched Earth*, Ausst.-Kat. Hammer Museum, Los Angeles (München / London / New York: Prestel, 2015), S. 16–18.

Übersetzt aus dem Englischen von Tim Beeby & Sabine Bürger

Working Papers

Michael Auping, 2020

Seit dem Beginn des 20. Jahrhunderts ist das Experimentieren mit neuen Materialien ein Charakteristikum der Kunst weltweit, insbesondere aber wird es mit amerikanischer Kunst assoziiert. (...) Schon als Student am California Institute of the Arts (...) begann Bradford, mit transparentem Papier in kleinen Formaten von ca. 5 x 10 cm zu experimentieren. Das als Spitzenpapier bekannte Papier wird in der Friseurbranche zum Einwickeln der Haarspitzen benutzt, um sie vor zu großer Hitzeeinwirkung beim Legen einer Dauerwelle zu schützen. Bradfords Experimente sahen eher wie hauchzarte Beispiele einer Farbfeldmalerei aus einer früheren Ära aus, statt den oft streng konzeptuellen Arbeiten seiner Tutor*innen und Mitstudierenden nachzugeraten. Allerdings war Bradfords Weg zur Kunst einzigartig und nicht unbedingt mit denen seiner Studienkolleg*innen vergleichbar.

Bradford, 1961 geboren, wurde von seiner Mutter großgezogen, einer Alleinerziehenden, die 1970 einen erfolgreichen Friseursalon in Los Angeles eröffnete. Im Grunde genommen wuchs Bradford im hinteren Bereich des Ladens auf. Als er alt genug war, begann er im Salon auszuhelfen, und wurde schließlich selbst Frisör. Er widmete sich auch dem ästhetischen Erscheinungsbild des Salons und malte Schilder und Bilder, die die Kund*innen betrachten konnten, während sie frisiert wurden. Bevor er sich für den Fri-

Experimentation with new materials has been a characteristic of art internationally since the beginning of the twentieth century, but it has been particularly associated with American art. (...) While a student at the California Institute of the Arts (...) Bradford began experimenting with small, two-by-four-inch sheets of translucent paper known in the hairstyling profession as end papers used to protect hair from getting too much heat in the process of getting a permanent wave. These experiments looked more like delicate Color Field paintings from an earlier era than they did the often-rigorous conceptual work of his teachers and fellow students. However, Bradford's path to art was unique and not necessarily in step with his peers'.

Born in 1961, Bradford was raised by his mother, a single parent who started a successful beauty salon in Los Angeles in 1970. Bradford essentially grew up in the back of the shop, helping when he was old enough and eventually becoming a hairstylist himself. He also upgraded the aesthetics of the shop, making signs and paintings for customers to look at while their hair

seurberuf entschied, nahm er sich eine Auszeit und reiste durch Europa. Während Clubs und Musik seine Nächte bestimmten, streifte er tagsüber durch die Museen. Bradford entdeckte die Größe und Nuancen der amerikanischen Nachkriegskunst ironischerweise in Europa. Um die Zeit war der amerikanische abstrakte Expressionismus und Minimal Art in den europäischen Museen neben den Wegbereiter*innen der europäischen Abstraktion bereits umfassend vertreten. (...) Diese selbstbestimmte Art der Ausbildung sollte schließlich mit dem Zeitgeist seiner eigenen Ära verschmelzen und den Künstler befähigen, die amerikanische Abstraktion auf neue Art und Weise anzugehen. (...)

Das alles Entscheidende war für Bradford die anfängliche Wahl seiner Materialien. Die Entscheidung für Spitzenpapier war das auslösende Moment für seinen Prozess, in dem was being done. Before deciding on a career in hairstyling, he took a break from the business to tour Europe. While clubs and music occupied his nights, museum visits filled his days. Ironically it was in Europe that Bradford experienced the scale and nuance of postwar American art. By this time American Abstract Expressionism and Minimalism were well represented in European museums, along with the pioneers of European abstraction. (...) This self-guided education would eventually meld with the zeitgeist of his own time to allow him to approach American abstraction in a new way. (...)

The key for Bradford was his initial choice of materials. The choice of end papers was the catalytic start to his process of merging his interest in abstract painting, his specific identity, and the context in which it had developed. This was a material he knew well, had interesting formal possibilities, and acknowledged his

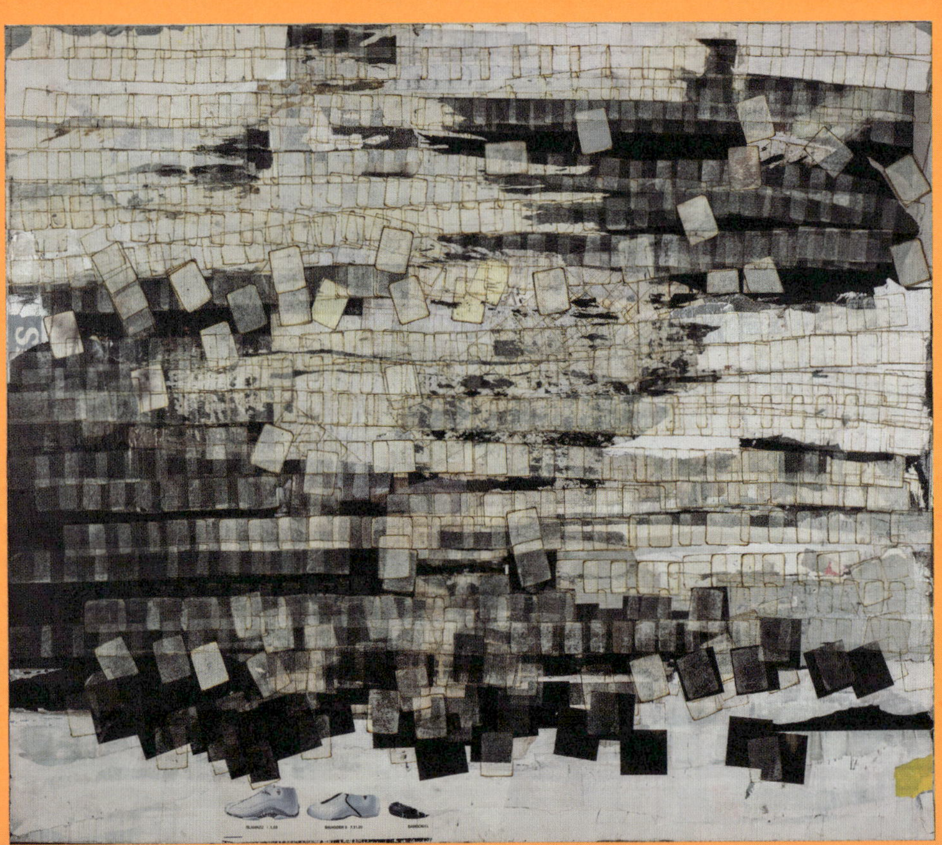

Mark Bradford, *The hood is moody*, 2003, 183 x 213 cm, Mixed Media auf Leinwand / mixed media on canvas, Courtesy the artist and Hauser & Wirth

er das Interesse an abstrakter Malerei mit seiner eigenen Identität und dem Kontext, der ihn geprägt hatte, verband. Hier hatte er ein Material, das ihm vertraut war, das interessante formale Möglichkeiten bot und seinem persönlichen Hintergrund als junger Frisör Anerkennung zollte. Dieses dünne, delikate Papier, das in kleinen Schachteln zu je 1000 Blättern verkauft wird, ist nahezu durchsichtig. Hält man es ins Licht oder platziert es auf eine Oberfläche, entsteht die Wirkung eines gazeartigen Schleiers. In seinen frühen Experimenten fixierte Bradford die Blätter auf transparenten Plexiglasscheiben. Das Ergebnis war ein diffuser Schein, eine Art Schweben, in der visuellen Wirkung irgendwo zwischen einem malerischen Werk Mark Rothkos und einer von Robert Irwins etherisch anmutenden, kreisförmigen Milchglasscheiben aus Acryl zu verorten. Wie Irwin brachte auch Bradford ein ungewöhnliches Material zum Einsatz, mit dem er die Malerei in eine andere Sphäre überführte. „Damals (zu Bradfords Zeit bei CalArts) konntest du nicht einfach anfangen, Farbe auf Leinwand aufzutragen, insbesondere wenn es um abstrakte Malerei ging. Wenn du ernstgenommen werden wolltest, musstest du deine eigene Technik erfinden. Meine Technik war das Spitzenpapier."

background as a young hairdresser. Sold in small boxes of 1000, these thin, delicate sheets are almost translucent. When put up to light or placed on another surface, the effect is that of a gauzy veil. Bradford's early experiments involved fixing them on sheets of transparent plexiglass. The result was a cloudy glow that appeared to hover, suggesting an image somewhere between a Mark Rothko painting and one of Robert Irwin's ethereal frosted acrylic discs. Like the latter, Bradford was using an unusual material that pushed the effects of painting into another realm. "At that time (at CalArts), you couldn't just start putting paint on canvas, particularly abstract painting, and be taken seriously. You had to come up with a new technology. The end papers were my technology."

Published in: Michael Auping (ed.), *Mark Bradford. End Papers,* exh. cat. Modern Art Museum of Forth Worth, Fort Worth (Munich / London / New York: Prestel, 2020), pp. 9–10.

Veröffentlicht in: Michael Auping (Hg.), *Mark Bradford. End Papers,* Ausst.-Kat. Modern Art Museum of Forth Worth, Fort Worth (München / London / New York: Prestel, 2020), S. 9–10.

Übersetzt aus dem Englischen von Tim Beeby & Sabine Bürger

Werke in der Ausstellung /
Works in the Exhibition

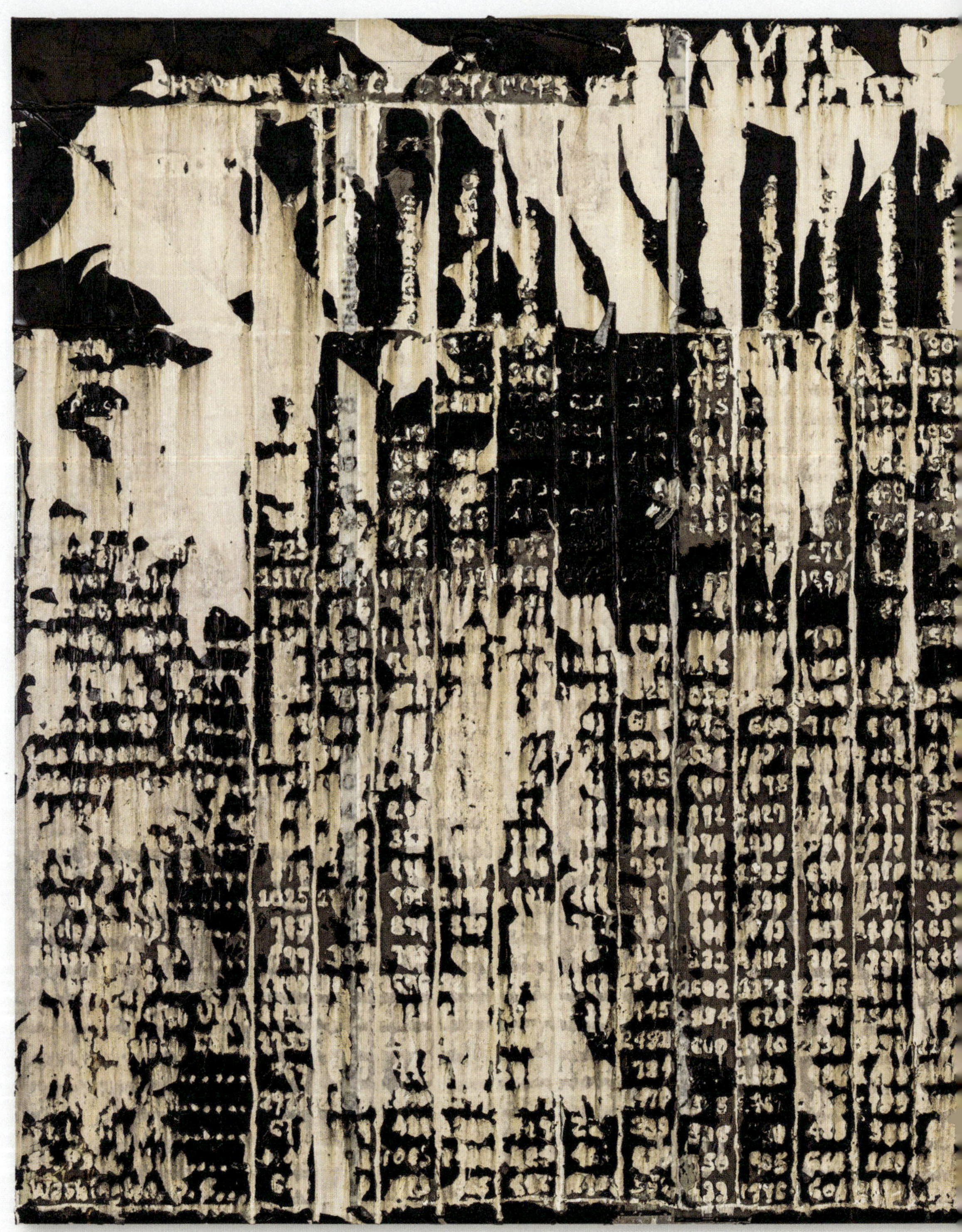

Mark Bradford, *I Don't Know What I AM,* 2024, 305 x 531 cm,
Mixed Media auf Leinwand / mixed media on canvas,
Courtesy the artist and Hauser & Wirth

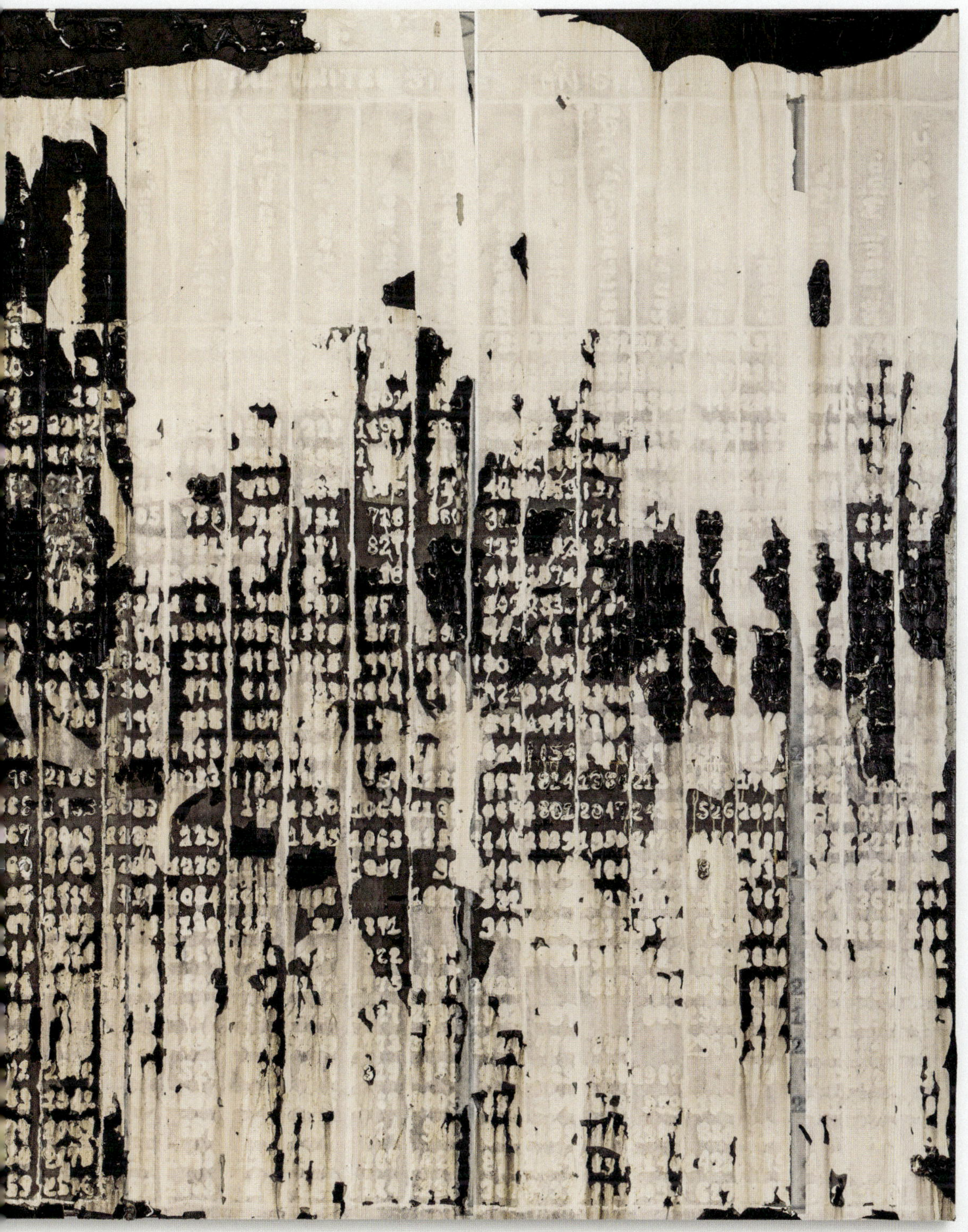

Mark Bradford, *You Don't Have to Tell Me Twice*, 2023,
305 x 531 cm, Mixed Media auf Leinwand / mixed media on canvas,
Kravis Collection

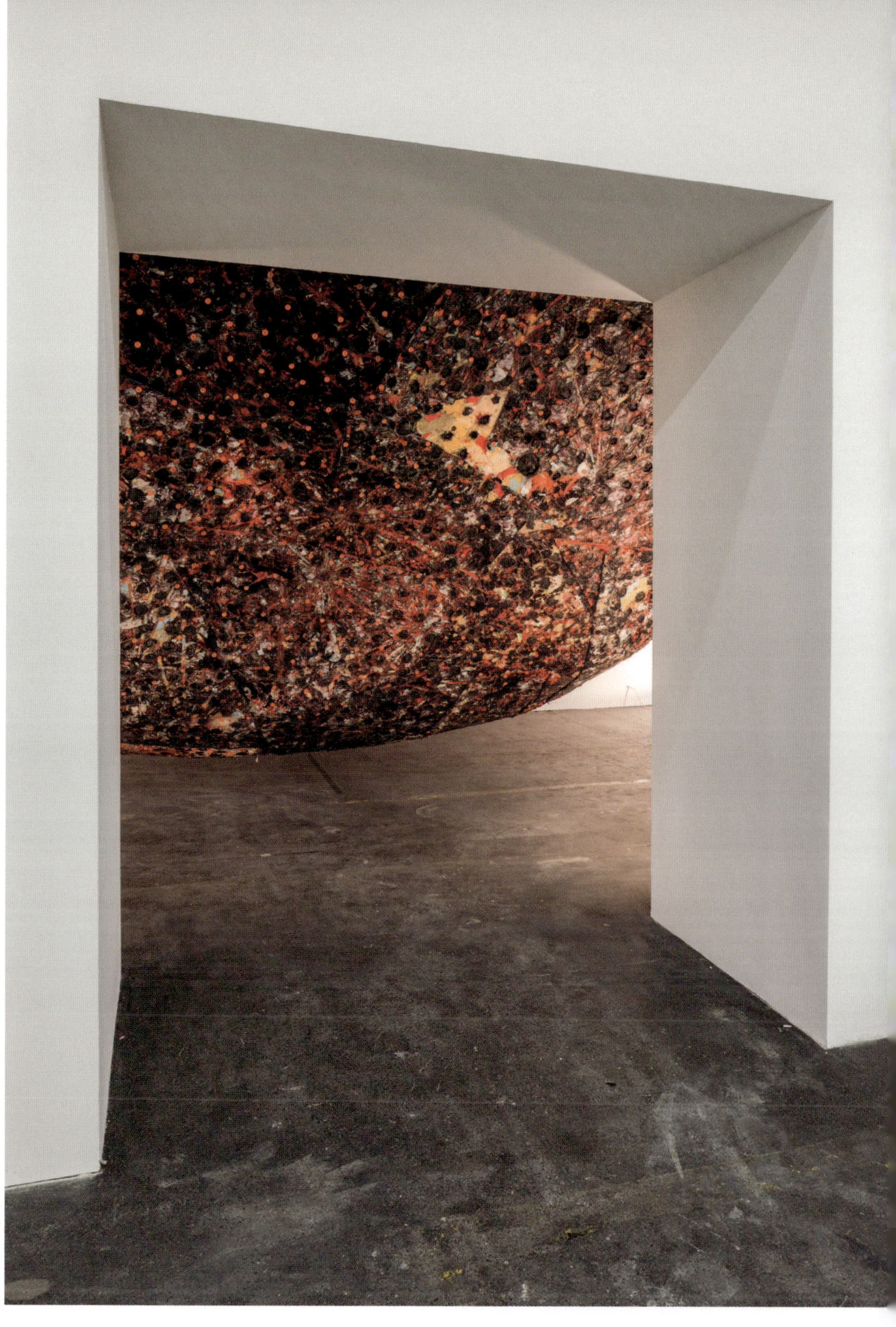

Mark Bradford, *Spoiled Foot,* 2016, Maße variabel / dimensions variable, **Mixed Media auf Leinwand, Holz und Trockenbauwänden** / mixed media on canvas, lumber, luan sheeting and drywall, **Courtesy the artist and Hauser & Wirth**

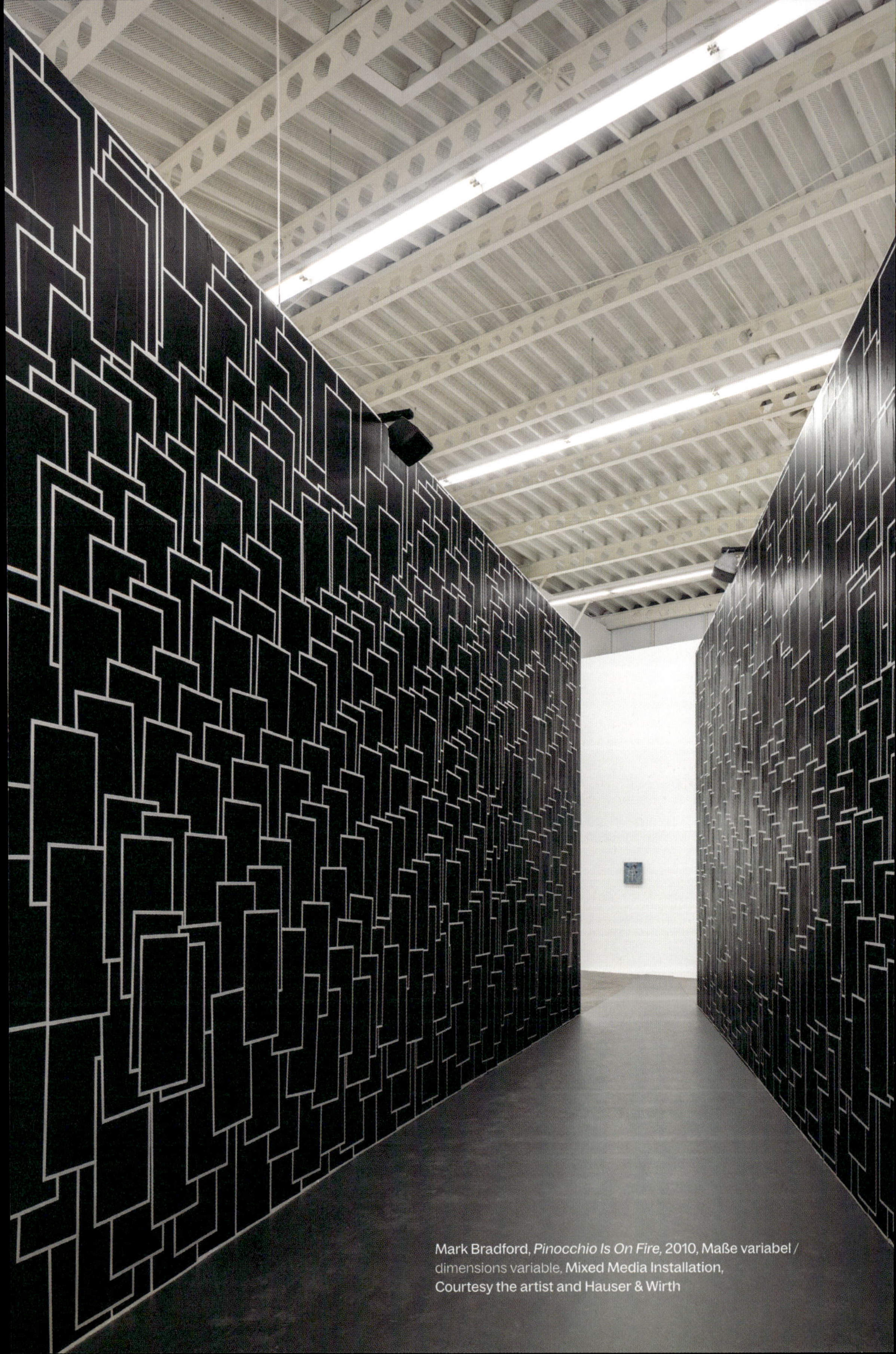

Mark Bradford, *Pinocchio Is On Fire*, 2010, Maße variabel /
dimensions variable, Mixed Media Installation,
Courtesy the artist and Hauser & Wirth

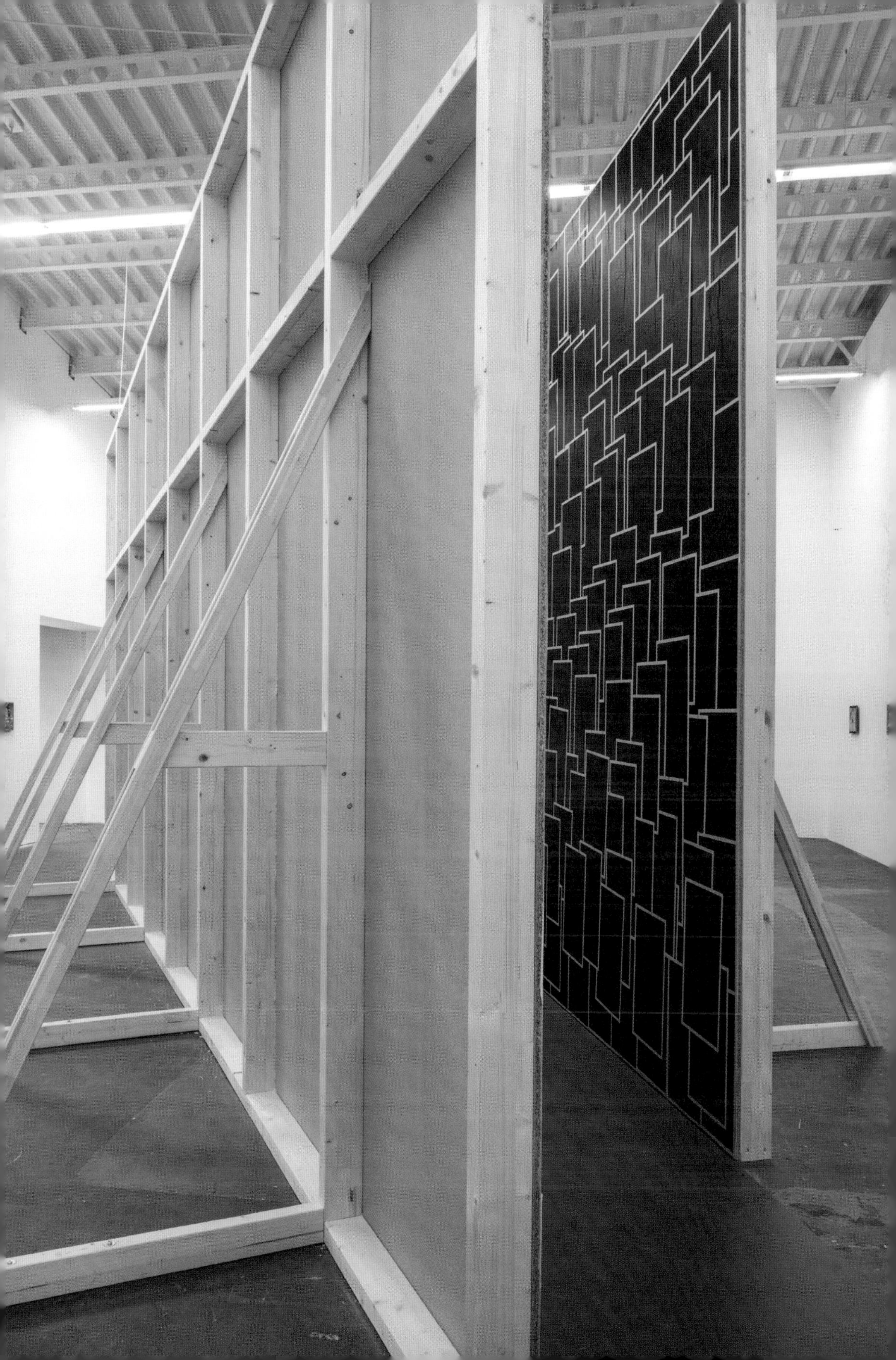

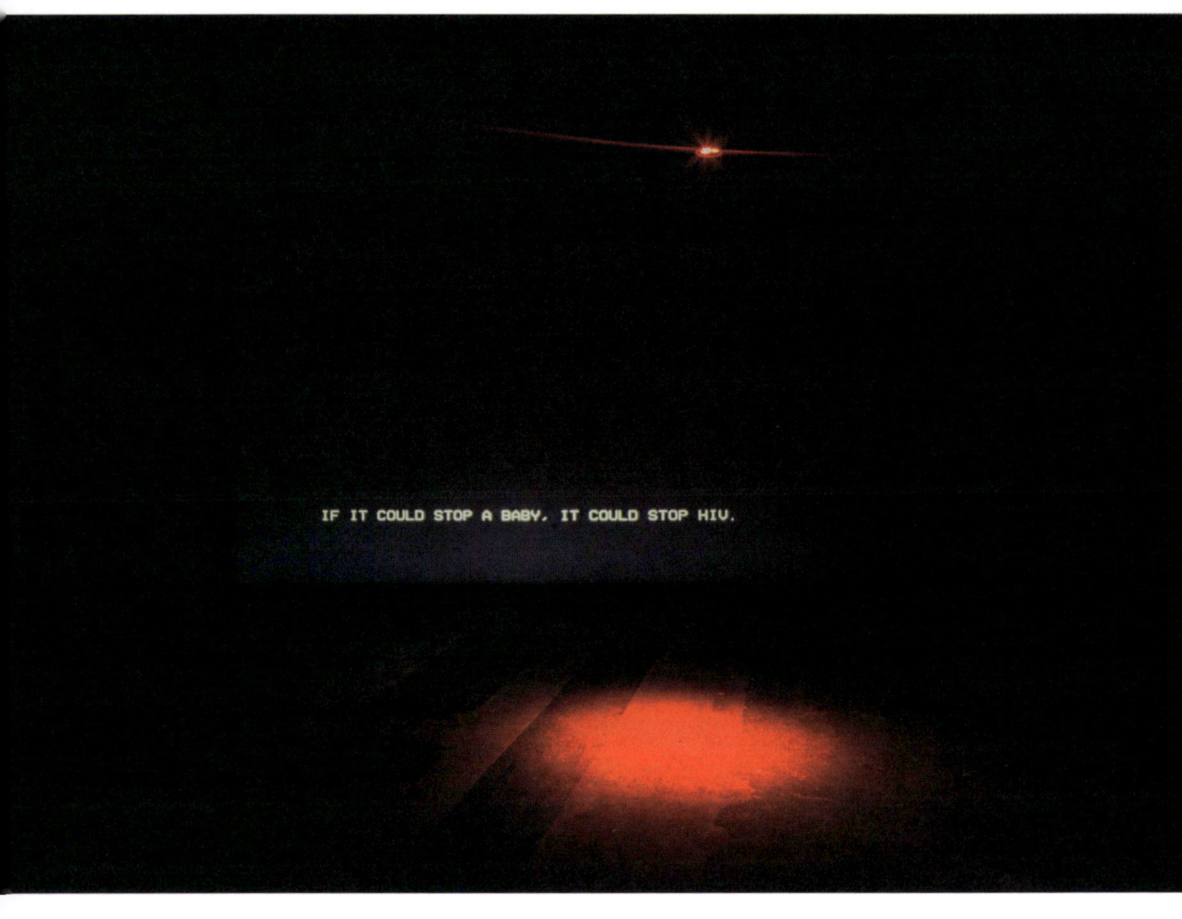

Mark Bradford, *Spiderman,* 2015,
Maße variabel / dimensions variable, digitales Video,
Farbe, Ton / digital video, color, audio, 6:03 Min. (Loop),
Courtesy the artist and Hauser & Wirth

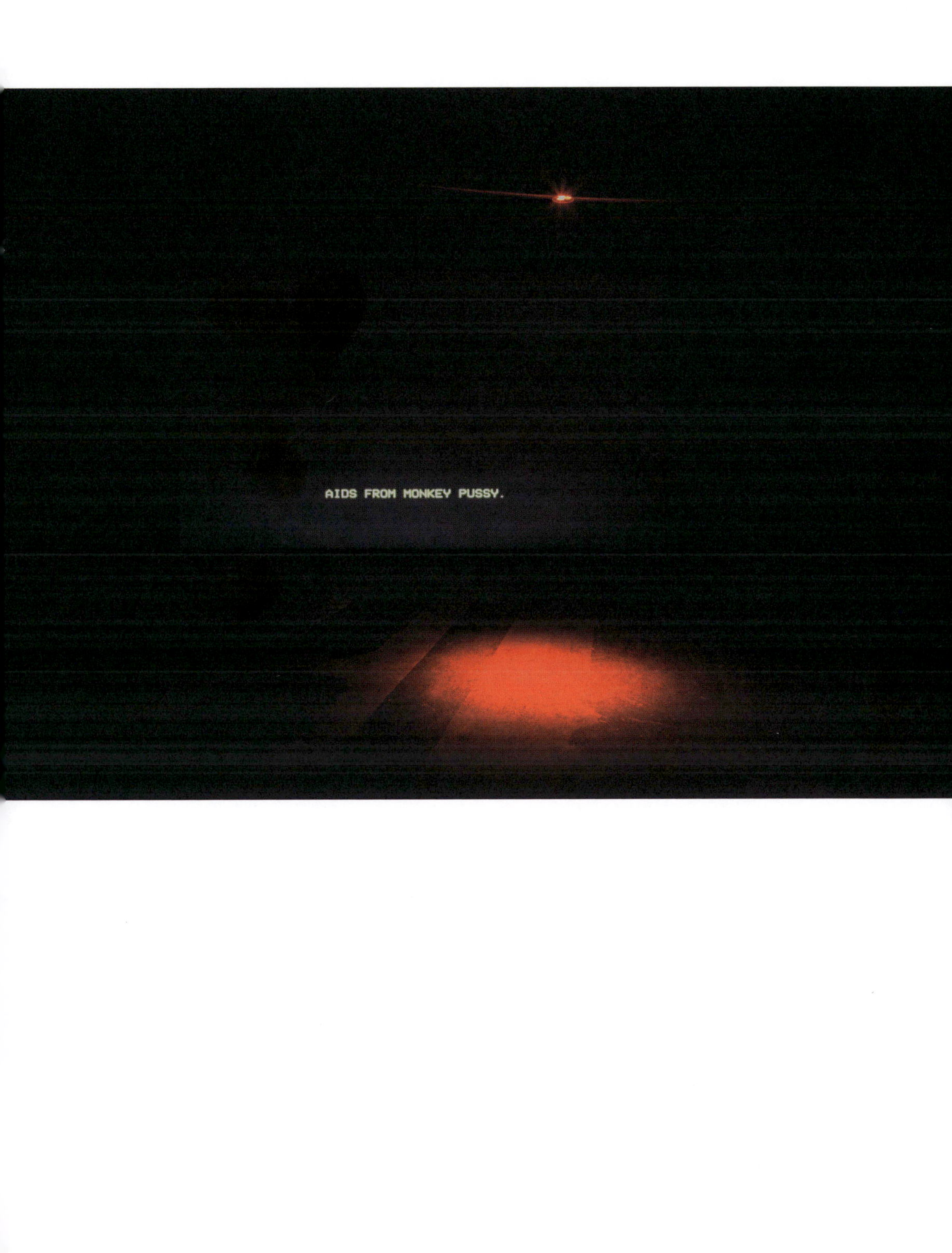
AIDS FROM MONKEY PUSSY.

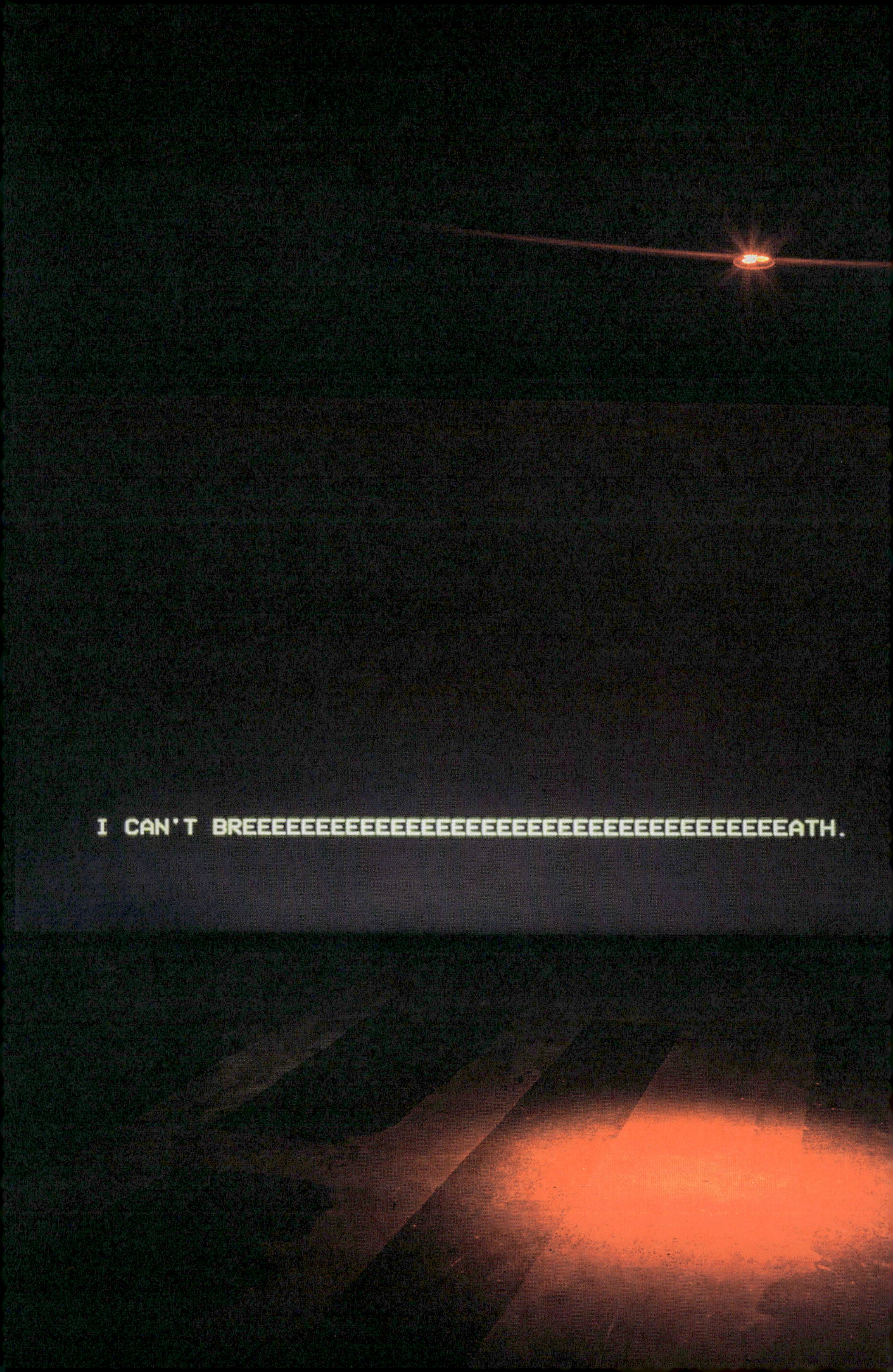

I CAN'T BREEEEEEEEEEEEEEEEEEEEEEEEEEEEEEEEEEEEEEEEATH.

Mark Bradford, *Spiderman*, 2015,
Maße variabel / dimensions variable, digitales Video,
Farbe, Ton / digital video, color, audio, 6:03 Min. (Loop),
Courtesy the artist and Hauser & Wirth

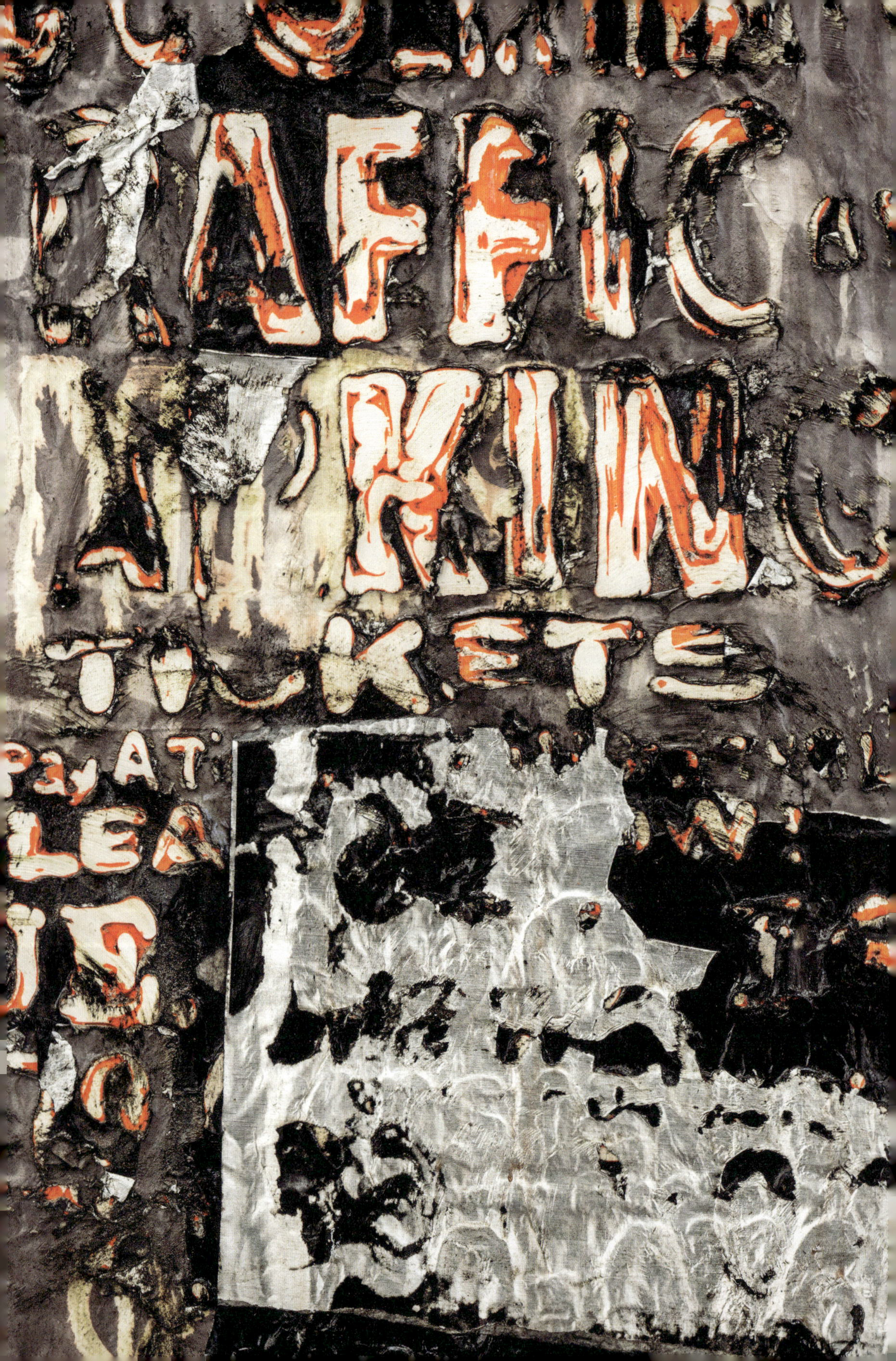

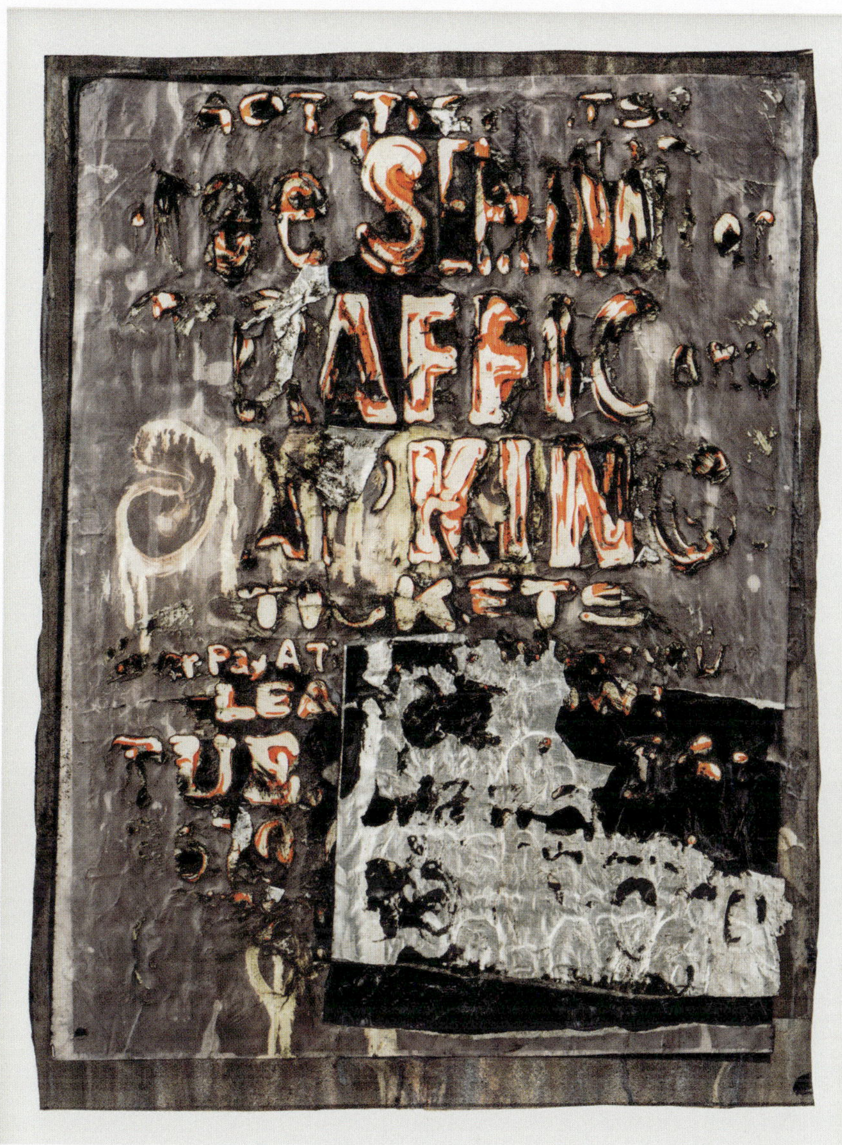

Mark Bradford, *Merchant Posters,* 2024, je / each 86 x 68 x 5 cm,
Mixed Media auf Leinwand / mixed media on canvas,
Courtesy the artist and Hauser & Wirth

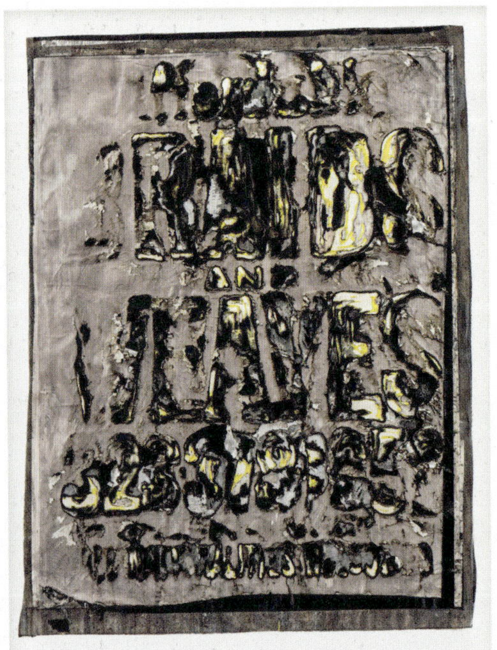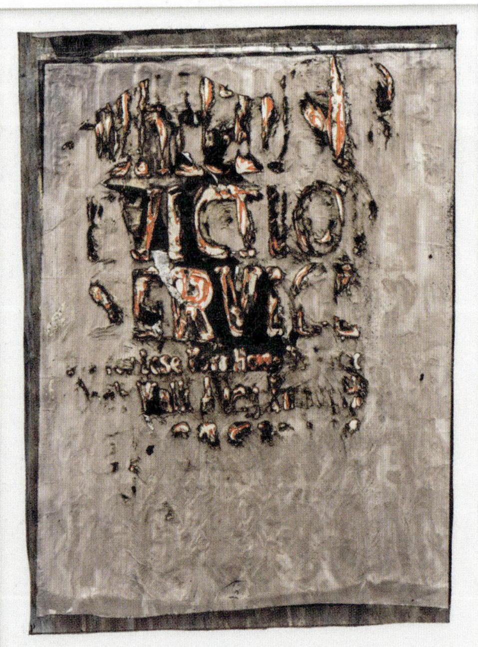

Mark Bradford, *Merchant Posters,* 2024, je / each 86 x 68 x 5 cm,
Mixed Media auf Leinwand / mixed media on canvas,
Courtesy the artist and Hauser & Wirth

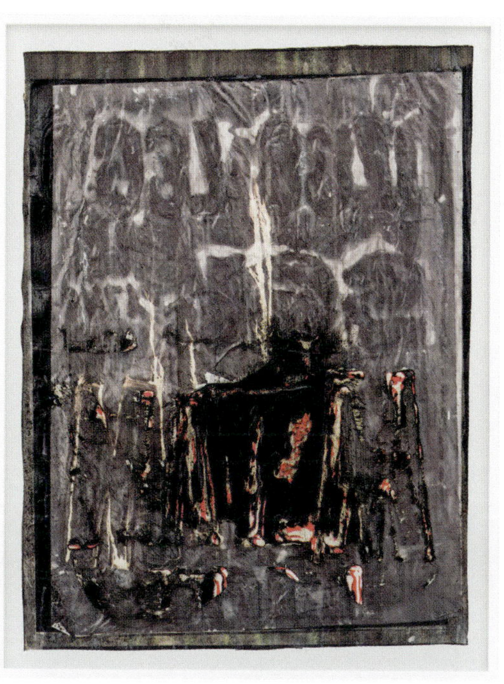 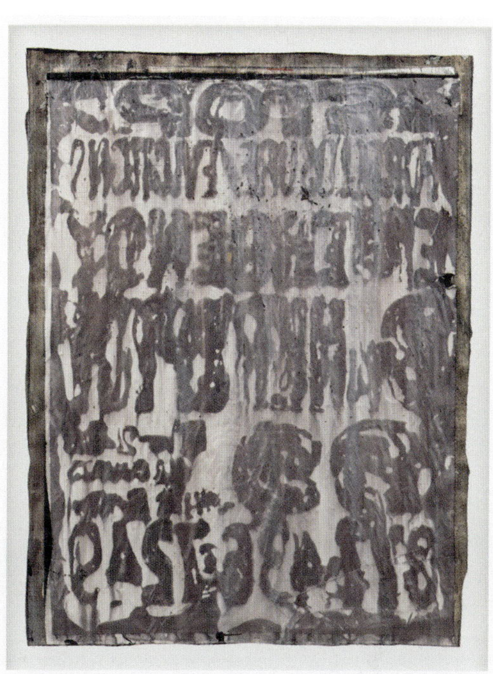

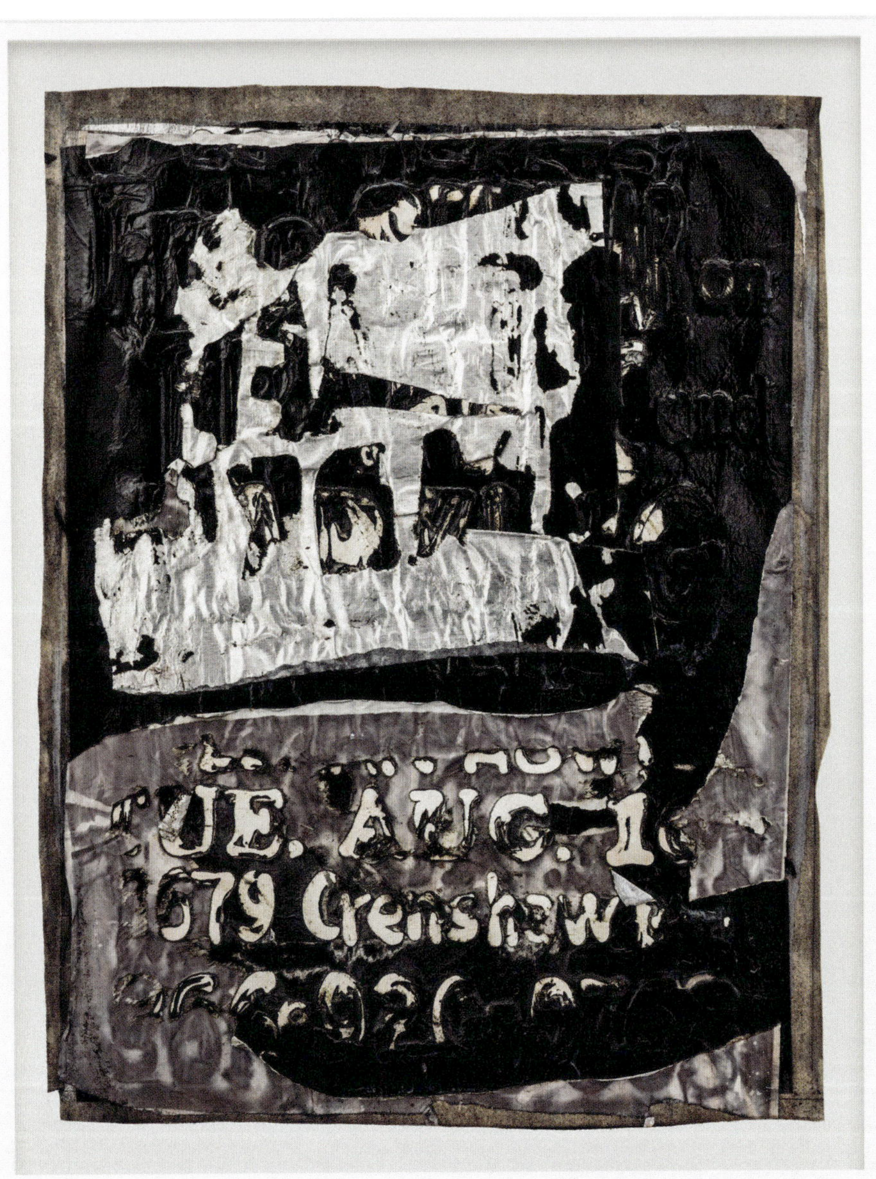

Mark Bradford, *Merchant Posters,* 2024, je / each 86 x 68 x 5 cm,
Mixed Media auf Leinwand / mixed media on canvas,
Courtesy the artist and Hauser & Wirth

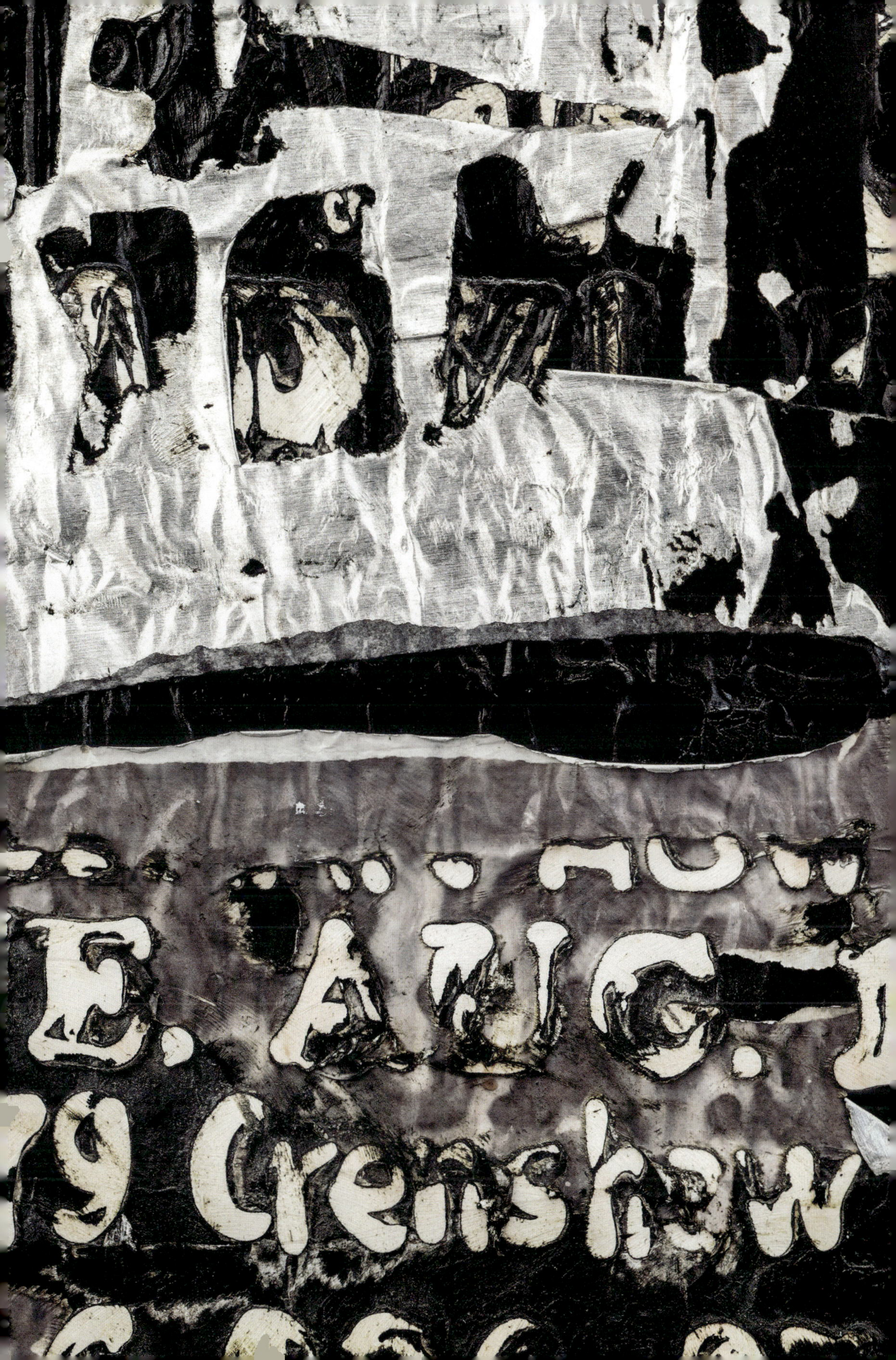
E. AUG.
9 Crenshaw

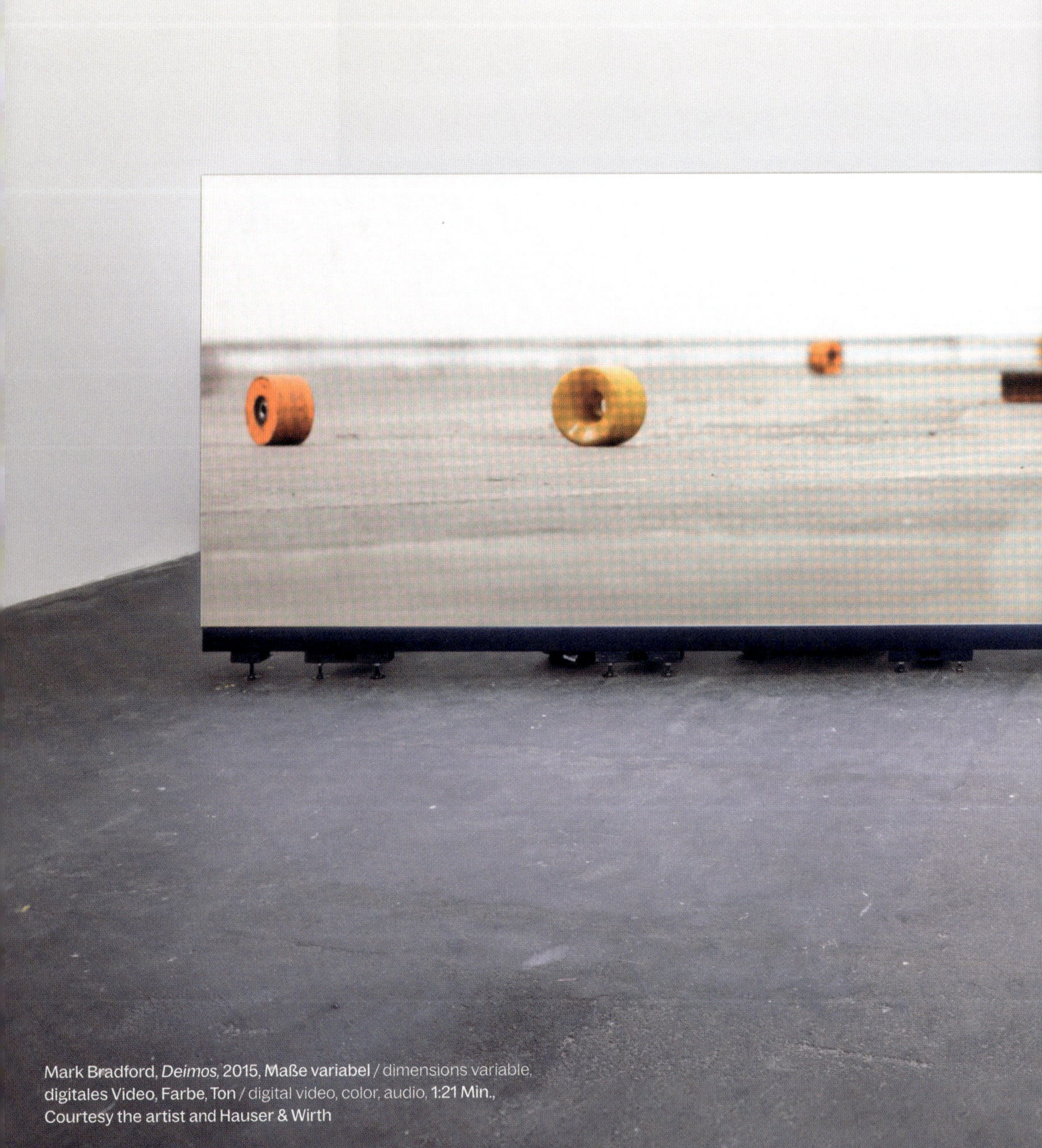

Mark Bradford, *Deimos*, 2015, Maße variabel / dimensions variable,
digitales Video, Farbe, Ton / digital video, color, audio, 1:21 Min.,
Courtesy the artist and Hauser & Wirth

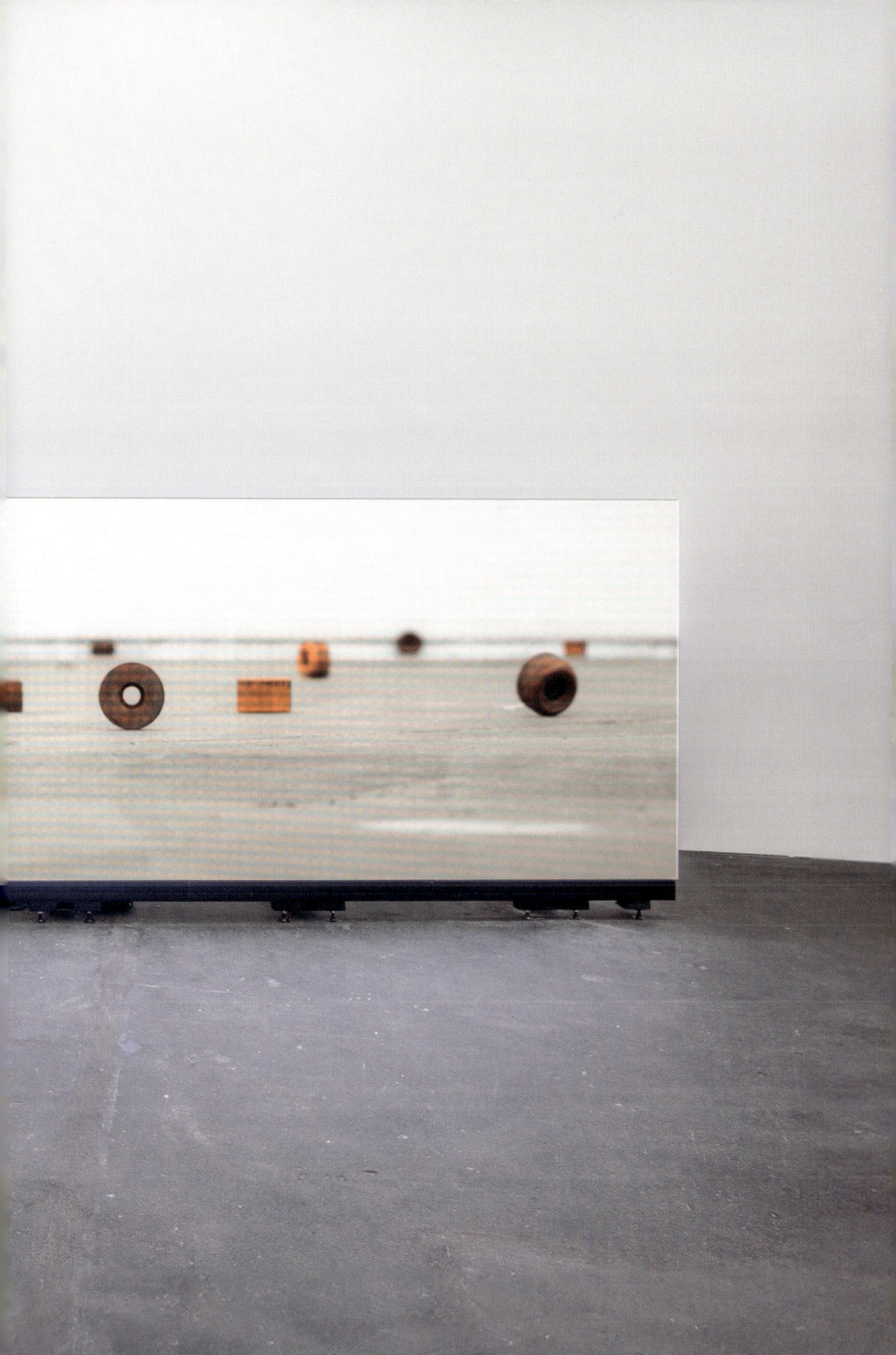

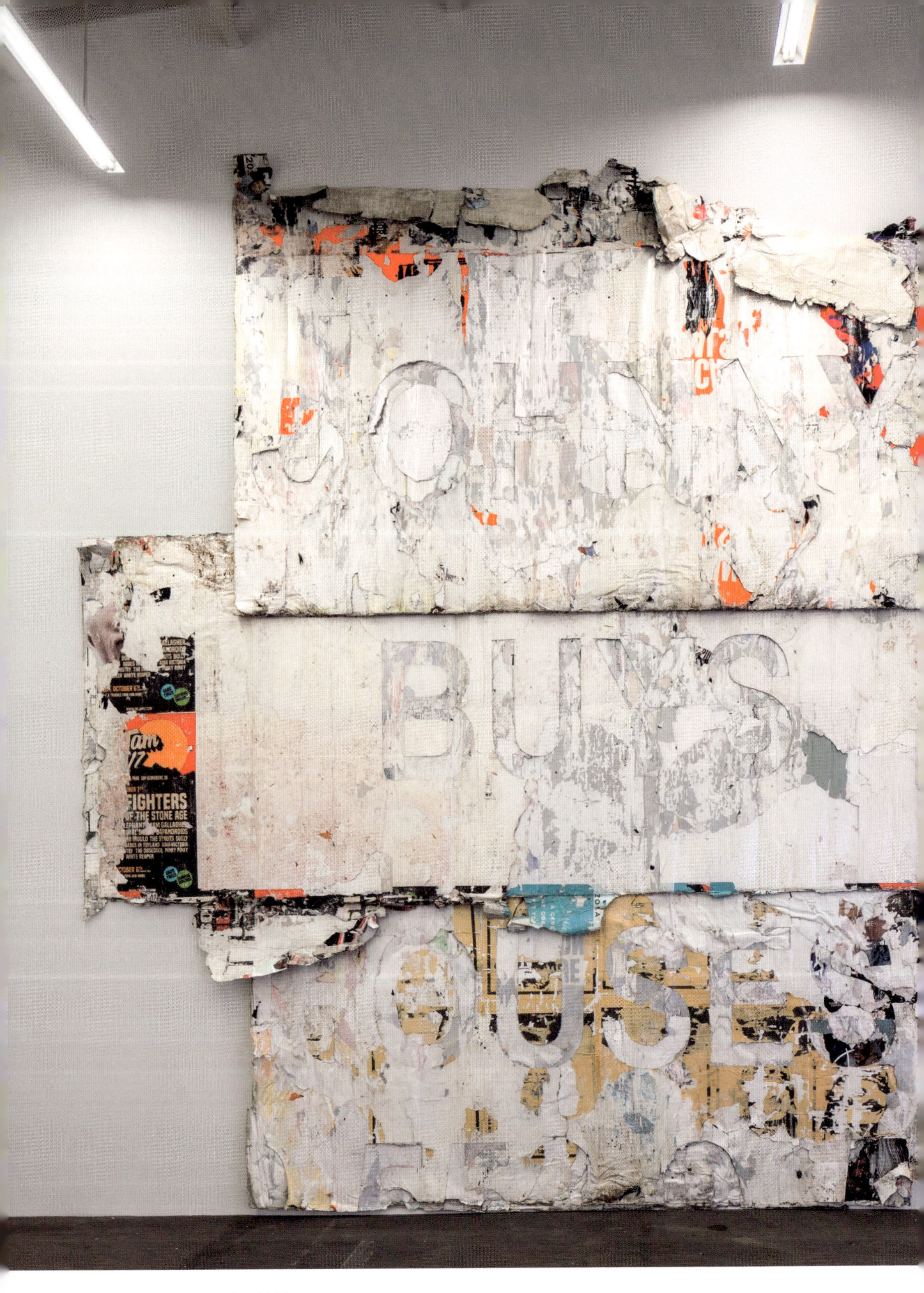

Mark Bradford, *Manifest Destiny,* 2023,
Maße variabel / dimensions variable, Mixed Media,
Courtesy the artist and Hauser & Wirth

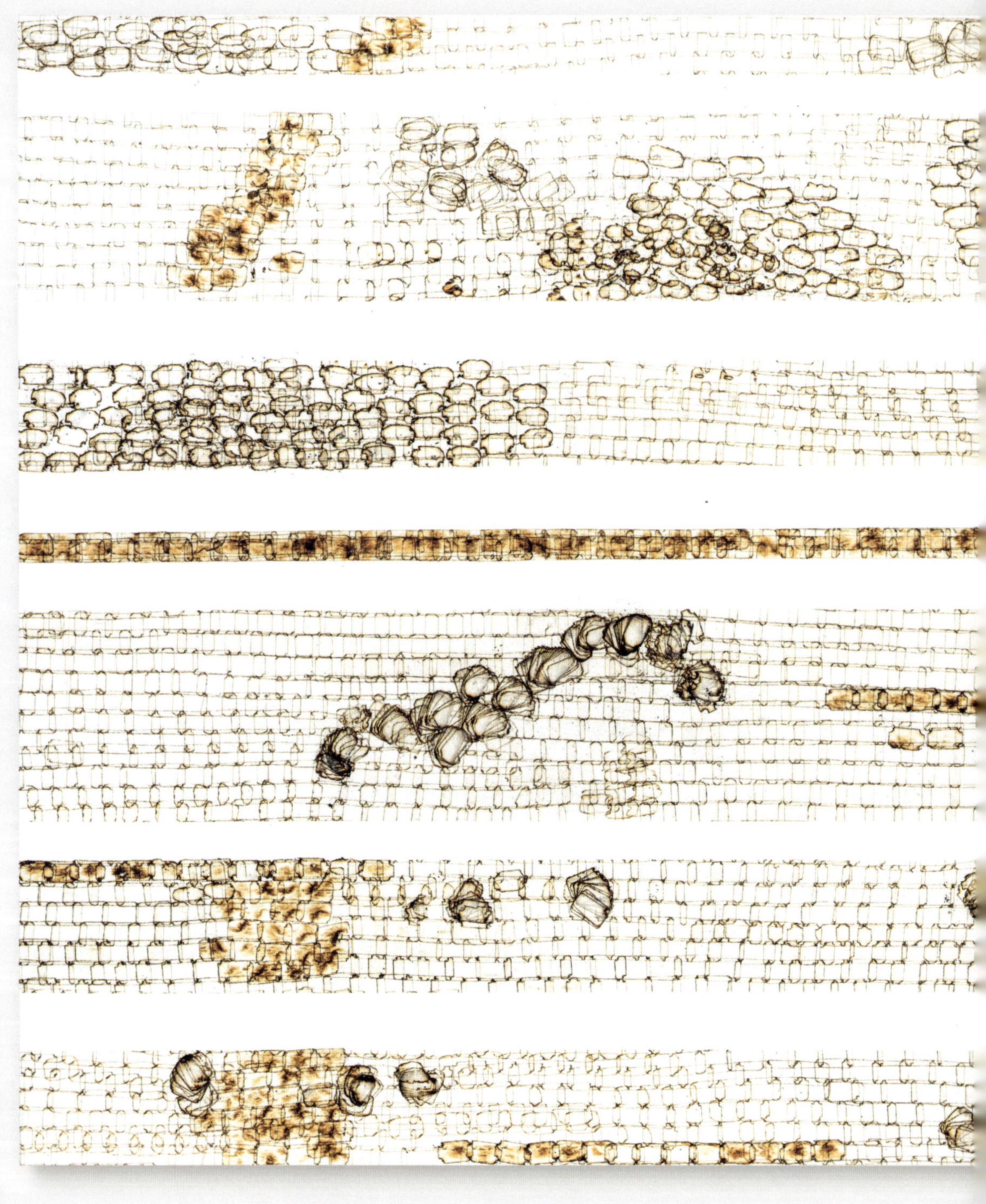

Mark Bradford, *Neither Love Nor Hate,* 2024, 305 x 549 cm,
Mixed Media auf Leinwand / mixed media on canvas,
Courtesy the artist and Hauser & Wirth

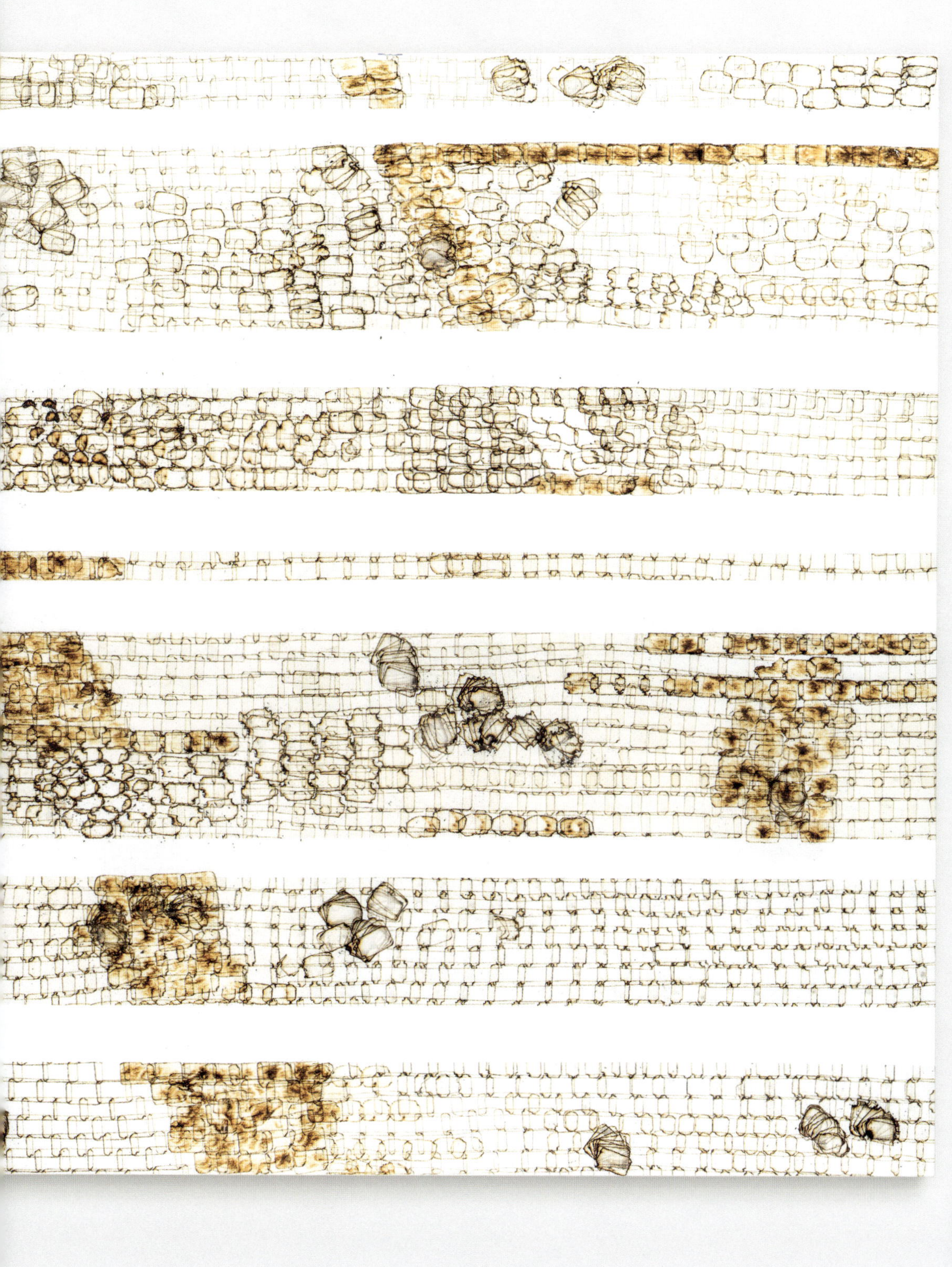

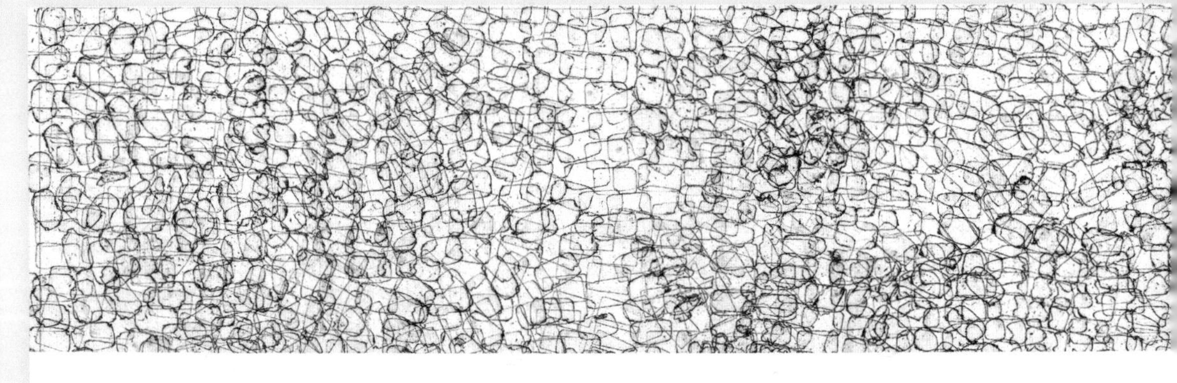

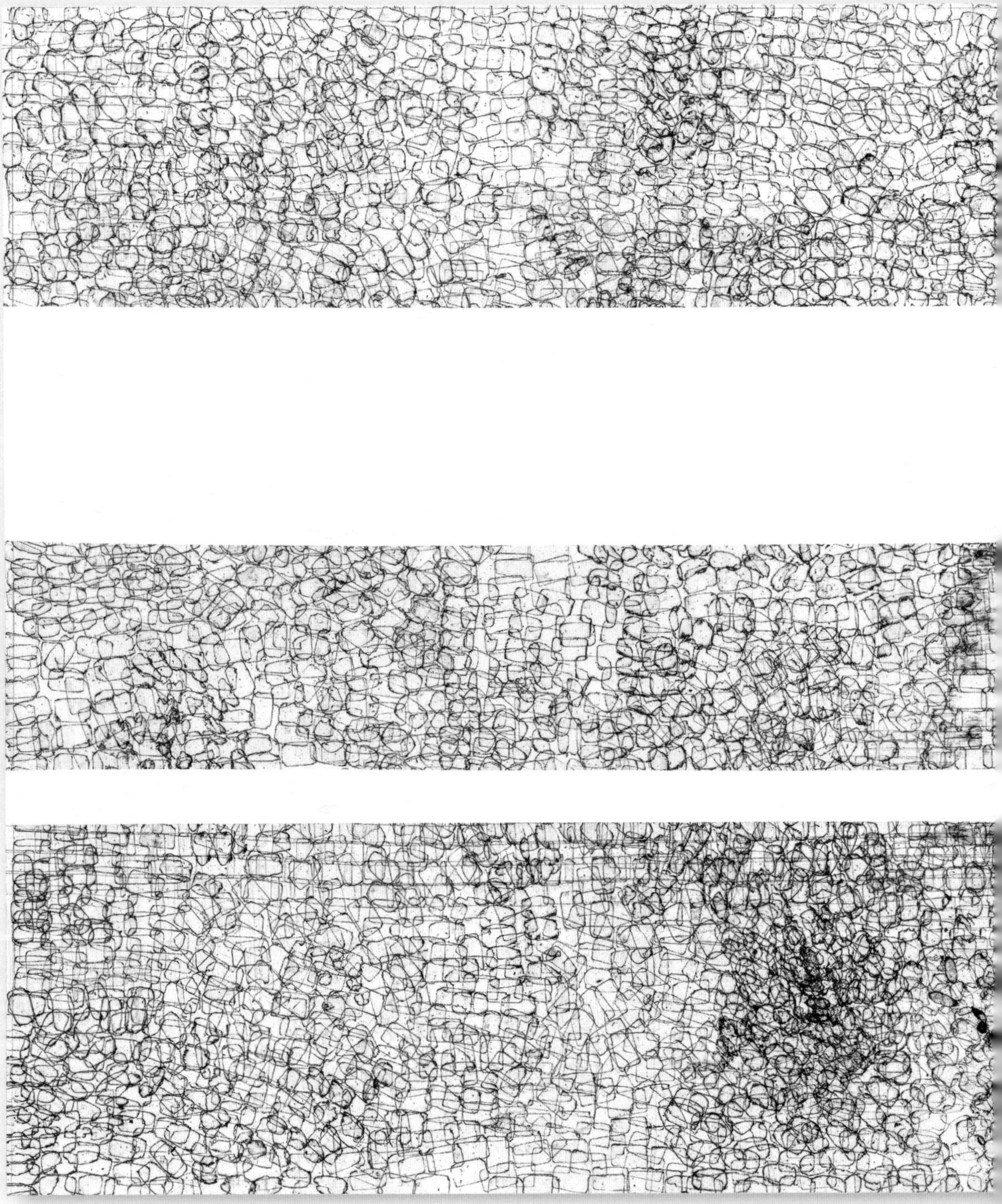

Mark Bradford, *Crying Is Easier Than Change,* 2024, 305 x 549 cm,
Mixed Media auf Leinwand / mixed media on canvas,
Courtesy the artist and Hauser & Wirth

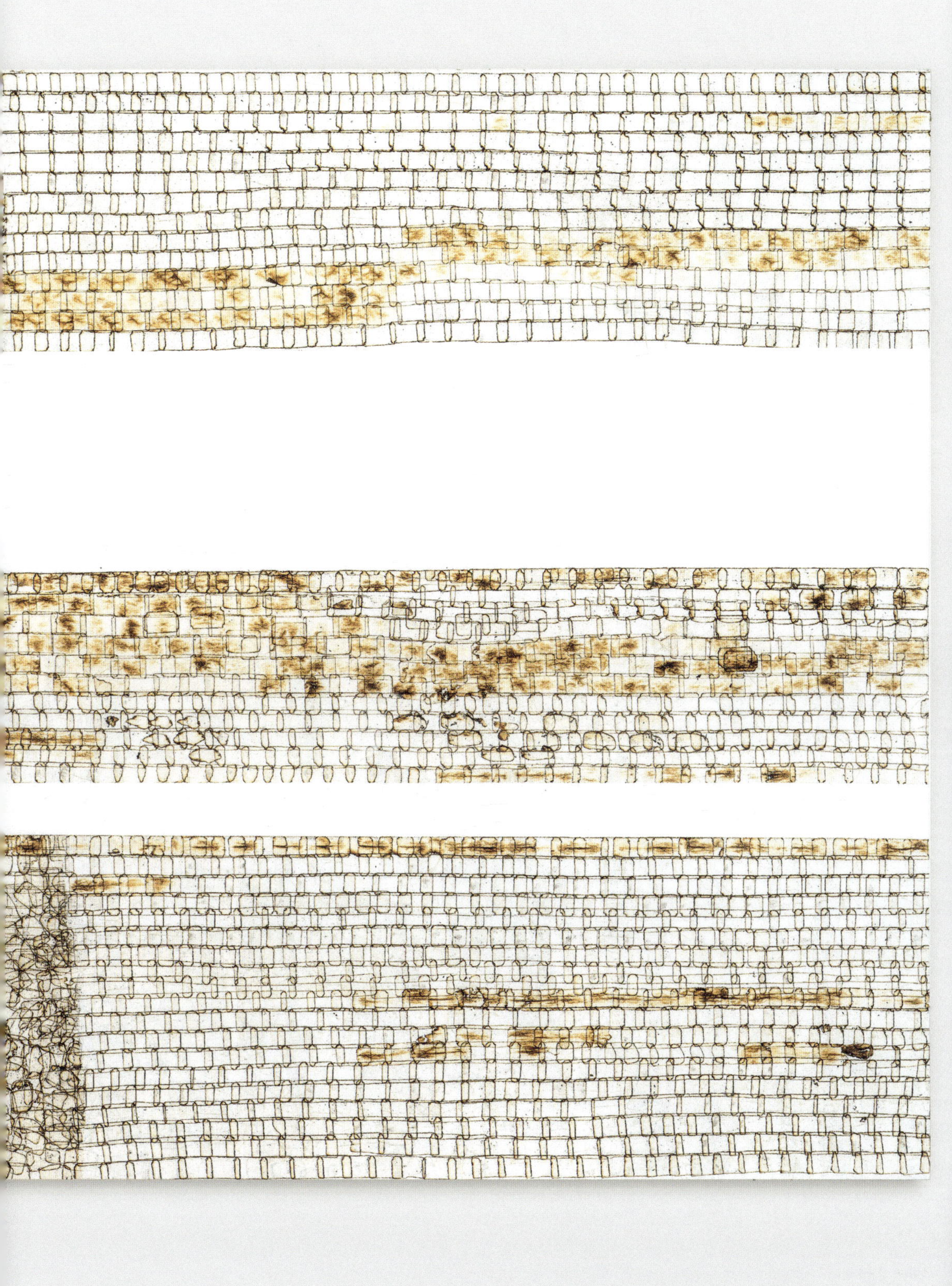

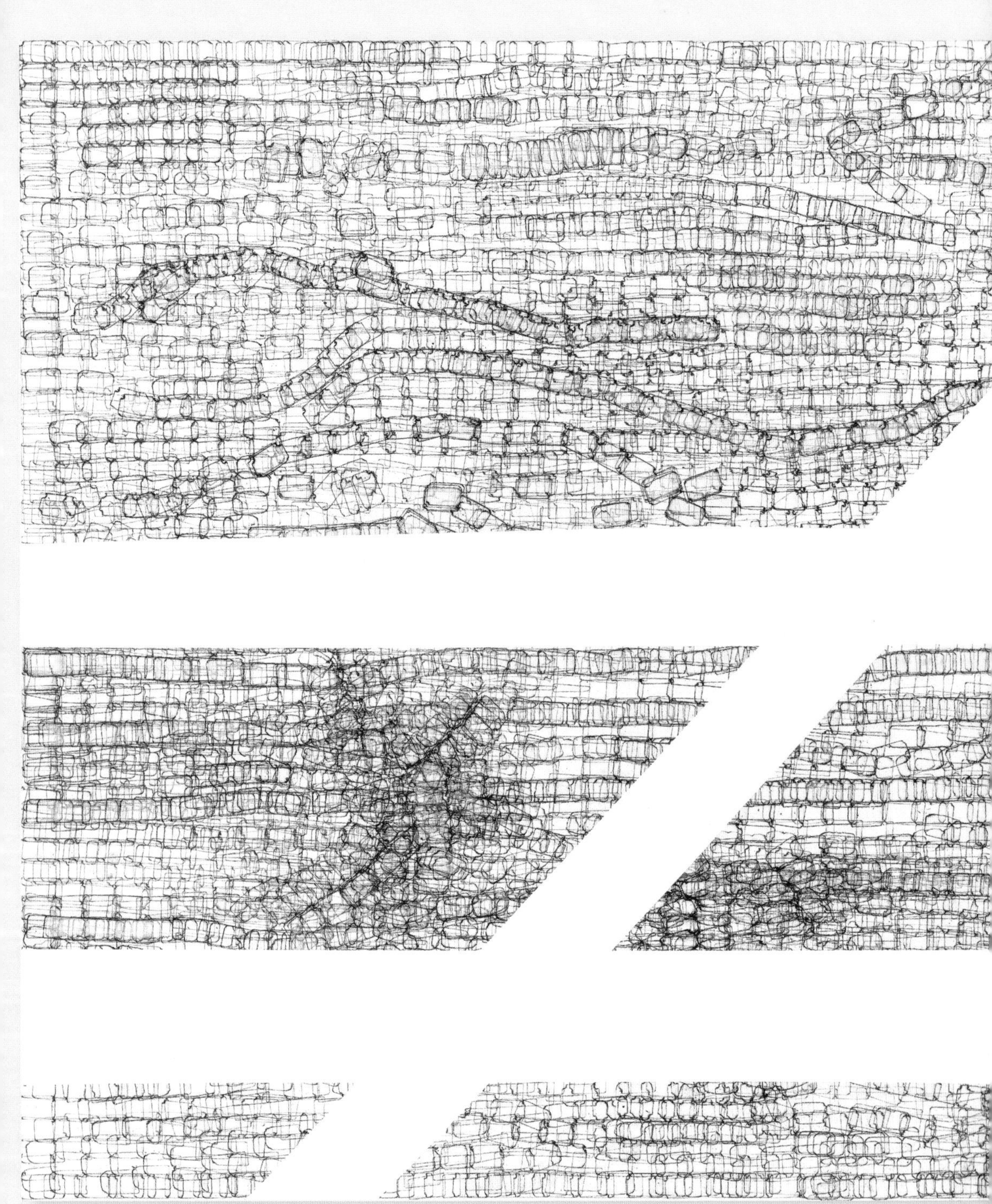

Mark Bradford, *The Betrayal of a Belief*, 2024, 305 x 549 cm,
Mixed Media auf Leinwand / mixed media on canvas,
Courtesy the artist and Hauser & Wirth

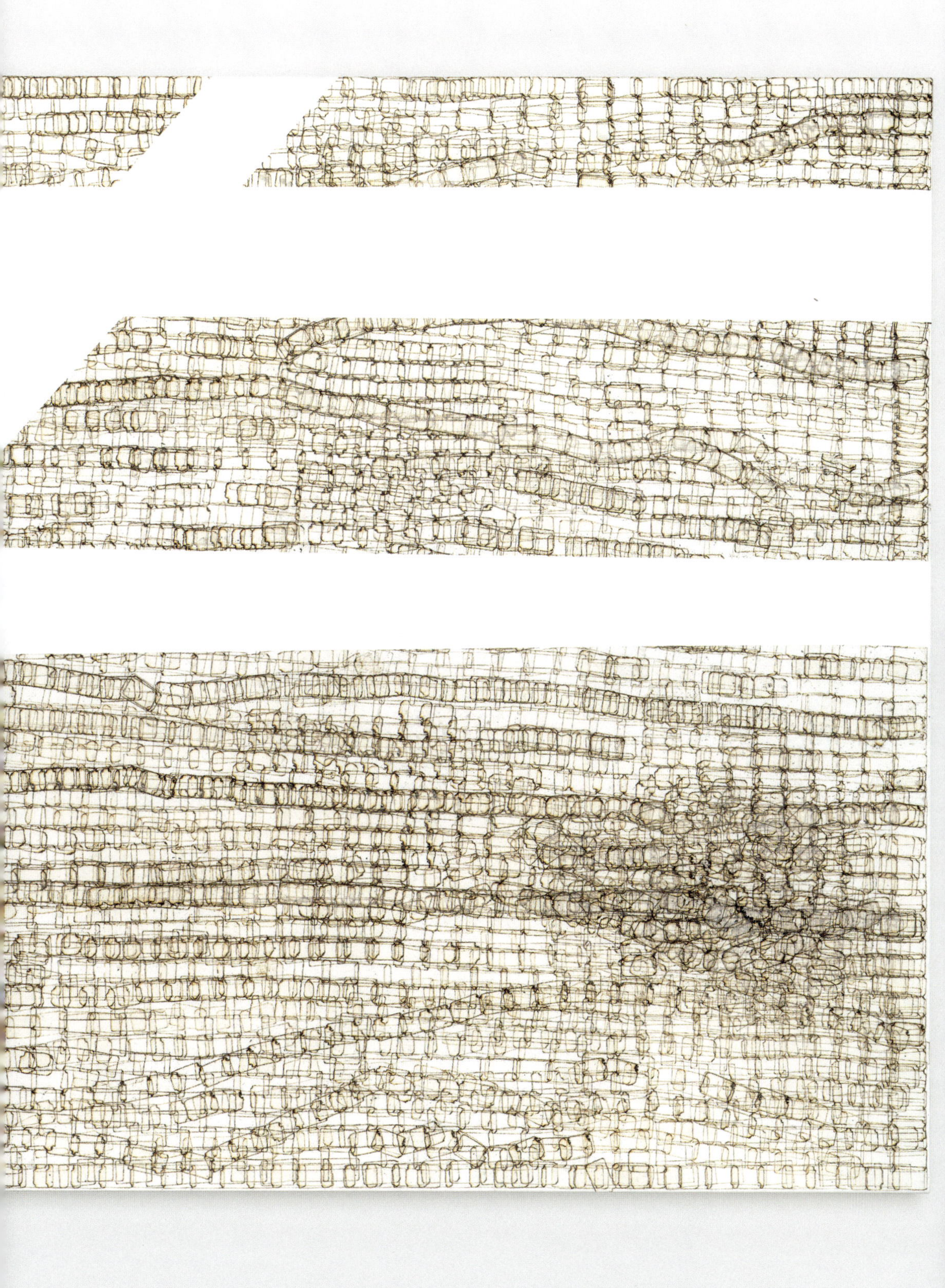

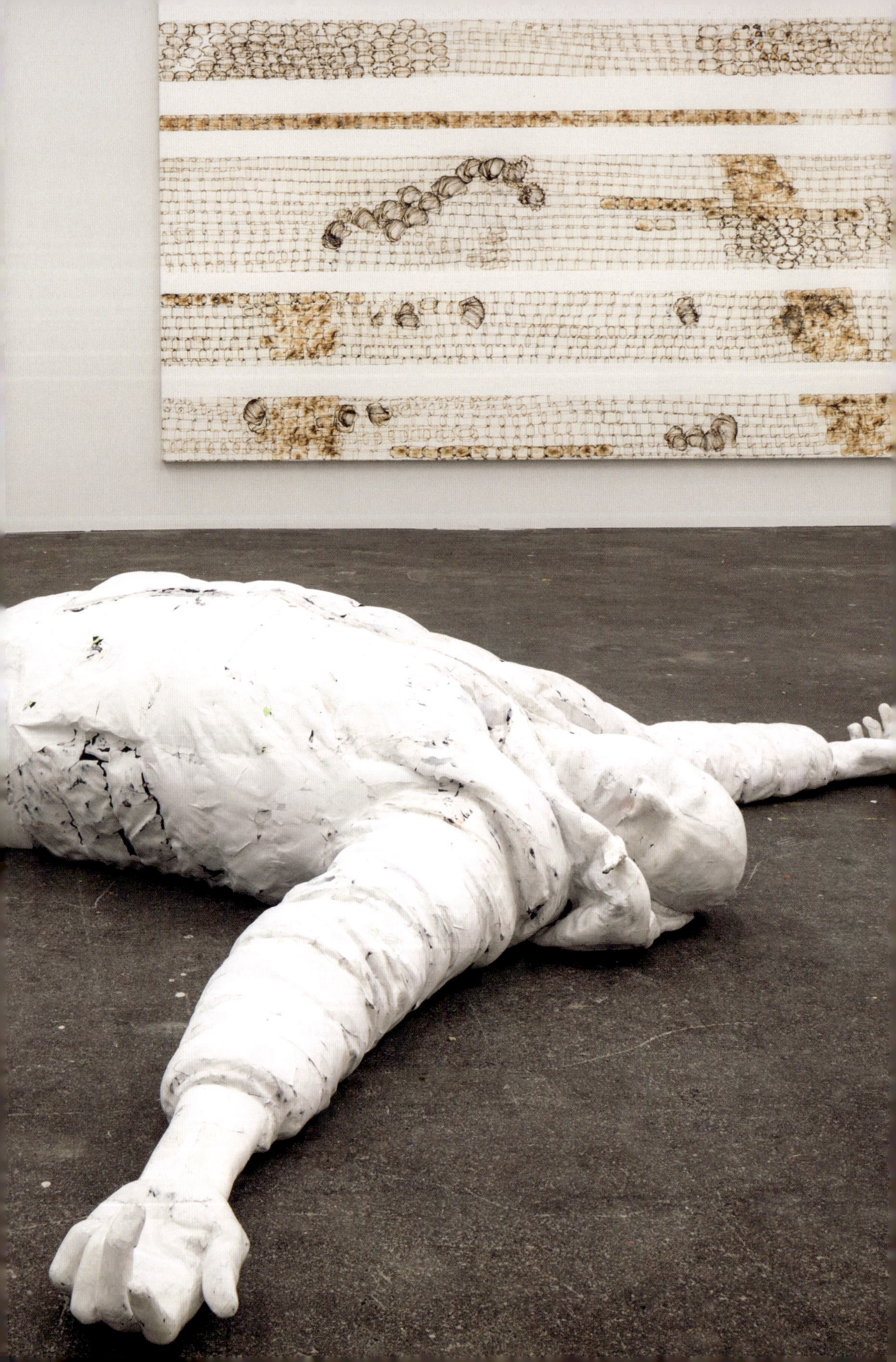

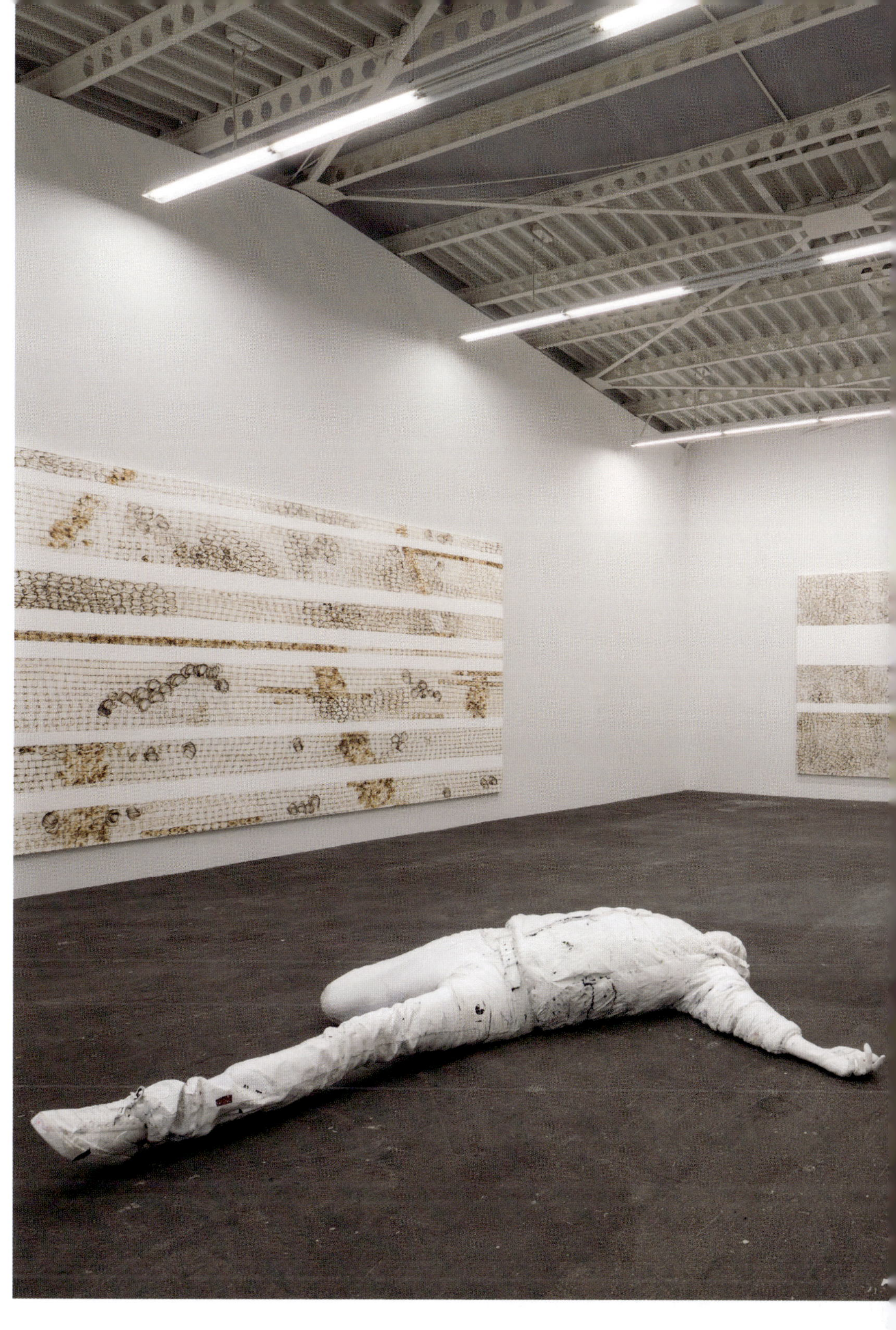

Mark Bradford, *Death Drop,* 2023, 305 x 305 x 51 cm,
Mixed Media Skulptur / mixed media sculpture,
Courtesy the artist and Hauser & Wirth

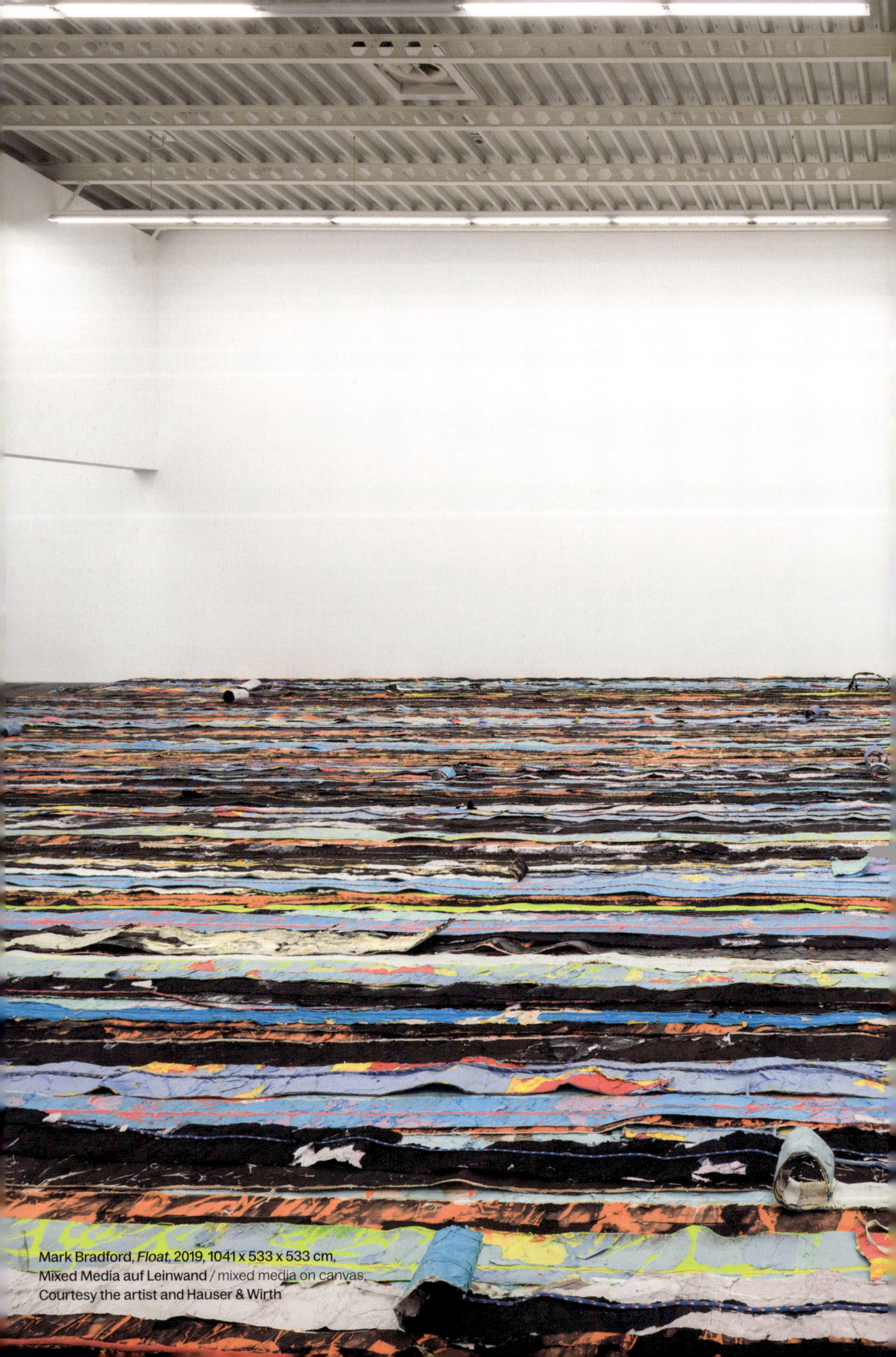

Mark Bradford, *Float*, 2019, 1041 x 533 x 533 cm,
Mixed Media auf Leinwand / mixed media on canvas,
Courtesy the artist and Hauser & Wirth

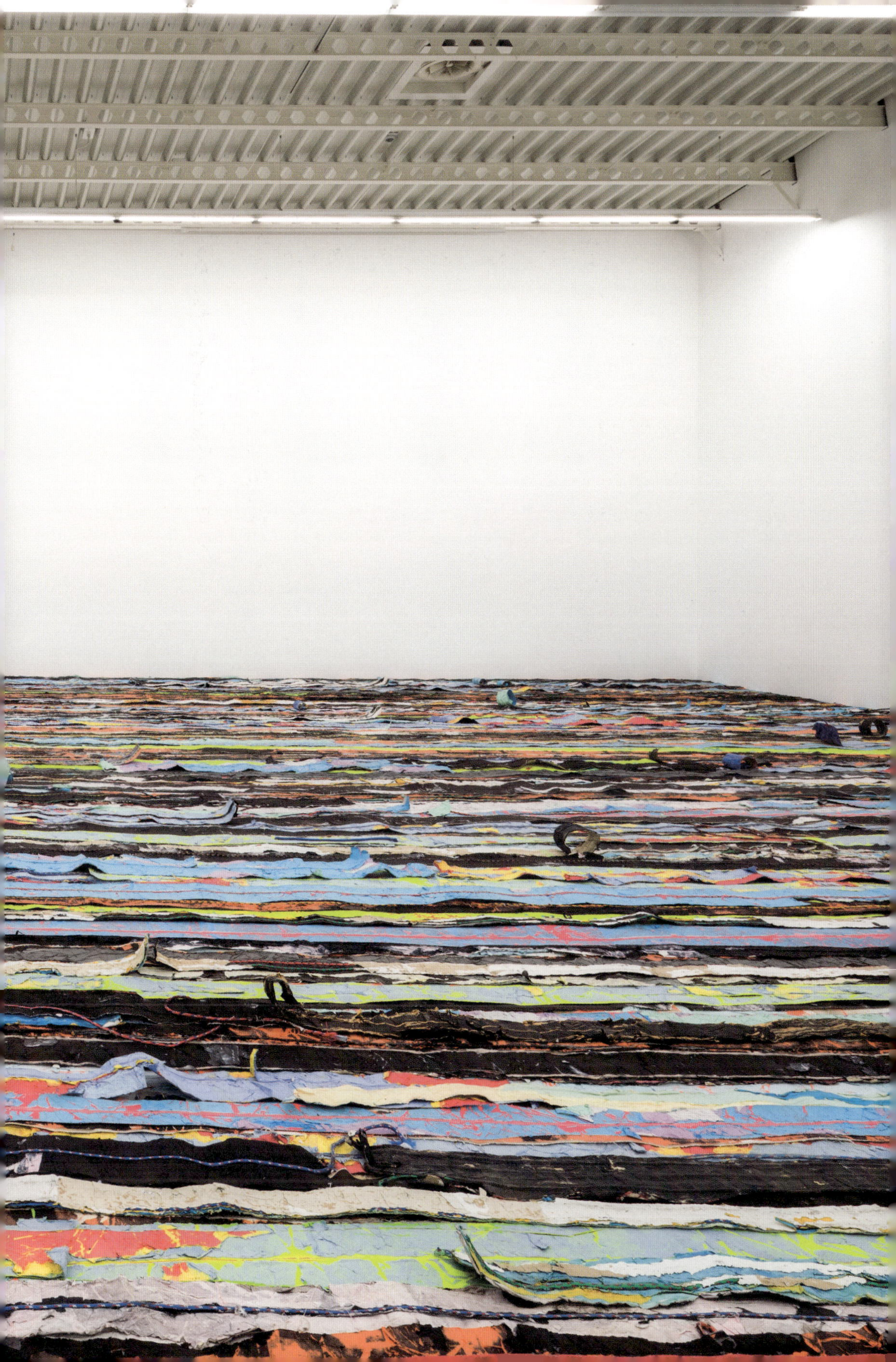

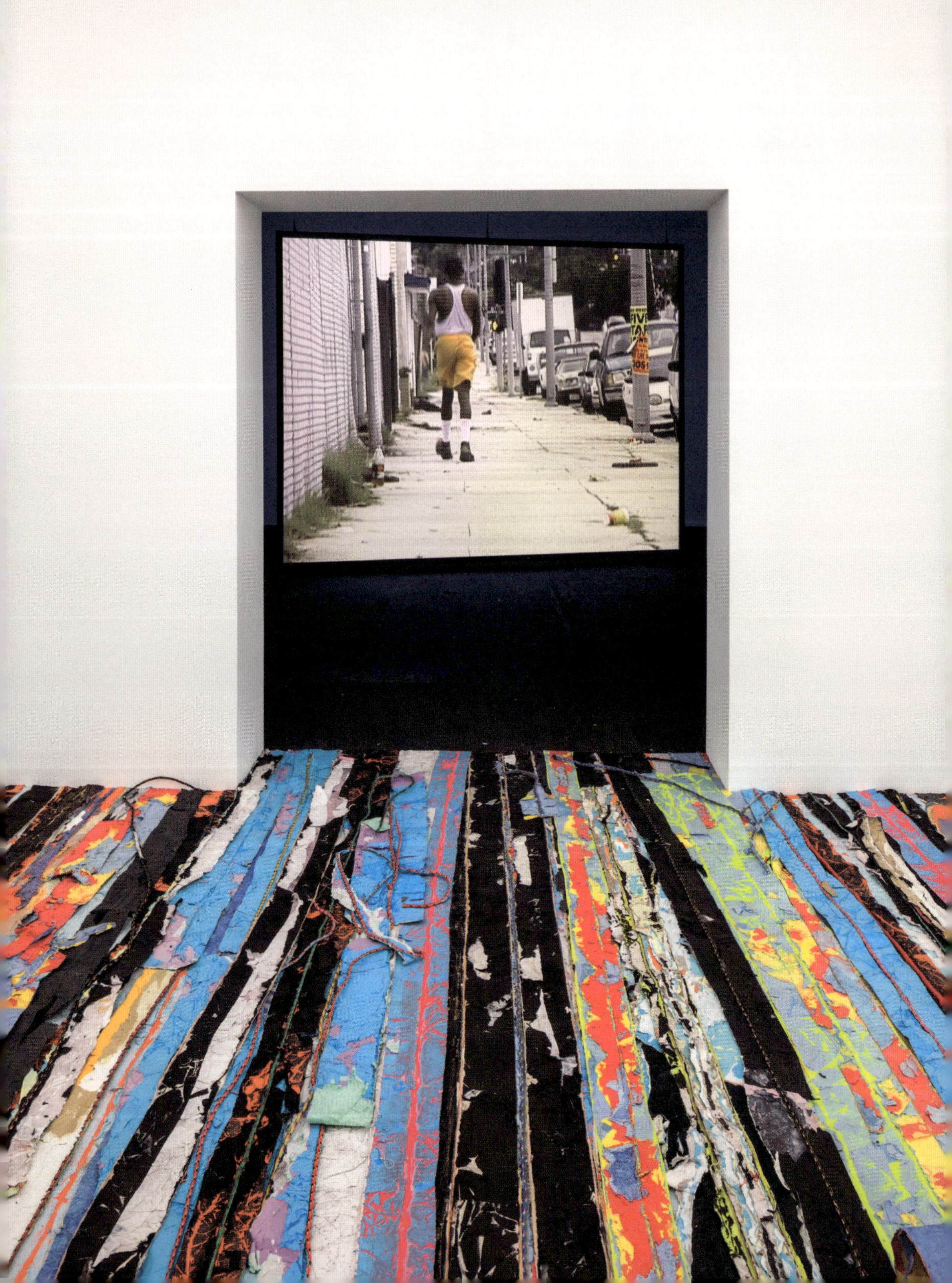

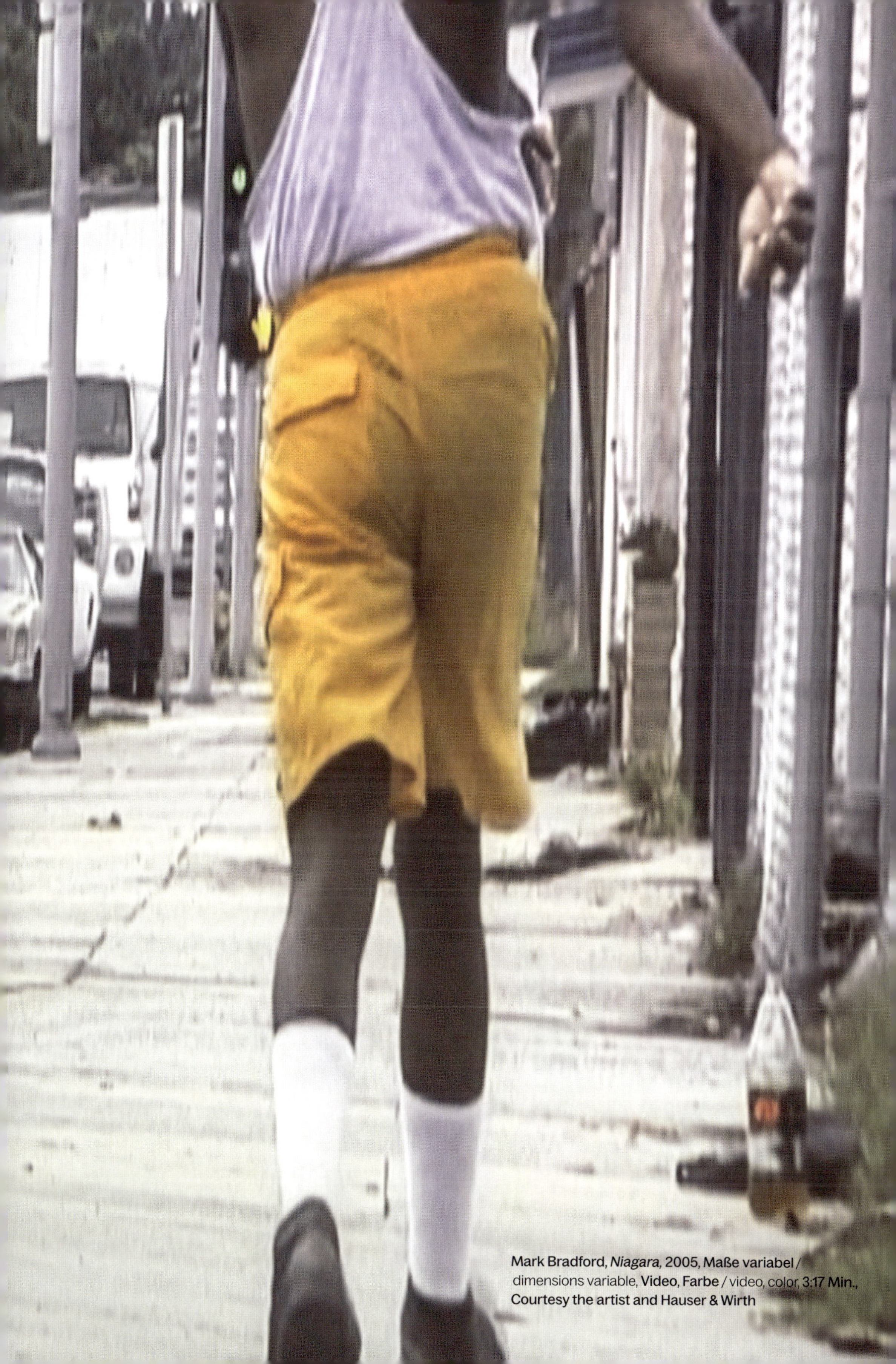

Mark Bradford, *Niagara*, 2005, Maße variabel / dimensions variable, **Video, Farbe** / video, color, 3:17 Min., Courtesy the artist and Hauser & Wirth

Mark Bradford

Geboren / Born in Los Angeles, CA, US, 1961
Lebt und arbeitet / Lives and works in Los Angeles, CA, US

Ausbildung /
Education

1997
MFA, California Institute of the Arts,
Valencia, CA, US

1995
BFA, California Institute of the Arts,
Valencia, CA, US

Ausgewählte Einzelausstellungen /
Selected Solo
Exhibitions

2024
Mark Bradford: Keep Walking. Hamburger
Bahnhof – Nationalgalerie der Gegenwart,
Berlin, DE; Katalog / catalog

2023
Mark Bradford: Los de Abajo / The Underdogs.
Museo de Arte de Zapopan, Zapopan, MX

2021
Mark Bradford: Ágora. Fundação de Serralves,
Porto, PT; Katalog / catalog

2020
Mark Bradford: End Papers. Modern Art
Museum of Fort Worth, Fort Worth, TX, US;
Katalog / catalog

2019
Mark Bradford: Los Angeles. The Long
Museum, Shanghai, CN; Katalog / catalog

2017
We the People. Botschaft der Vereinigten
Staaten / Embassy of the United States,
London, GB (Auftragsarbeit / special commission)
Mark Bradford: Pickett's Charge. Hirshhorn
Museum and Sculpture Garden, Washington,
DC, US; Katalog / catalog
Mark Bradford: Tomorrow Is Another Day.
Amerikanischer Pavilion / US Pavilion, La
Biennale di Venezia, Venedig / Venice, IT (wei-
tere Station / traveled to: Baltimore Museum of
Art, Baltimore, MD, US; Katalog / catalog)
*Derek Jarman and Mark Bradford: Darkness
Made Visible.* Museum of Fine Arts Boston,
Boston, MA, US

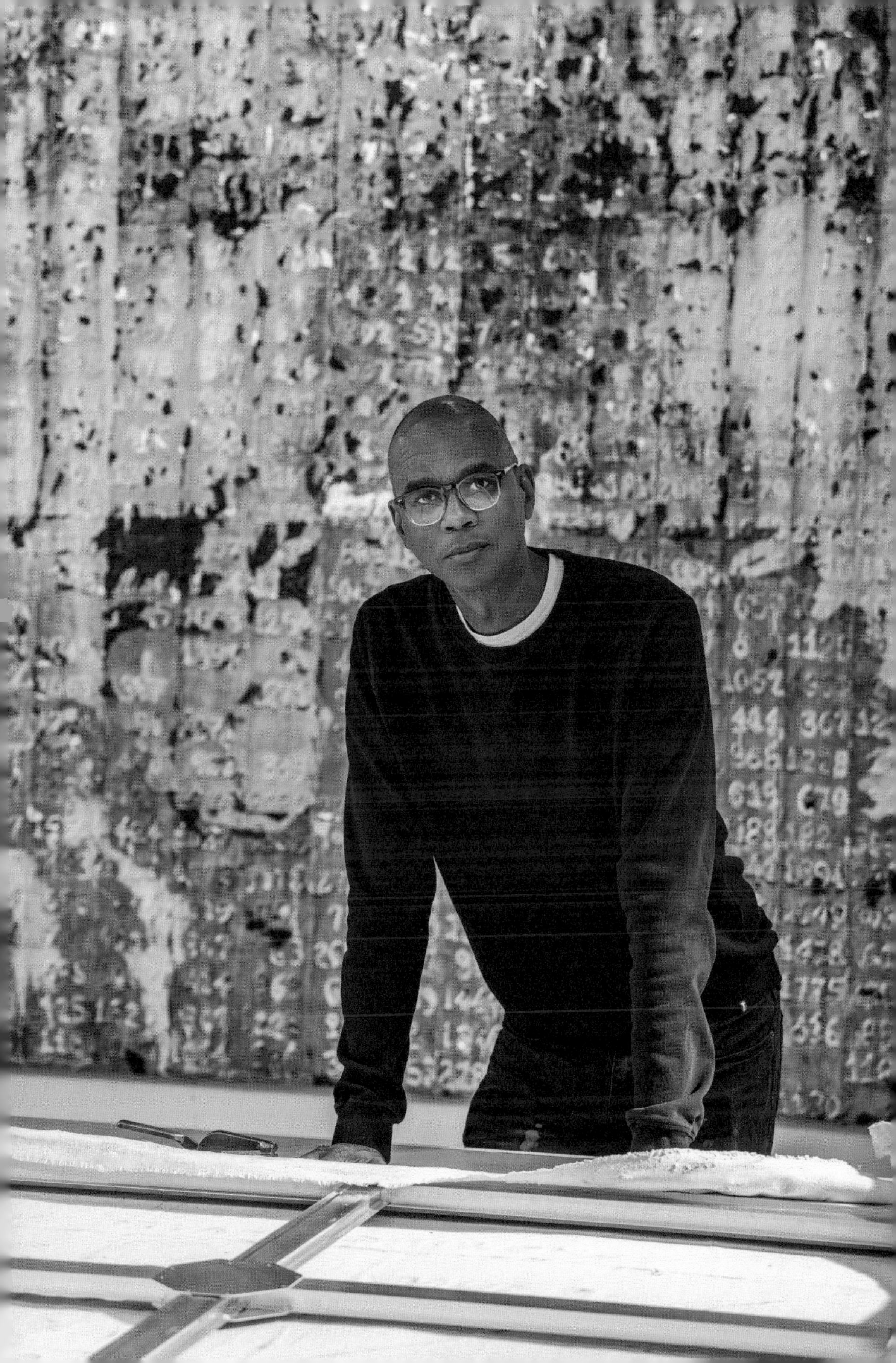

2016
Mark Bradford: Receive Calls on Your Cell Phone from Jail. Contemporary Art Museum St. Louis, St. Louis, MO, US
Shade: Clyfford Still / Mark Bradford. Albright-Knox Art Gallery, Buffalo, NY, US; Katalog / catalog (weitere Station / traveled to: Denver Art Museum & Clyfford Still Museum, Denver, CO, US)

2015
Mark Bradford: Tears of a Tree. Rockbund Art Museum, Shanghai, CN; Katalog / catalog
Mark Bradford: Scorched Earth. Hammer Museum, Los Angeles, CA, US; Katalog / catalog
Mark Bradford / MATRIX 172. Wadsworth Atheneum Museum of Art, Hartford, CT, US

2014
Mark Bradford: Sea Monsters. Rose Art Museum, Brandeis University, Waltham, MA, US (weitere Station / traveled to: Gemeentemuseum Den Haag, Den Haag / The Hague, NL)
Mark Bradford: Bell Tower. Tom Bradley International Terminal, Los Angeles International Airport, Los Angeles, CA, US (dauerhafte Installation / permanent installation)

2012
Mark Bradford: With That Ass, They Won't Look at Your Eyes. Stanlee and Gerald Rubin Center for the Visual Arts, University of Texas, El Paso, TX, US; Katalog / catalog
Mark Bradford: Geppetto. The Fabric Workshop and Museum, Philadelphia, PA, US
Mark Bradford. San Francisco Museum of Modern Art & Yerba Buena Center for the Arts, San Francisco, CA, US (weitere Station / traveled to: Nasher Museum of Art at Duke University, Durham, NC, US)

2010
Mark Bradford: Alphabet. The Studio Museum in Harlem, New York, NY, US

Mark Bradford. Institute of Contemporary Art, Boston, MA, US; Katalog / catalog (weitere Stationen / traveled to: Wexner Center for the Arts, Columbus, OH, US; Dallas Museum of Art, Dallas, TX, US; Museum of Contemporary Art Chicago, Chicago, IL, US)
Mark Bradford: Merchant Posters. Aspen Art Museum, Aspen, CO, US; Katalog / catalog

2008
Mark Bradford: TRAVIS. Artpace, San Antonio, TX, US
Maps and Manifests: New Work by Mark Bradford. Cincinnati Art Museum, Cincinnati, OH, US

2007
Neither New nor Correct: New Work by Mark Bradford. Whitney Museum of American Art, New York, NY, US; Katalog / catalog

2006
Mark Bradford: Niagara. LAXART, Los Angeles, CA, US

2003
Mark Bradford: Very Powerful Lords. Whitney Museum of American Art at Altria, New York, NY, US; Broschüre / brochure

2002
Project Series 16: Mark Bradford. Benton Museum of Art, Claremont, CA, US; Katalog / catalog

Ausgewählte Gruppenausstellungen /
Selected Group Exhibitions

2023
Day Jobs. Blanton Museum of Art, University of Texas at Austin, Austin, TX, US

2022
In Our Time: Selections from the Singer Collection. Scottsdale Museum of Contemporary Art, Scottsdale, AZ, US; Katalog / catalog
Unmasking Masculinity for the 21st Century. Kalamazoo Institute of Arts, Kalamazoo, MI, US
Monochrome Multiples. Smart Museum of Art, University of Chicago, Chicago, IL, US
Multiplicity: Blackness in Contemporary American Collage. Frist Art Museum, Nashville, TN, US
We the People: The Radical Notion of Democracy. Crystal Bridges Museum of American Art, Bentonville, AR, US
America: Entre rêves et réalités. Musée National des Beaux-Arts du Québec, Québec City, CA
3 American Artists. Mobile Museum of Art, Mobile, AL, US
A Movement in Every Direction: Legacies of the Great Migration. Mississippi Museum of Art, Jackson, MS, US; Katalog / catalog (weitere Station / traveled to: Baltimore Museum of Art, Baltimore, MD, US)
Courage Before Expectation. The FLAG Art Foundation, New York, NY, US
Calling to Our Future: LA Climate Art Actions. Los Angeles State Historic Park, Los Angeles, CA, US

2021
Prospect 5: Yesterday We Said Tomorrow. New Orleans African American Museum, New Orleans, LA, US; Katalog / catalog
PAPER: Post-colonial Narratives. North American Hand Papermakers, New York, NY, US
Toward Common Cause: Art, Social Change, and the MacArthur Fellows Program at 40. Smart Museum of Art, Chicago, IL, US
re:collections: Six Decades at the Rose Art Museum. Rose Art Museum, Brandeis University, Waltham, MA, US
American Art 1961–2001. Palazzo Strozzi, Florenz / Florence, IT; Katalog / catalog
Now Is the Time: Recent Acquisitions to the Contemporary Collection. Baltimore Museum of Art, Baltimore, MD, US

Art of Sport. Copenhagen Contemporary, Kopenhagen / Copenhagen, DK
American Verses: Terry Adkins, Mark Bradford & Kerry James Marshall. Peoria Riverfront Museum, Peoria, IL, US
Grief and Grievance: Art and Mourning in America. New Museum, New York, NY, US; Katalog / catalog

2020
A Possible Horizon. de la Cruz Collection, Miami, FL, US
How to Dance. BronxArtSpace, Bronx, NY, US
Solidary & Solitary. The Joyner/Giuffrida Collection. Pérez Art Museum Miami, Miami, FL, US

2019
Black Refractions: Highlights from The Studio Museum in Harlem. Museum of the African Diaspora, San Francisco, CA, US; Katalog / catalog (weitere Stationen / traveled to: Utah Museum of Fine Arts, Salt Lake City, UT, US; Frye Art Museum, Seattle, WA, US)
From Day to Day. de la Cruz Collection, Miami, FL, US
Generations. A History of Black Abstract Art. Baltimore Museum of Art, Baltimore, MD, US
Starting Something New. Recent Contemporary Art Acquisitions and Gifts. Mead Art Museum, Amherst, MA, US
The Sensation of Space. The Warehouse, Dallas, TX, US
Every Day: Selections from the Collection. Baltimore Museum of Art, Baltimore, MD, US
It's Urgent. Luma Westbau, Zürich / Zurich, CH; Katalog / catalog
Cut. Abstraction in the United States from the 1970s to the Present. Patricia & Phillip Frost Art Museum, Miami, FL, US
Queer Abstraction. Des Moines Art Center, Des Moines, IA, US
The Light Show. Denver Art Museum, Denver, CO, US
Home Is a Foreign Place: Recent Acquisitions in Context. The Metropolitan Museum of Art, New York, NY, US

Now Playing: Video 1999–2019. Scottsdale
Museum of Contemporary Art,
Scottsdale, AZ, US
Prisoner of Love. Love and Hate. Museum
of Contemporary Art Chicago, Chicago, IL, US
Social Space. Jordan Schnitzer Museum of
Art, Pullman, WA, US

2018
The Street: Where the World Is Made.
Museo Nazionale Delle Arti Del XXI Secolo,
Rom / Rome, IT (weitere Station / traveled to:
La Panaceé, Montpellier, FR)
In Tune with the World. Fondation Louis
Vuitton, Paris, FR
Unsettled: Art on the New Frontier. Palm
Springs Art Museum, Palm Springs, CA, US
Second Look, Twice. Museum of the African
Diaspora, San Francisco, CA, US
*Witness: Themes of Social Justice in Contem-
porary Printmaking and Photography*.
Hallie Ford Museum of Art, Salem, OR, US
*Reclamation! Pan-African Works from the
Beth Rudin DeWoody Collection*.
Taubman Museum of Art, Roanoke, VA, US
Play Time. Peabody Essex Museum,
Salem, MA, US

2017
Never Free to Rest. Kurimanzutto, Mexiko
Stadt / Mexico City, MX
Turbulent Landings. Canadian Biennial, Natio-
nal Gallery of Canada, Ottawa & Art Gallery of
Alberta, Edmonton, CA
Etre moderne: Le MoMA à Paris, 1929–2017.
Fondation Louis Vuitton, Paris, FR
*20/20: The Studio Museum in Harlem and
Carnegie Museum of Art*. Carnegie Museum
of Art, Pittsburgh, PA, US
*Solidary & Solitary. The Joyner/Giuffrida
Collection*. Ogden Museum of Southern Art,
New Orleans, LA, US
*An Incomplete History of Protest. Selections
from the Whitney's Collection, 1940–2017*.
Whitney Museum of American Art,
New York, NY, US
Truth: 24 Frames per Second. Dallas Museum
of Art, Dallas, TX, US

Urban Planning: Art and the City 1967–2017.
Contemporary Art Museum St. Louis,
St. Louis, MO, US
*Third Space / Shifting Conversations about
Contemporary Art*. Birmingham Museum
of Art, Birmingham, AL, US
Oracle. The Broad, Los Angeles, CA, US

2016
*Still/Moving: Photographs and Video Art from
the DeWoody Collection*. Norton Museum of
Art, West Palm Beach, FL, US
Progressive Praxis. de la Cruz Collection,
Miami, FL, US
*The Campaign for Art: Modern and Contem-
porary*. San Francisco Museum of Modern Art,
San Francisco, CA, US
Wasteland: New Art from Los Angeles.
Los Angeles Nomadic Division at the Mona
Bismark American Center, Paris, FR
*Statements: African American Art from the
Museum's Collection*. Museum of Fine Arts,
Houston, Houston, TX, US

2015
*Breath/Breadth: Contemporary American
Black Male Identity*. The Maier Museum of Art,
Lynchburg, VA, US; Katalog / catalog
Surface Tension. The FLAG Art Foundation,
New York, NY, US
Transcending Material: ICA Collection. Institute
of Contemporary Art, Boston, MA, US
*Geometries on and off the Grid. Art from 1950
to the Present*. The Warehouse, Dallas, TX, US
America Is Hard to See. The Whitney Museum
of American Art, New York, NY, US
*Open This End. Contemporary Art from the
Collection of Blake Byrne*. Nasher Museum
of Art at Duke University, Durham, NC, US
(weitere Station / travelled to: Urban Arts
Space, Ohio State University, Columbus, OH, US)
The Past, the Present, the Possible. Sharjah
Biennial, Sharjah Art Foundation, Sharjah, AE;
Katalog / catalog
Any Given Sunday. Fine Arts Center Gallery,
University of Arkansas, Fayetteville, AR, US
The Inaugural Installation. The Broad,
Los Angeles, CA, US

Station to Station: A 30 Day Happening.
Barbican Arts Centre, London, GB
*Represent: 200 Years of African American Art
in the Philadelphia Museum of Art.* Philadelphia
Museum of Art, Philadelphia, PA, US;
Katalog / catalog

2014
*Civil Rights: We have it in our power to begin
the world over again.* Void Art Centre,
Derry, GB
*Variations. Conversations In and Around
Abstract Painting.* Los Angeles County Museum
of Art, Los Angeles, CA, US
*Misled by Nature: Contemporary Art and the
Baroque.* Museum of Contemporary Canadian
Art, Toronto, CA
From the Collection: Looking at Process. de la
Cruz Collection, Miami, FL, US
Fútbol. The Beautiful Game. Los Angeles
County Museum of Art, Los Angeles, CA, US
To Have and to Hold. Rubell Family Collection,
Miami, FL, US
*California Dreamin': Thirty Years of
Collecting.* Palm Springs Art Museum,
Palm Springs, FL, US

2013
*Transforming the Known: Works from
The Bert Kreuk Collection.* Kunstmuseum
Den Haag, Den Haag / The Hague, NL
In Parts. Whitney Museum of American Art,
New York, NY, US

2012
ROUNDTABLE. Gwangju Biennale, Gwangju, KR
Blues for Smoke. Museum of Contemporary
Art, Los Angeles, CA, US (weitere Stationen /
traveled to: Whitney Museum of American Art,
New York, NY, US; Wexner Center for the Arts,
Columbus, OH, US)
The Painting Factory. Abstraction After Warhol.
The Museum of Contemporary Art,
Los Angeles, CA, US

2011
Painting...EXPANDED. Espacio 1414,
Santurce, ES
Untitled. Istanbul Biennial, Istanbul, TR

The Global Africa Project. Museum of Art and
Design, New York, NY, US

2010
Trust. Media City Seoul. International Biennale
of Seoul, Seoul, KR
Invisible Shadows – Images of Uncertainty.
MARTa Herford, Herford, DE
Hard Targets. Wexner Center for the Arts,
Columbus, OH, US
America: Now + Here. Artrain, US
Pattern ID. Akron Art Museum, Akron, OH, US
*Viva la Revolucion: A Dialogue with Urban
Landscape.* Museum of Contemporary Art,
San Diego, CA, US

2009
Abstract America. New Painting of Sculpture.
Saatchi Gallery, London, GB
*Mapping the Studio. Artists from the François
Pinault Collection.* Punta della Dogana &
Palazzo Grassi, François Pinault Foundation,
Venedig / Venice, IT
Moby-Dick. Wattis Institute for Contemporary
Arts, California College of the Arts,
San Francisco, CA, US
Private Universes. Dallas Museum of Art,
Dallas, TX, US

2008
Collage. The Unmonumental Picture. New
Museum, New York, NY, US
*Contemporary Projects 11: Hard Targets –
Masculinity and Sport.* Los Angeles County
Museum of Art, Los Angeles, CA, US
*Here is Every. Four Decades of Contemporary
Art.* Museum of Modern Art, New York, NY, US
Life on Mars. Carnegie International, Carnegie
Museum of Art, Pittsburgh, PA, US
*Order. Desire. Light. An Exhibition of Contem-
porary Drawings.* Irish Museum of Modern Art,
Dublin, IR; Katalog / catalog
Prospect 1. Prospect New Orleans Biennial,
New Orleans, LA, US; Katalog / catalog
30 Americans. Rubell Family Collection,
Miami, FL, US (weitere Stationen / traveled to:
North Carolina Museum of Art, Raleigh, NC, US;
Corcoran Gallery of Art, Washington, DC, US;
Chrysler Museum of Art, Norfolk, VA, US;

Milwaukee Art Museum, Milwaukee, WI, US;
Frist Center for the Visual Arts, Nashville, TN, US;
Contemporary Arts Center, New Orleans, LA, US;
Arkansas Art Center, Little Rock, AR, US;
Detroit Institute of Arts, Detroit, MI, US;
Cincinnati Art Museum, Cincinnati, OH, US;
Tacoma Art Museum, Tacoma, WA, US;
McNay Art Museum, San Antonio, TX, US;
Juliet Art Museum, Charleston, WV, US;
Tucson Museum of Art, Tucson, AZ, US;
Joslyn Art Museum, Omaha, NE, US; Nelson-
Atkins Museum of Art, Kansas City, MO, US;
Barnes Foundation, Philadelphia, PA, US;
Columbia Museum of Art, Columbia, SC, US)
*Wall Rockets. Contemporary Artists and Ed
Ruscha*. Albright-Knox Art Gallery, Buffalo,
NY, US; Katalog / catalog (weitere Station /
traveled to: The FLAG Art Foundation,
New York, NY, US)
Drawn Together. The FLAG Art Foundation,
New York, NY, US

2007
Brave New Worlds. Walker Art Center,
Minneapolis, MN, US; Katalog / catalog
Eden's Edge: Fifteen LA Artists. Hammer
Museum, Los Angeles, CA, US; Katalog / catalog
*Street Level: Mark Bradford, William Cordova
and Robin Rhode*. Nasher Museum of Art,
Duke University, Durham, NC, US;
Katalog / catalog
Storefront. The Fabric Workshop and Museum,
Philadelphia, PA, US

2006
*Red Eye: L.A. Artists from the Rubell Family
Collection*. Rubell Family Collection, Miami,
FL, US; Katalog / catalog
Home of the Free. Hyde Park Art Center,
Chicago, IL, US
Art on Paper 2006. Weatherspoon Art
Museum, University of North Carolina,
Greensboro, NC, US
*Czarny Alfabet – KonTEKSTY Współczesnej
Sztuki Afroamerykańskiej*. Zachęta Narodowa
Galeria Sztuki, Warschau / Warsaw, PL;
Katalog / catalog
Dark Places. Santa Monica Museum of Art,
Santa Monica, CA, US

Everywhere. Busan Biennale, Busan
Metropolitan Art Museum, Busan, KR
Consider This... Los Angeles County Museum
of Art, Los Angeles, CA, US
*An Image Bank for Everyday Revolutionary
Life*. Roy and Edna Disney CalArts Theater,
Los Angeles, CA, US
Meditations in an Emergency. Museum
of Contemporary Art Detroit, Detroit, MI, US
Witness Protection Program. Robert V.
Fullerton Art Museum, California State Univer-
sity, San Bernardino, CA, US; Katalog / catalog
*USA TODAY. New American Art from the
Saatchi Gallery*. Royal Academy of Arts,
London, GB; Katalog / catalog
Bienal de São Paulo. Fundação Bienal de São
Paulo, São Paulo, BR; Katalog / catalog
Day for Night. Whitney Biennial, Whitney
Museum of American Art, New York, NY, US;
Katalog / catalog

2005
African Queen. The Studio Museum in Harlem,
New York, NY, US
Swarm. The Fabric Workshop and Museum,
Philadelphia, PA, US
*Farsites. Urban Crisis and Domestic Symptoms
in Recent Contemporary Art*. inSite_05 / Art
Practices in the Public Domain, San Diego
Museum of Art, San Diego, CA, US & Centro
Cultural Tijuana, Tijuana, MX
*Linkages and Themes in the African Diaspora.
Selections from the Eileen Harris Norton and
Peter Norton Art Collections*. Museum of the
African Diaspora, San Francisco, CA, US;
Katalog / catalog

2004
*African American Artists in Los Angeles –
a Survey Exhibition: Fade*. Craft and Folk Art
Museum, Los Angeles, CA, US
Broad Territories: Images of Identity. UCR
ARTSblock, California Museum of Photography,
Riverside, CA, US
New Balance Frontier. Soap Factory,
Minneapolis, IL, US
*Perspectives @25: A Quarter-Century of New
Art in Houston*. CAMH Contemporary Arts
Museum Houston, Houston, TX, US

African American Artists in Los Angeles.
Luckman Gallery and Fine Arts Complex Craft,
California State University & Craft and Folk Art
Museum, Los Angeles, CA, US
California Biennial. Orange County Museum
of Art, Costa Mesa, CA, US; Katalog / catalog
Bounce: Mark Bradford and Glenn Kaino.
Roy and Edna Disney CalArts Theater,
Los Angeles, CA, US; Katalog / catalog

2003
Lean to. Real Art Ways, Hartford, CT, US
HairStories. Scottsdale Museum of Contemporary Art, Scottsdale, AZ, US

2002
Ghetto Fabulous. The Watts Towers Art
Center, Los Angeles, CA, US (weitere Station /
traveled to: The Armory Center for the Arts,
Pasadena, CA, US)
Mixed Feelings: Art and Culture in the Post-Border Metropolis. Fisher Gallery, University
of Southern California, Los Angeles, CA, US;
Katalog / catalog
Mirror Image. Center for Curatorial Studies,
Bard College, Annandale-on-Hudson, NY, US
(weitere Station / traveled to: Hammer
Museum, Los Angeles, CA, US)
Painting as Paradox. Artists Space,
New York, NY, US
Pertaining to Painting. Austin Museum of Art,
Austin, TX, US; Katalog / catalog (weitere
Station / traveled to: Contemporary Arts
Museum Houston, Houston, TX, US)

2001
Freestyle. Santa Monica Museum of Art,
Santa Monica, CA, US; Katalog / catalog
(weitere Station / traveled to: The Studio
Museum in Harlem, New York, NY, US)
Snapshot. New Art from Los Angeles. Hammer
Museum, Los Angeles, CA, US; Katalog /
catalog (weitere Station / traveled to: Museum
of Contemporary Art, Miami, FL, US)

2000
Selections. Contemporary Art by African-American Artists. Princeton University Art
Museum, Princeton, NJ, US

Fresh Cut Afros. The Watts Towers Art Center,
Los Angeles, CA, US

1999
Biennale Internazionale dell'Arte Contemporanea. Palazzo degli Affari, Florenz / Florence, IT

1997
Black Is a VERB! WORKS San José,
San José, CA, US

Auszeichnungen und Stipendien /
Awards and Fellowships

2024
Getty Prize, Getty Center, Los Angeles, CA, US

2022
Art Icon Award, WACO Theater,
Los Angeles, CA, US
The Gordon Parks Foundation Award,
Pleasantville, NY, US

2021
American Academy of Arts & Letters,
New York, NY, US

2019
American Academy of Arts & Sciences
Member, Cambridge, MA, US

2017
WSJ Magazine Innovator Award,
New York, NY, US

2016
David C. Driskell Prize, High Museum of Art,
Atlanta, GA, US

2014
Medal of Arts, U.S. Department of State,
Washington, DC, US

2013
National Academician, National Academy
Museum and School of Fine Arts,
New York, NY, US

2009
MacArthur Fellowship, The John D. and
Catherine T. MacArthur Foundation,
Chicago, IL, US
Wexner Center Residency Award, Wexner
Center for the Arts, Columbus, OH, US

2006
Bucksbaum Award, The Whitney Museum
of American Art, New York, NY, US
USA Fellowship, United States Artists,
Chicago, IL, US

2003
Louis Comfort Tiffany Award, Louis Comfort
Tiffany Foundation, New York, NY, US

2002
Nancy Graves Grant for Visual Artists, Nancy
Graves Foundation, Long Island City, NY, US
Joan Mitchell Foundation Painters &
Sculptors Grant, Joan Mitchell Foundation,
New Orleans, LA, US

Ausgewählte Publikationen /
Selected Publications

Nicole Fleetwood (Hg. / ed.), *Mark Bradford.
Process Collettivo*, Zürich / Zurich: Hauser &
Wirth Publishers, 2024.

Gemma Rolls-Bentley, *Queer Art. From Canvas
to Club, and the Spaces Between*, London:
Francis Lincoln, 2024, S. / p. 133.

Carnegie Museum of Art (Hg. / ed.), *The Milton
and Sheila Fine Collection*, Pittsburgh:
Carnegie Museum of Art, 2023,
S. / pp. 296–297, 320.

Richard Shiff, *Writing After Art*, New York:
David Zwirner Books, 2023, S. / p. 53.

Stéphanie Aquin & Anne Reeve (Hg. / eds.),
*Hirshhorn Museum and Sculpture Garden.
The Collection*, Washington DC: The Hirshhorn
Museum and Sculpture Garden & New York:
DelMonico Books, 2022, S. / pp. 345–346.

Pepe Karmel, *Abstract Art. A Global History*,
London: Thames & Hudson, 2021,
S. / pp. 313, 319.

Hans Ulrich Obrist & Kostas Stasinopoulos
(Hg. / eds.), *140 Artists' Ideas for Planet Earth*,
London: Penguin Random House UK &
Serpentine Galleries, 2021.

Mark Bradford & Anita Hill, *Mark Bradford*,
Phaidon: London, 2018.

Mark Bradford et al., *Art + Practice. Year Three*,
Los Angeles: Art + Practice, 2017.

Doug Aitken, *Station to Station*, München /
Munich: DelMonico Books & Prestel, 2015.

Christopher Bedford & Peggy Phelan, *Mixed
Signals: Artists Consider Masculinity in
Sports*, New York: Independent Curators
International, 2009.

Robert Klanten (Hg. / ed.), *The Upset—Young
Contemporary Art*, Berlin: Gestalten, 2008.

Sergio Edelsztein, *Ice Cream: Contemporary
Art in Culture*, New York: Phaidon Press
Limited, 2007.

Steven Nelson, *Mark Bradford*, New York:
Sikkema Jenkins & Co., 2006.

Michael Dear & Gustavo Leclerc (Hg. / eds.),
*Postborder City: Cultural Spaces of Bajalta
California*, New York: Routledge, 2003.

Öffentliche Sammlungen /
Public Collections

Addison Gallery of American Art,
Andover, MA, US
Albright-Knox Art Gallery, Buffalo, NY, US
Andy Warhol Foundation, New York, NY, US
Astrup Fearnley Museet, Oslo, NO

Baltimore Museum of Art, Baltimore, MD, US
Brooklyn Museum of Art, New York, NY, US
Carnegie Museum of Art, Pittsburg, PA, US
Centre Pompidou, Paris, FR
Cincinnati Art Museum, Cincinnati, OH, US
Dallas Museum of Art, Dallas, TX, US
Denver Art Museum, Denver, CO, US
Hammer Museum, Los Angeles, CA, US
Hirshhorn Museum and Sculpture Garden,
Washington, DC, US
Israel Museum, Jerusalem, IL
Los Angeles County Museum of Art,
Los Angeles, CA, US
Lowe Art Museum, Miami, FL, US
Metropolitan Museum of Art, New York, NY, US
Modern Art Museum of Fort Worth,
Fort Worth, TX, US
Museo Nazionale delle Arti del XXI Secolo,
Rom / Rome, IT
Museum of Contemporary Art, Chicago, IL, US
Museum of Contemporary Art, Los Angeles,
CA, US
Museum of Fine Arts, Boston, MA, US
Museum of Fine Arts, Houston, TX, US
Museum of Modern Art, New York, NY, US
Nasher Museum of Art at Duke University,
Durham, NC, US
National Gallery of Art, Washington, DC, US
National Gallery of Canada, Ottawa, CA
Norton Museum of Art, West Palm Beach, FL, US
Patrick and Beatrice Haggerty Museum of Art,
Milwaukee, WI, US
Pennsylvania Academy of Fine Arts,
Philadephia, PA, US
Perez Art Museum, Miami, FL, US
Phoenix Art Museum, Phoenix, AZ, US
Rhode Island School of Design, Providence, RI, US
The Rose Art Museum, Waltham, MA, US
San Francisco Museum of Modern Art, CA, US
Solomon R. Guggenheim Museum,
New York, NY, US
Tate, London, GB
Walker Art Center, Minneapolis, MN, US
Wexner Center for the Arts, Colombus, OH, US
Whitney Museum of American Art,
New York, NY, US

Impressum / Imprint

Diese Publikation erscheint anlässlich der Ausstellung /
Published on the occasion of the exhibition
Mark Bradford. Keep Walking
6. September 2024 – 18. Mai 2025 /
September 6, 2024 – May 18, 2025
im / at Hamburger Bahnhof – Nationalgalerie der
Gegenwart, Staatliche Museen zu Berlin
Direktoren / Directors: Sam Bardaouil & Till Fellrath
smb.museum/hbf

Ausstellung / Exhibition

Kuratoren / Curators: Sam Bardaouil & Till Fellrath
Kuratorische Assistenz / Curatorial Assistant: Emily
Finkelstein
Restauratorische Betreuung / Conservation: Andrea
Sartorius, Elisa Carl, Leonie Samlano
Ausstellungskoordination / Exhibition Coordination:
Elena Montini, Sophie Schattner
Kommunikation / Communication: Fiona Geuß, Anna
Nike Sohrauer
Kunstvermittlung / Mediation: Claudia Ehgartner
Sekretariat / Office: Katrin Berendsen
Sammlungsverwalter / Collection Management: Jörg
Lange, Thomas Seewald
Haustechnik / Maintenance: Dirk Wagner, Stefan Gö-
sche, Frank Wloka
Praktikant*innen / Interns: Marleen Kirsch,
Lilian Müller-Neuhof, Eva Sartor, Chiara Turturici

Art Handling / Art Handling: Kruse AT
Ausstellungsbau / Exhibition Construction: id3d
Medientechnik / Audiovisuals: EIDOTECH
Ausstellungsgrafik / Exhibition Graphics: Eps51
Produktion Ausstellungsgrafik / Production of Exhibition
Graphics: Annette Herwegh

Publikation / Catalog

Für die / For the Nationalgalerie – Staatliche Museen
zu Berlin herausgegeben von / edited by
Sam Bardaouil & Till Fellrath
Autor*innen / Authors: Michael Auping, Sam Bardaouil,
Mark Bradford, Connie Butler, Till Fellrath, Carter E.
Foster, Ernest Hardy, Teka Selman
Redaktion / Editing: Emily Finkelstein, Lisa Hörstmann
Übersetzungen / Translations: Tim Beeby & Sabine
Bürger, Harriet Fricke

Cover: Mark Bradford, *Niagara,* 2005, Maße variabel /
dimensions variable, Video, Farbe / video, color, 3:17 Min.,
Courtesy the artist and Hauser & Wirth
Visuelles Konzept und Design / Visual Concept and
Design: Eps51
Druck und Bindung / Printing and Binding:
Tipostampa, Moncalieri
Papier / Paper: Fedrigoni Arena White Rough
Schriften / Typefaces: Bagoss Variable

Silvana Editoriale

Hauptgeschäftsführung / Chief Executive: Michele Pizzi
Verlagsleitung / Editorial Director: Sergio Di Stefano
Art Director: Giacomo Merli
Redaktionskoordination / Editorial Coordinator:
Chiara Tulli
Korrektorat / Copy Editor: Cristina Pradella
Produktionskoordination / Production Coordinator:
Antonio Micelli
Redaktionsassistenz / Editorial Assistant:
Giulia Mercanti
Photo Editor: Silvia Sala
Pressestelle / Press Office: Lidia Masolini

Erschienen bei / Published by **Silvana Editoriale S.p.A.,
Cinisello Balsamo.**
www.silvanaeditoriale.it

Printed in the EU
ISBN: 9788836656585

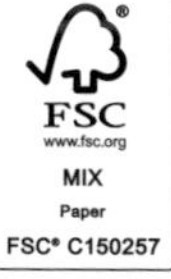

Abbildungsverzeichnis / Photo Credits

Dank / Acknowledgements

Die Ausstellung wird unterstützt
von Hamburger Bahnhof International
Companions e.V. /
The exhibition is supported by
Hamburger Bahnhof International
Companions e.V.

Die Publikation wurde ermöglicht durch
die Freunde der Nationalgalerie. /
The publication was made possible by
Freunde der Nationalgalerie.

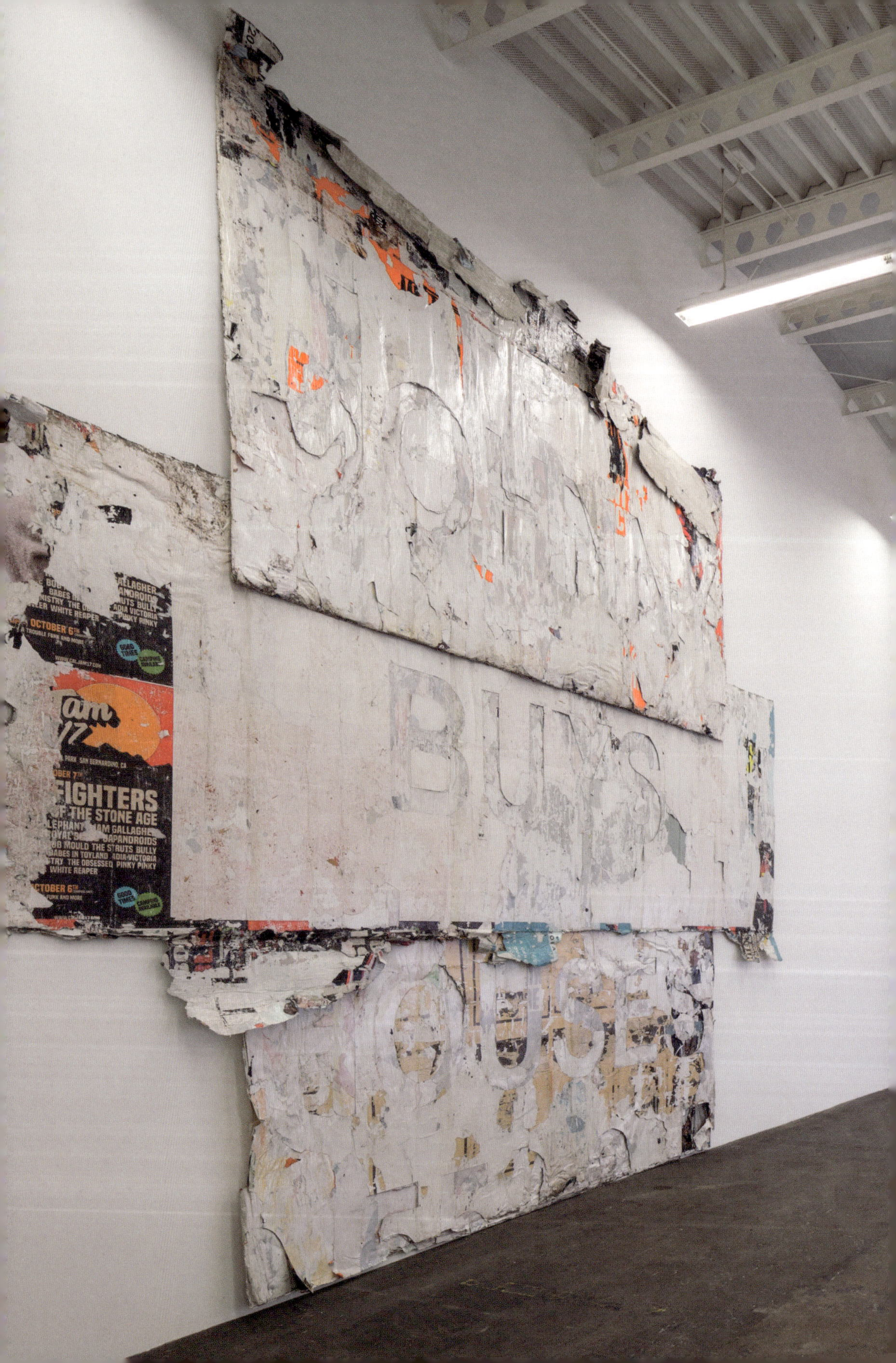
JOHN
BUYS
OUSE

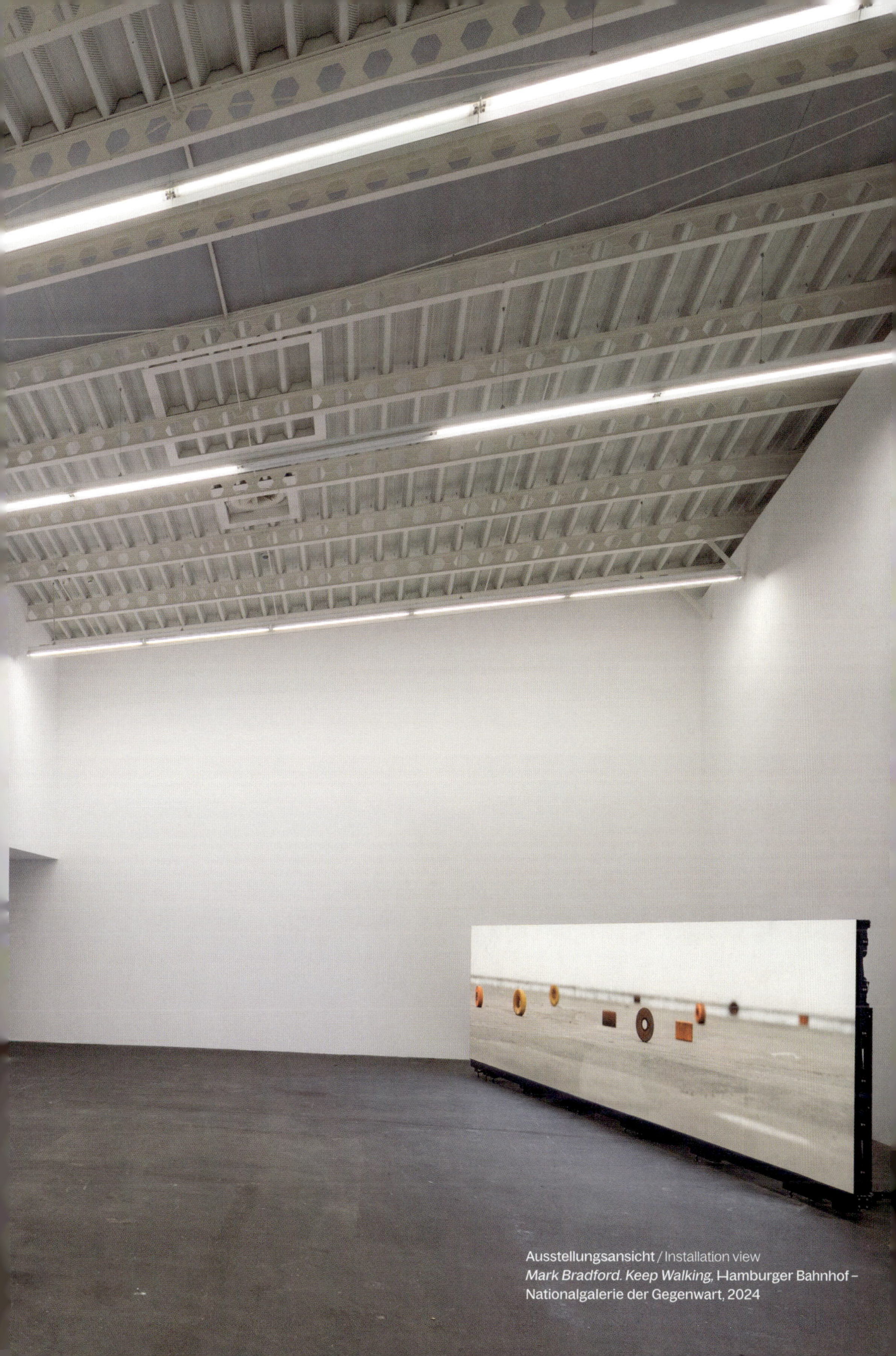

Ausstellungsansicht / Installation view
Mark Bradford. Keep Walking, Hamburger Bahnhof –
Nationalgalerie der Gegenwart, 2024

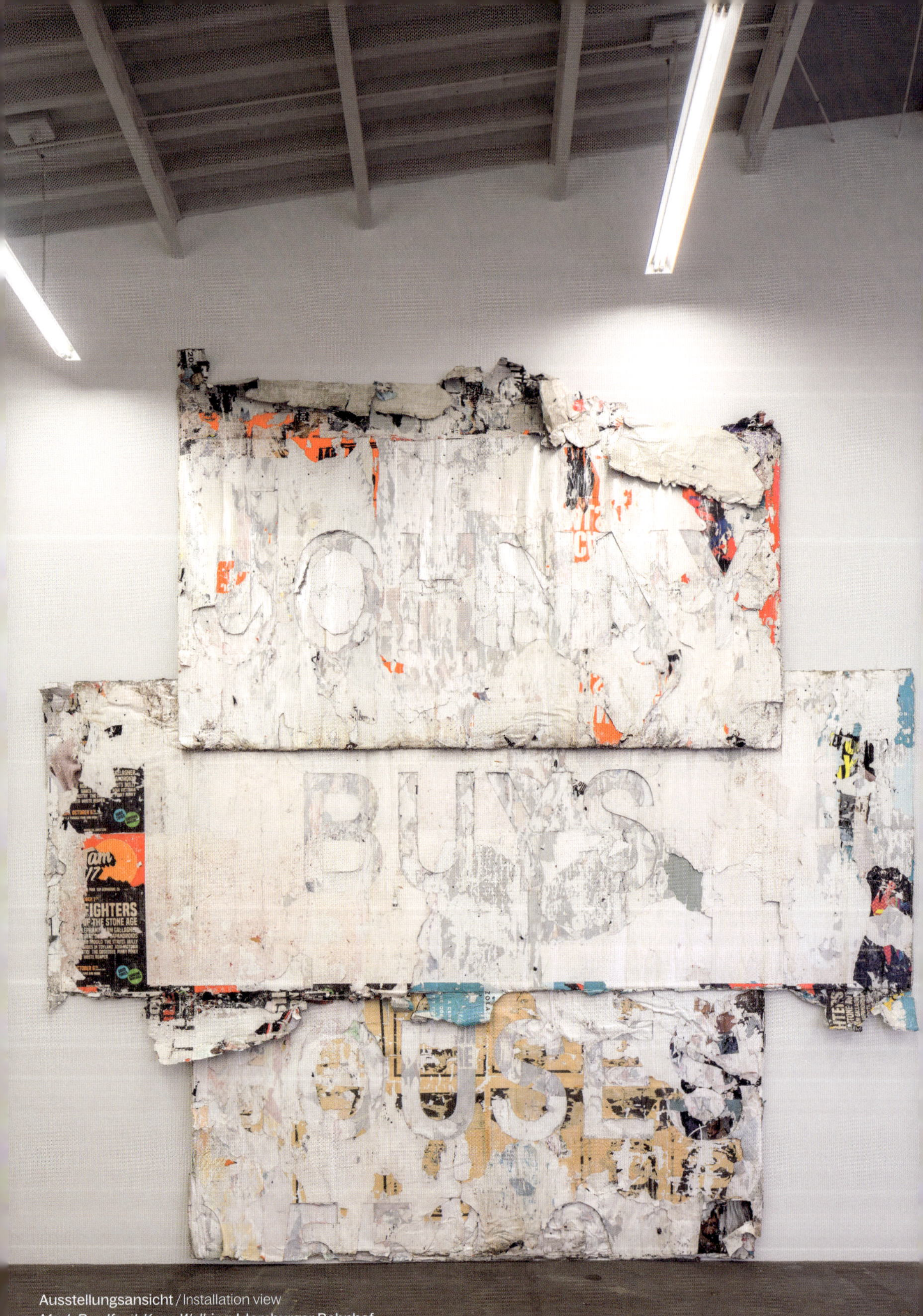

Ausstellungsansicht / Installation view
Mark Bradford. Keep Walking, Hamburger Bahnhof –
Nationalgalerie der Gegenwart, 2024

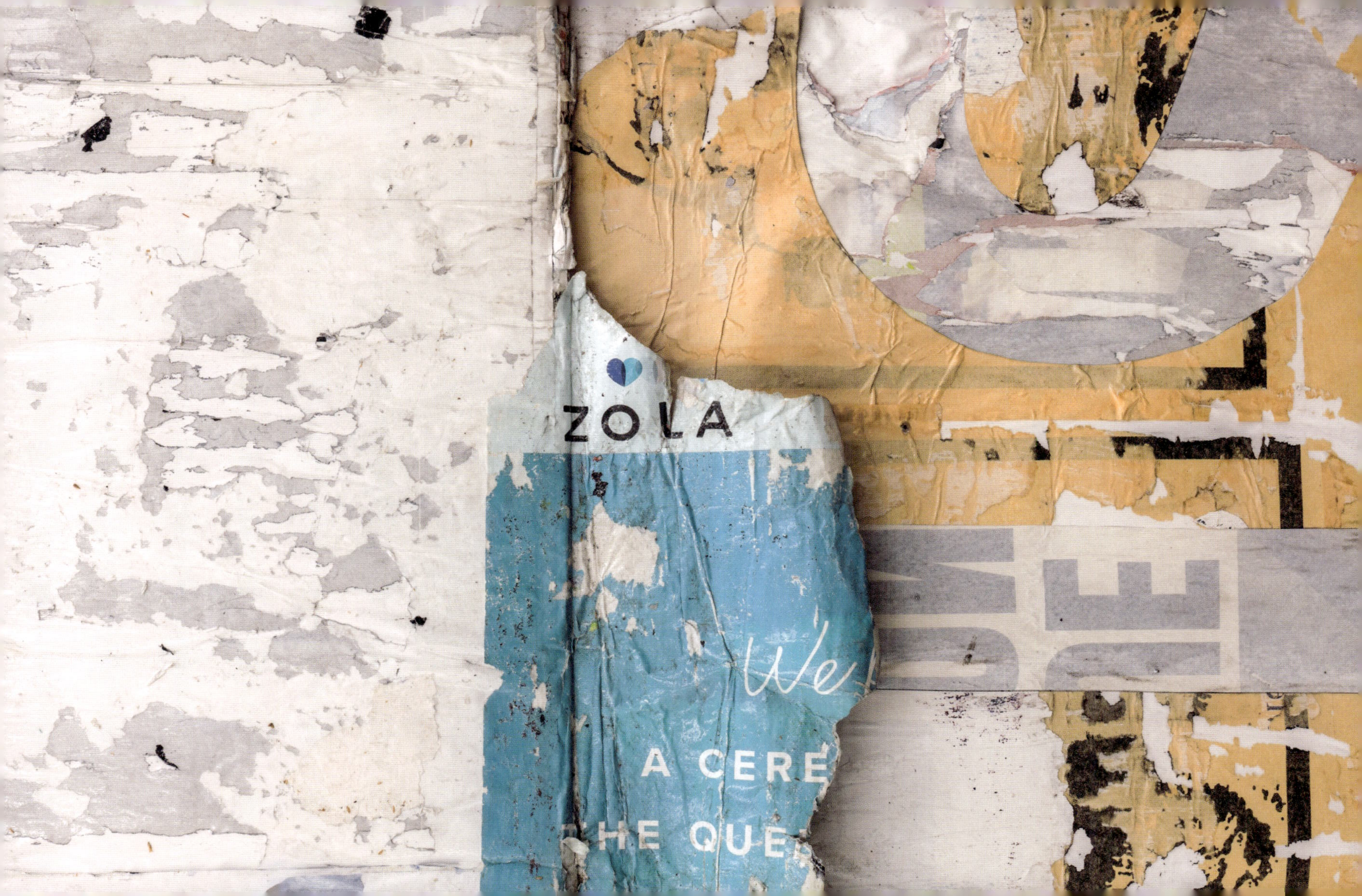

ZOLA
We
A CERE
THE QUE

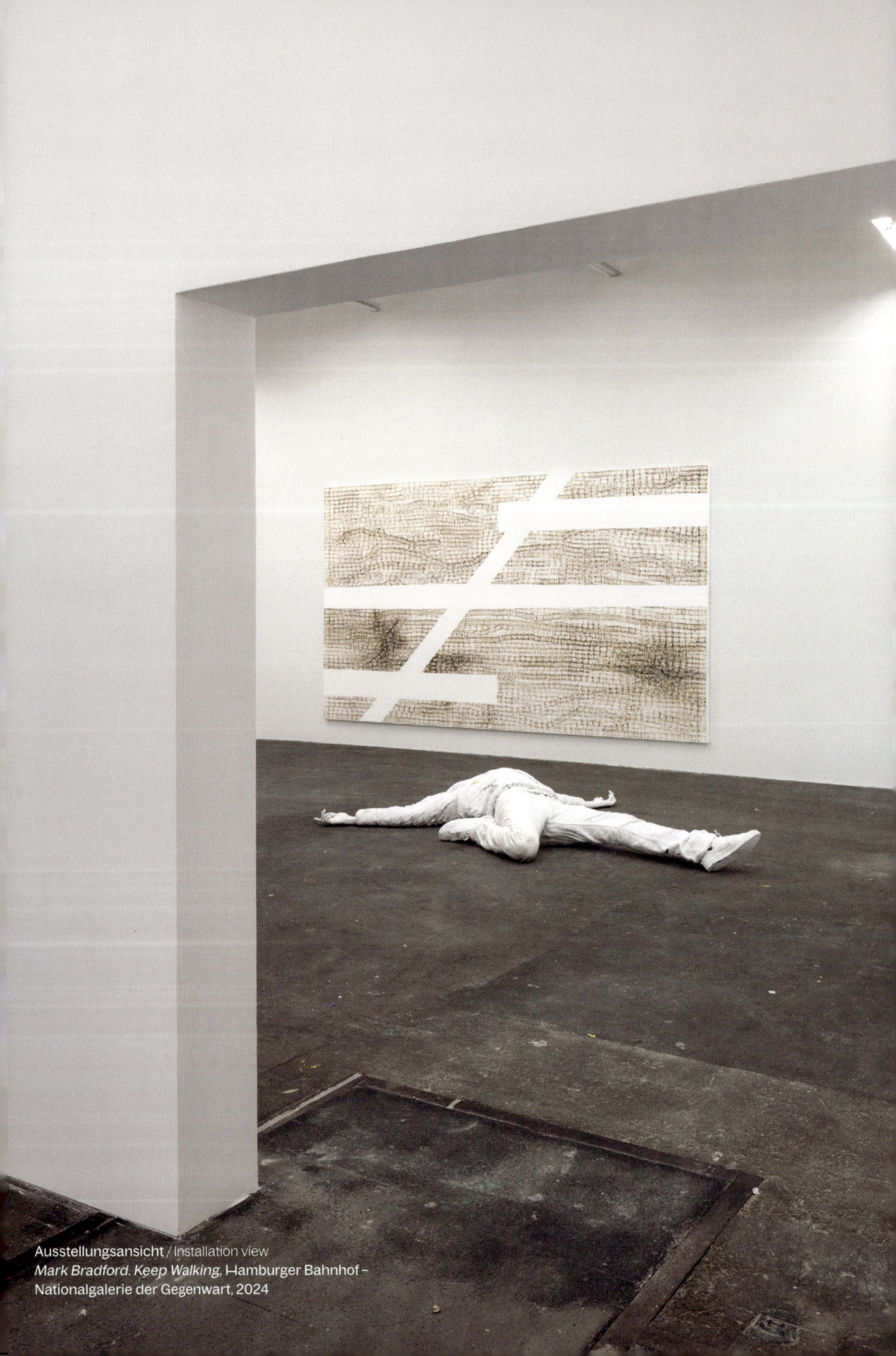

Ausstellungsansicht / Installation view
Mark Bradford. Keep Walking, Hamburger Bahnhof –
Nationalgalerie der Gegenwart, 2024

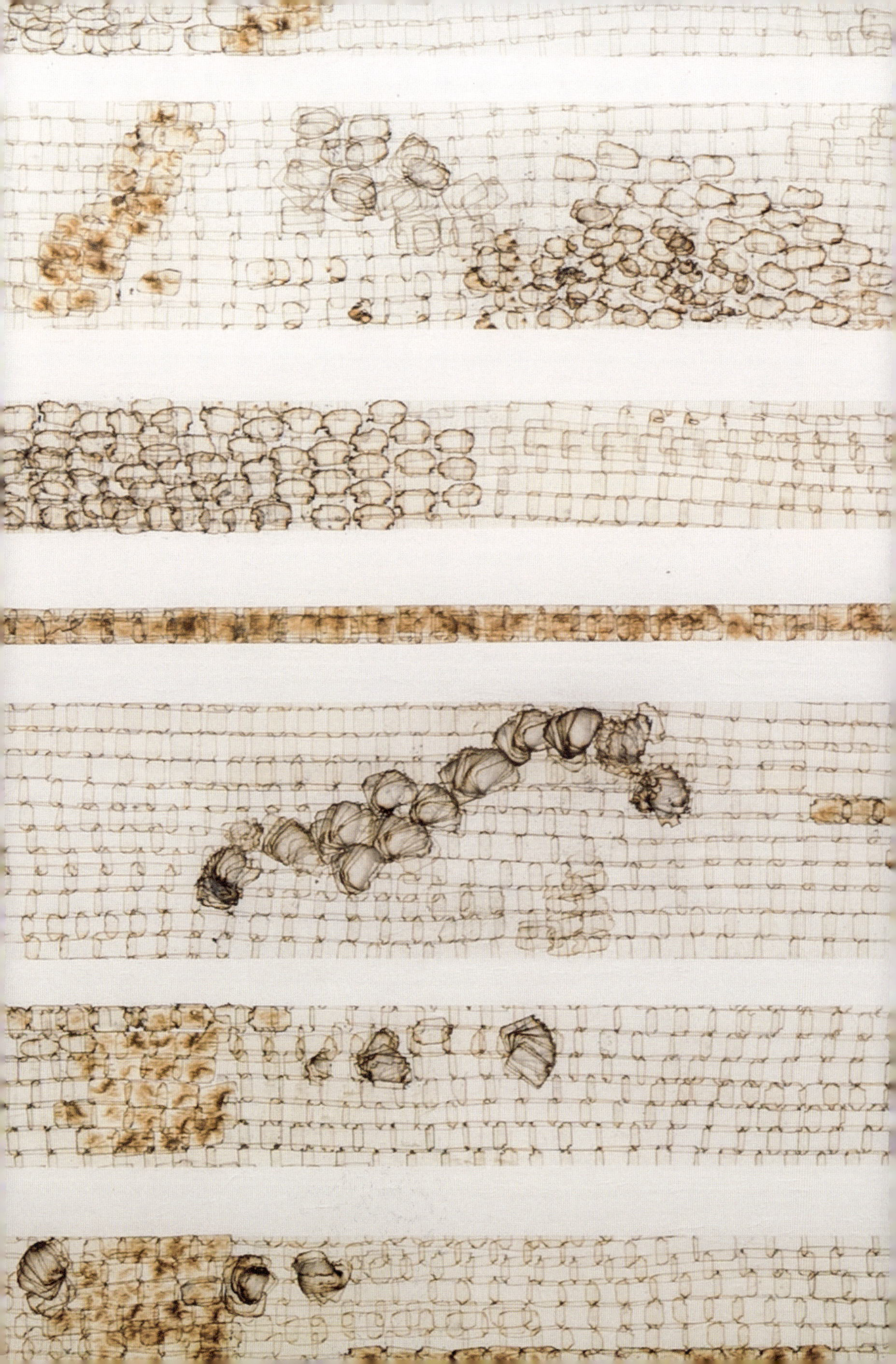

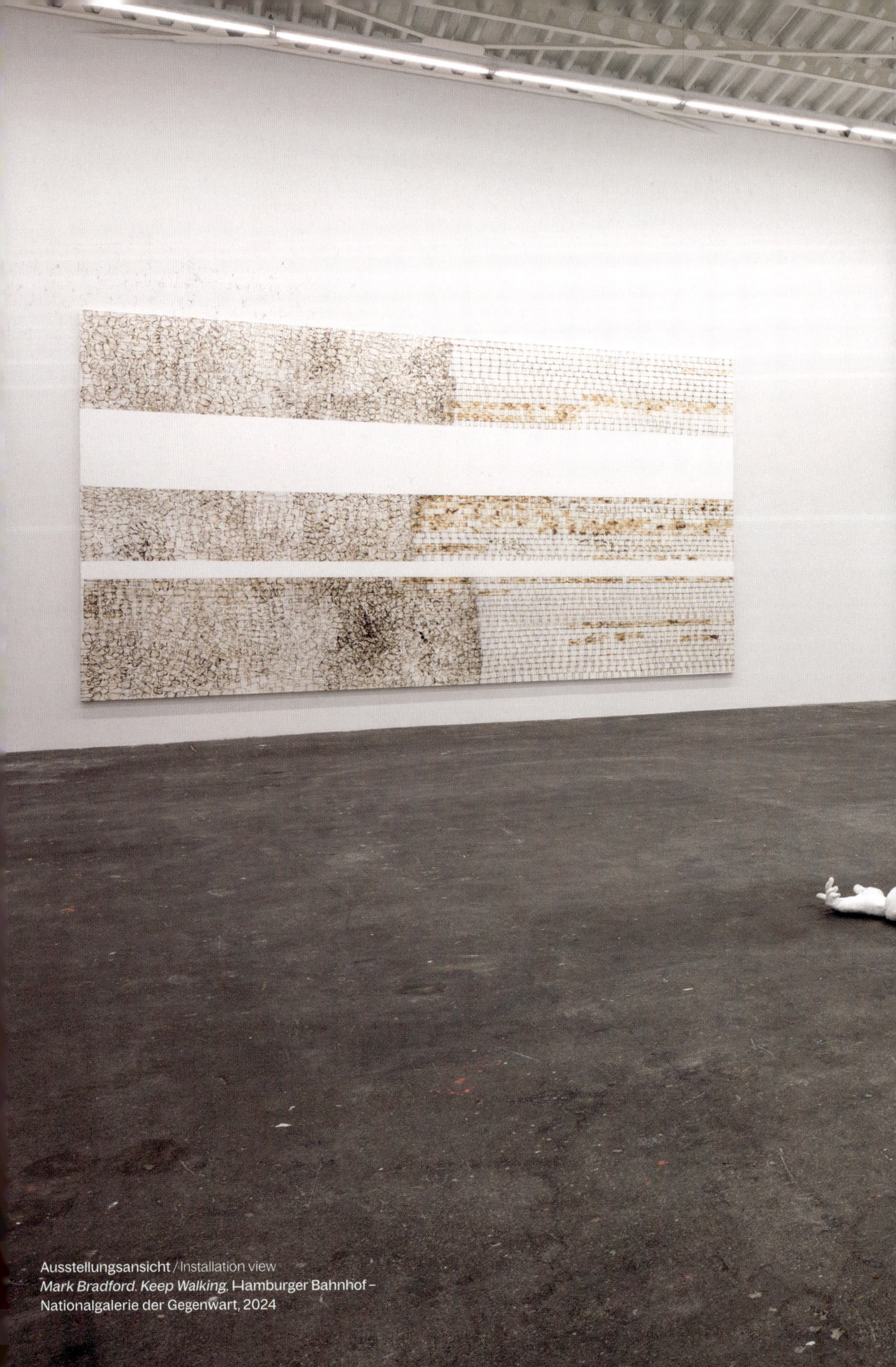

Ausstellungsansicht / Installation view
Mark Bradford. Keep Walking, Hamburger Bahnhof –
Nationalgalerie der Gegenwart, 2024

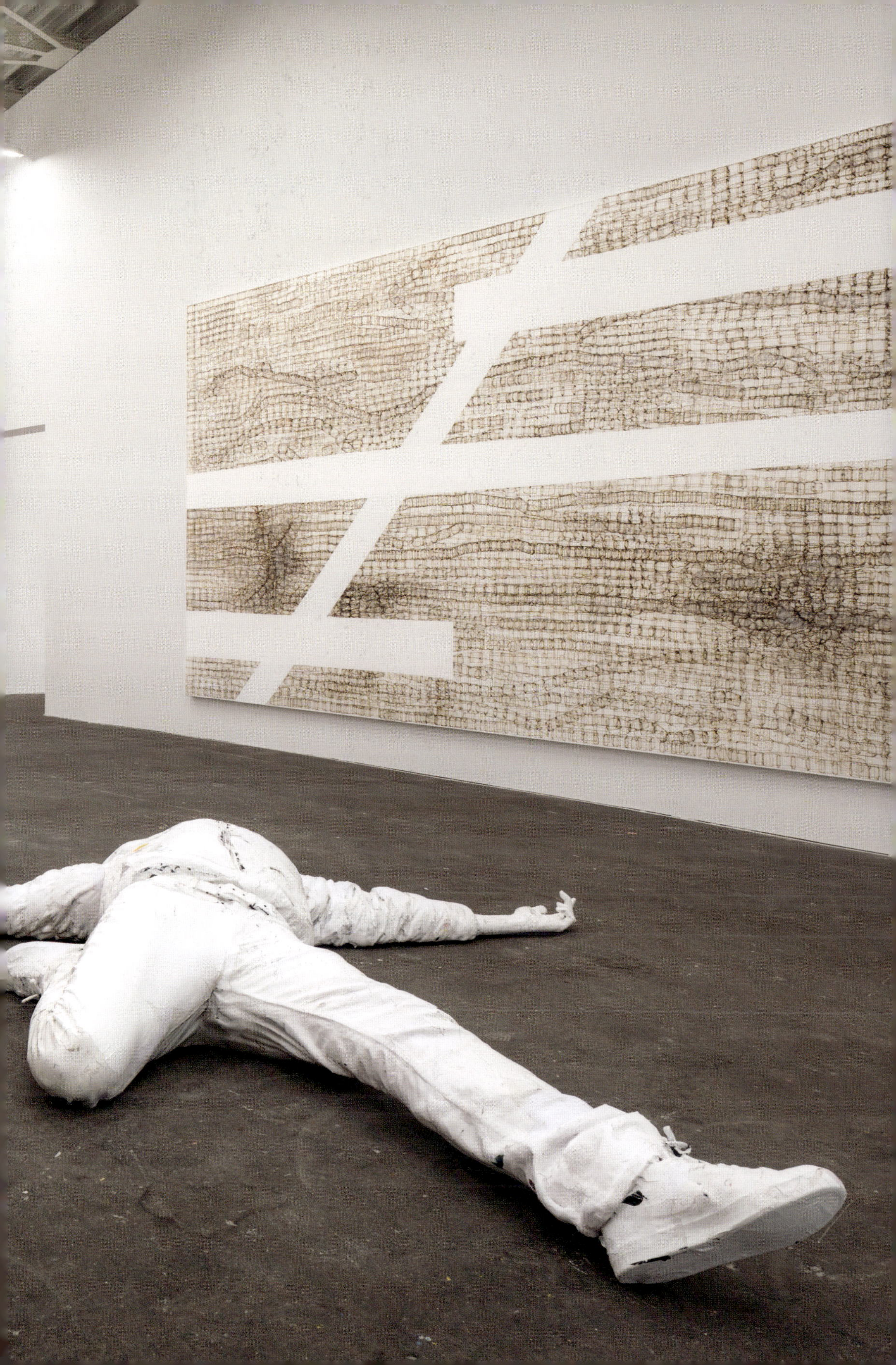

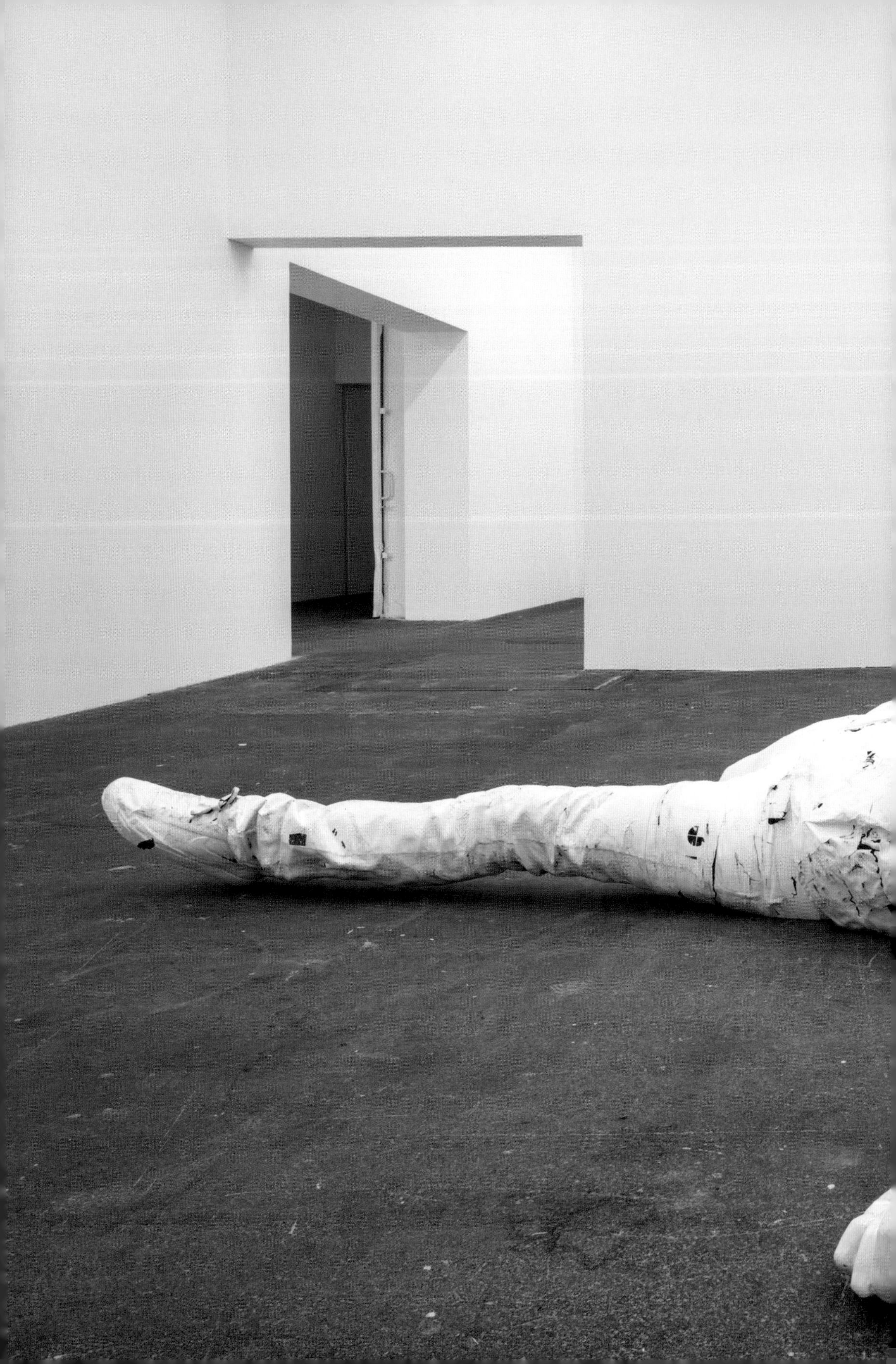

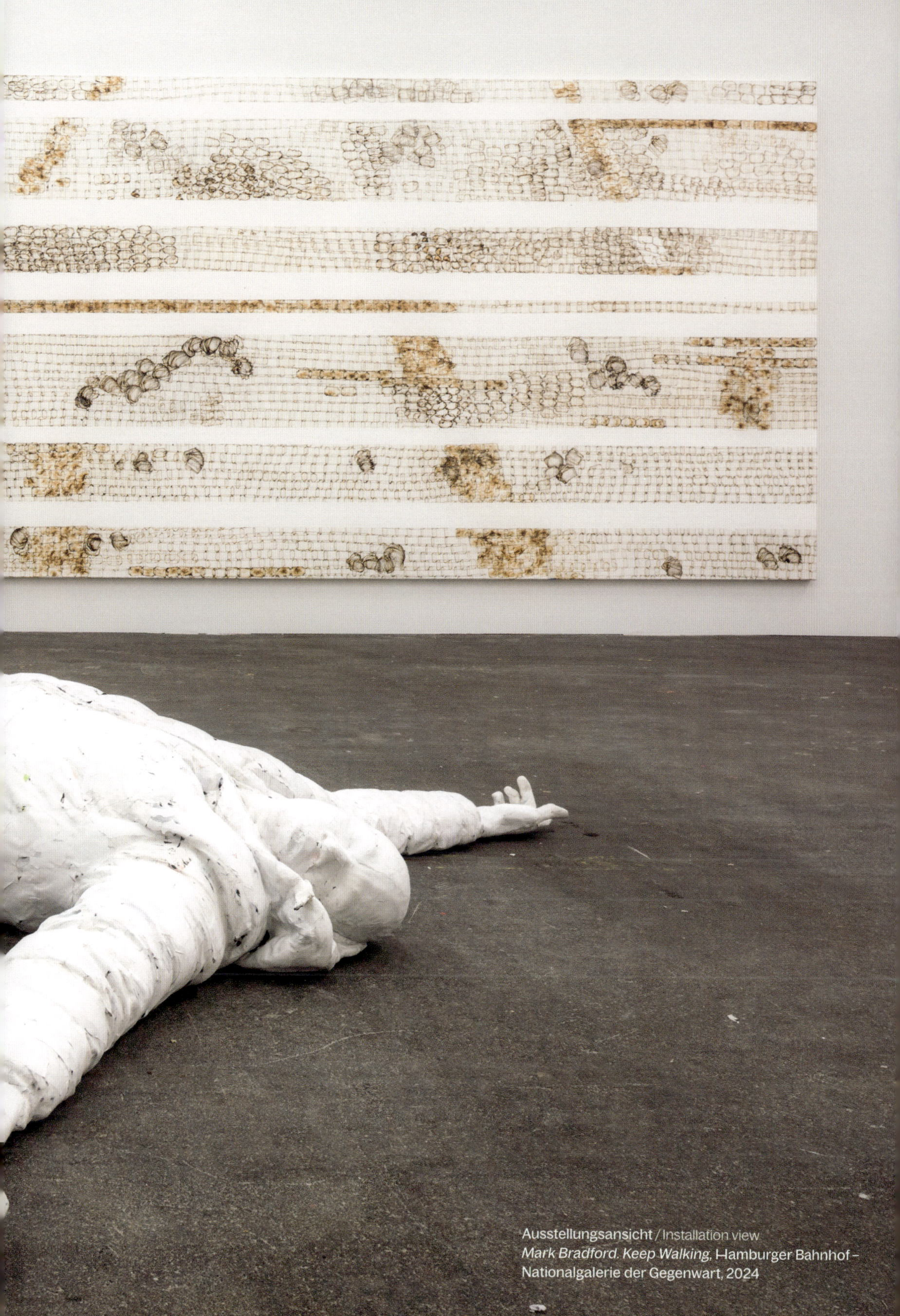

Ausstellungsansicht / Installation view
Mark Bradford. Keep Walking, Hamburger Bahnhof –
Nationalgalerie der Gegenwart, 2024

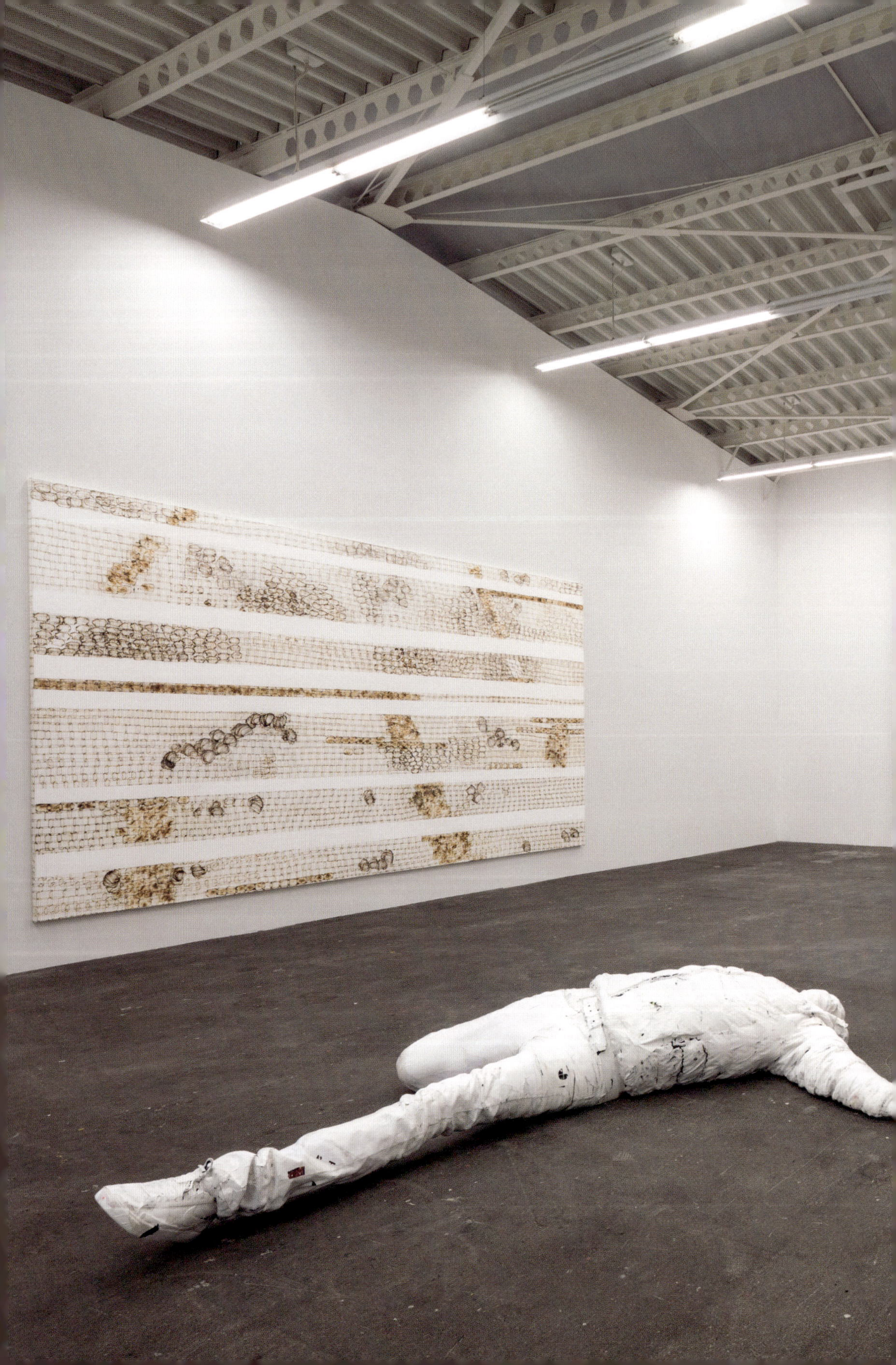

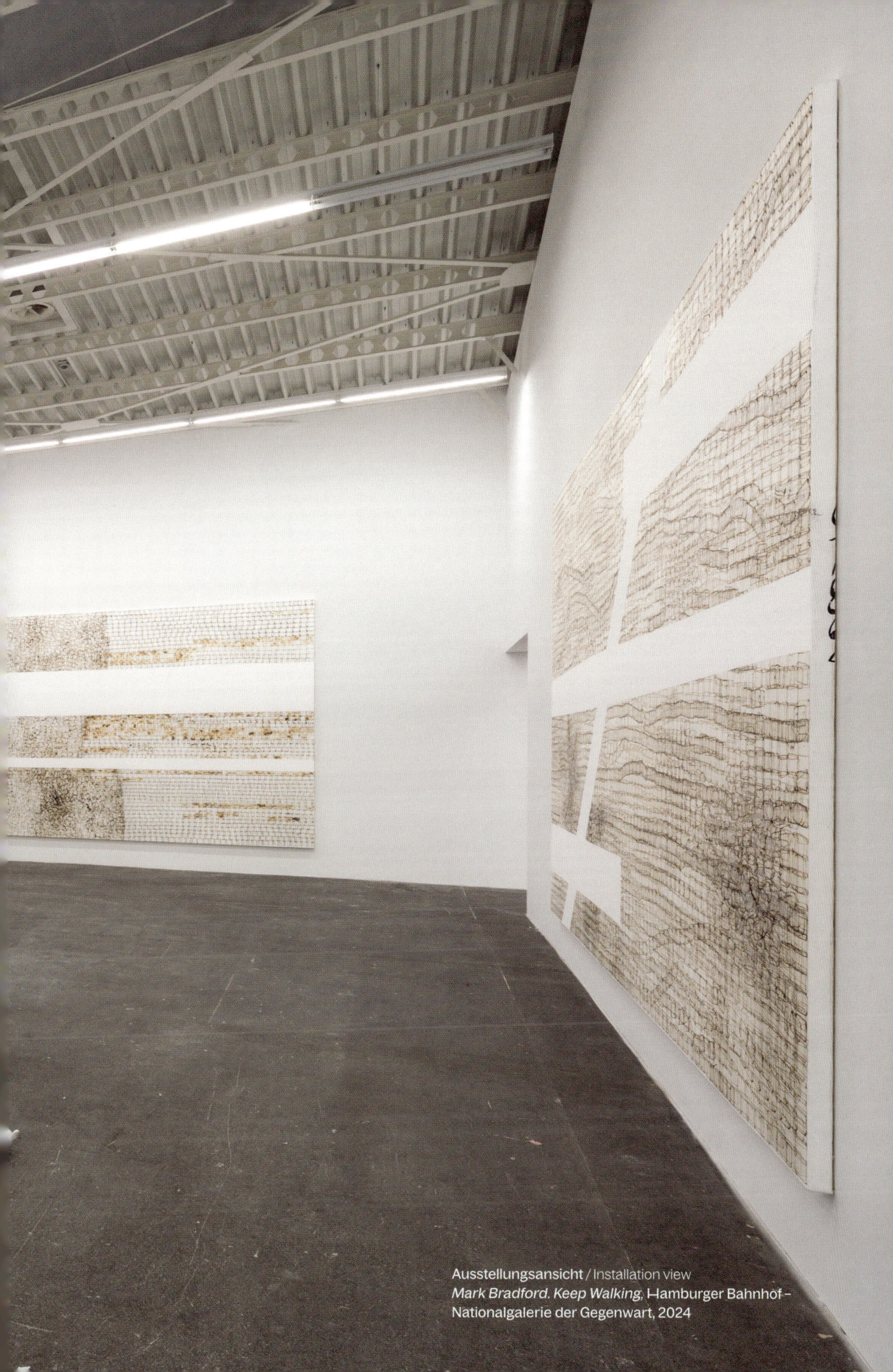

Ausstellungsansicht / Installation view
Mark Bradford. Keep Walking, Hamburger Bahnhof –
Nationalgalerie der Gegenwart, 2024

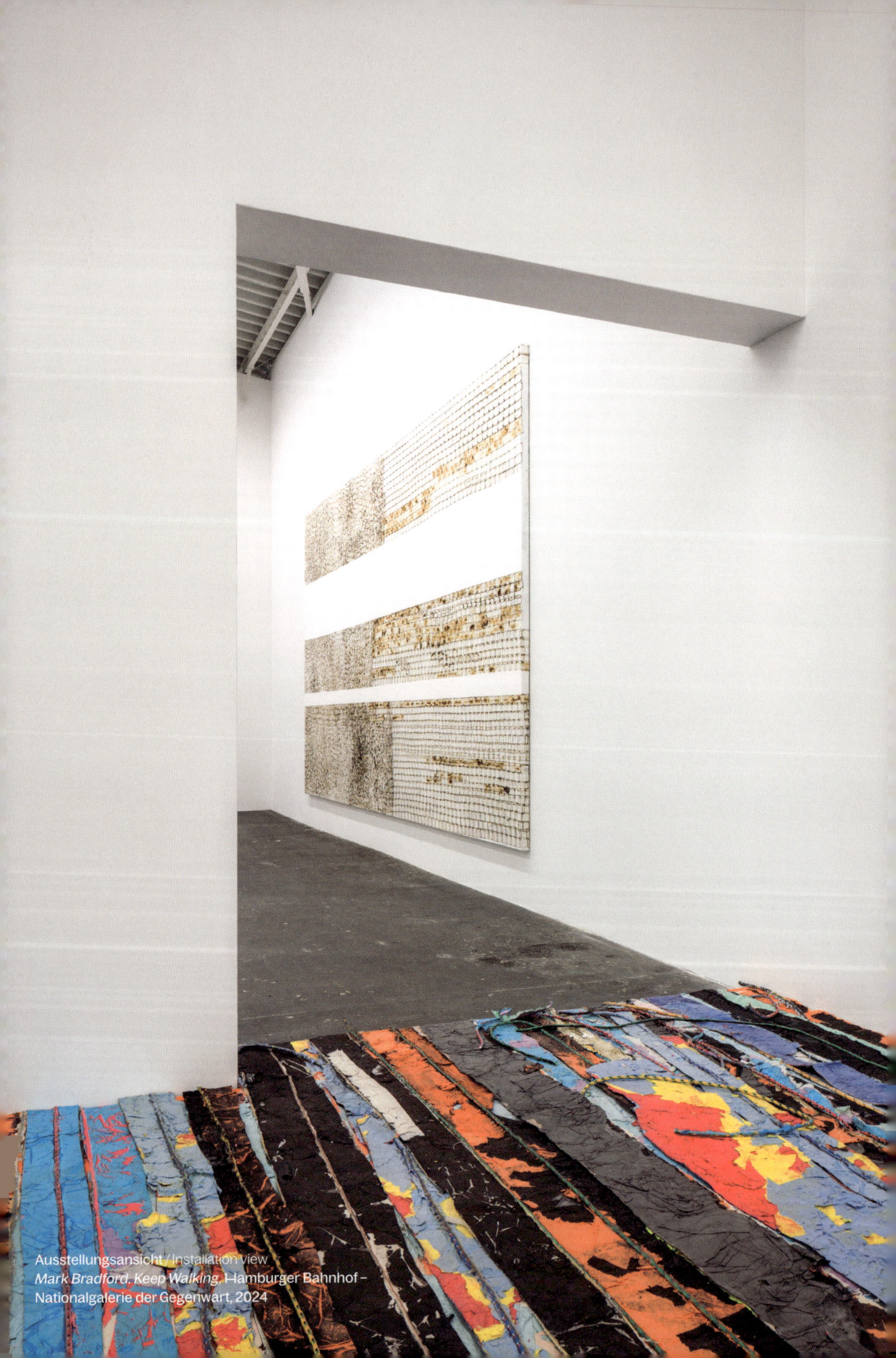

Ausstellungsansicht / Installation view
Mark Bradford. Keep Walking, Hamburger Bahnhof –
Nationalgalerie der Gegenwart, 2024

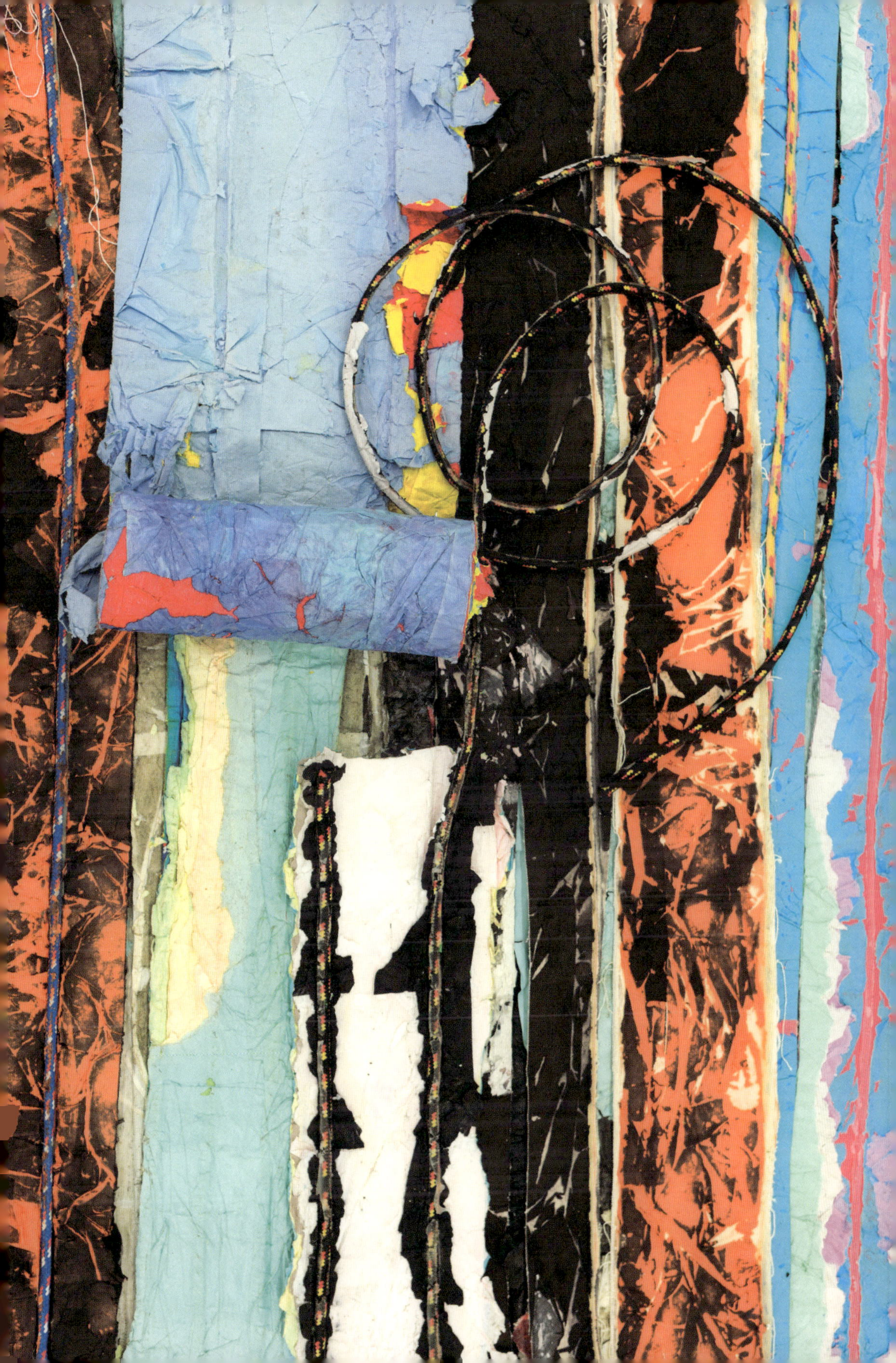

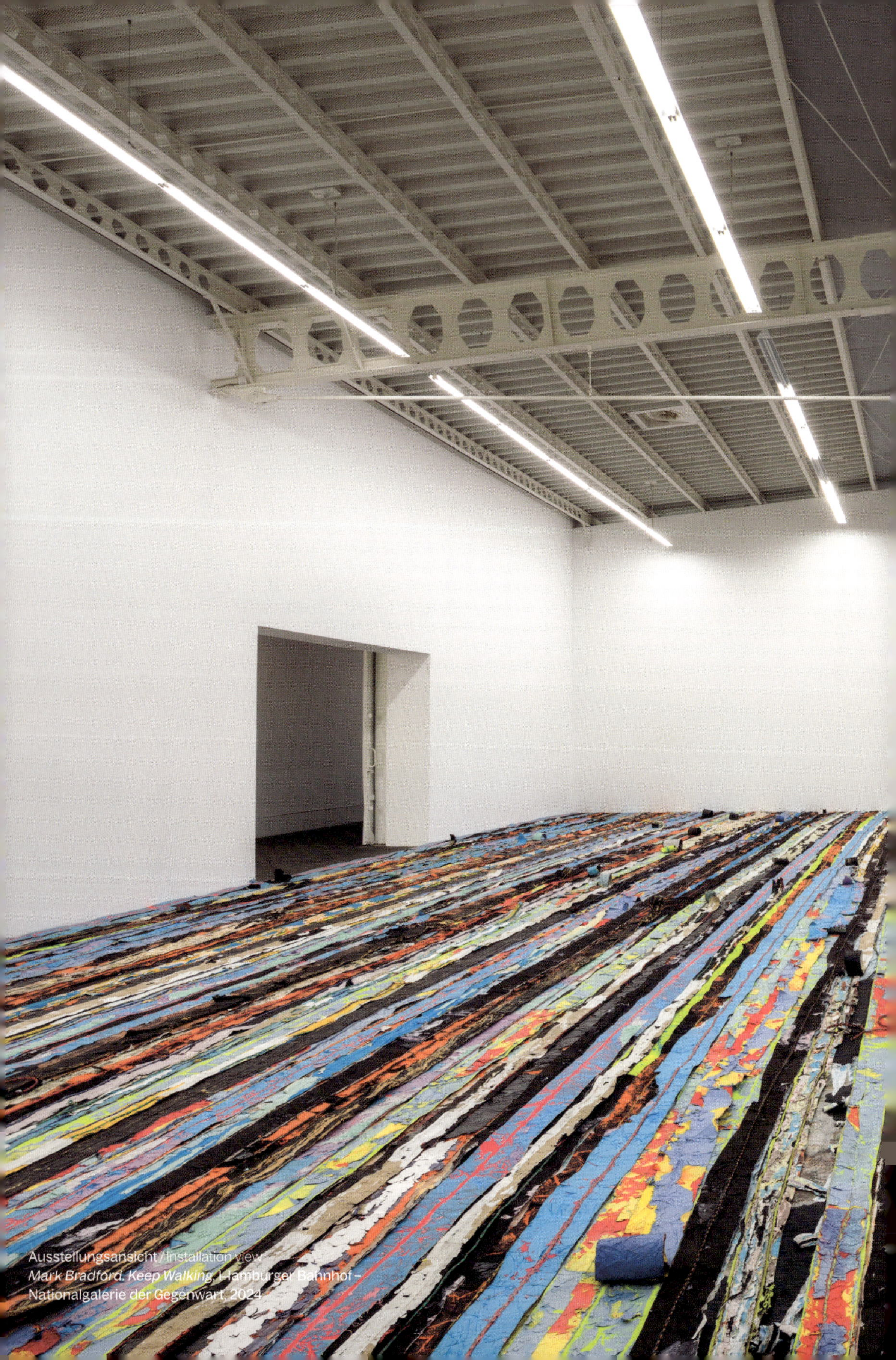

Ausstellungsansicht /Installation view
Mark Bradford. Keep Walking, Hamburger Bahnhof –
Nationalgalerie der Gegenwart, 2024

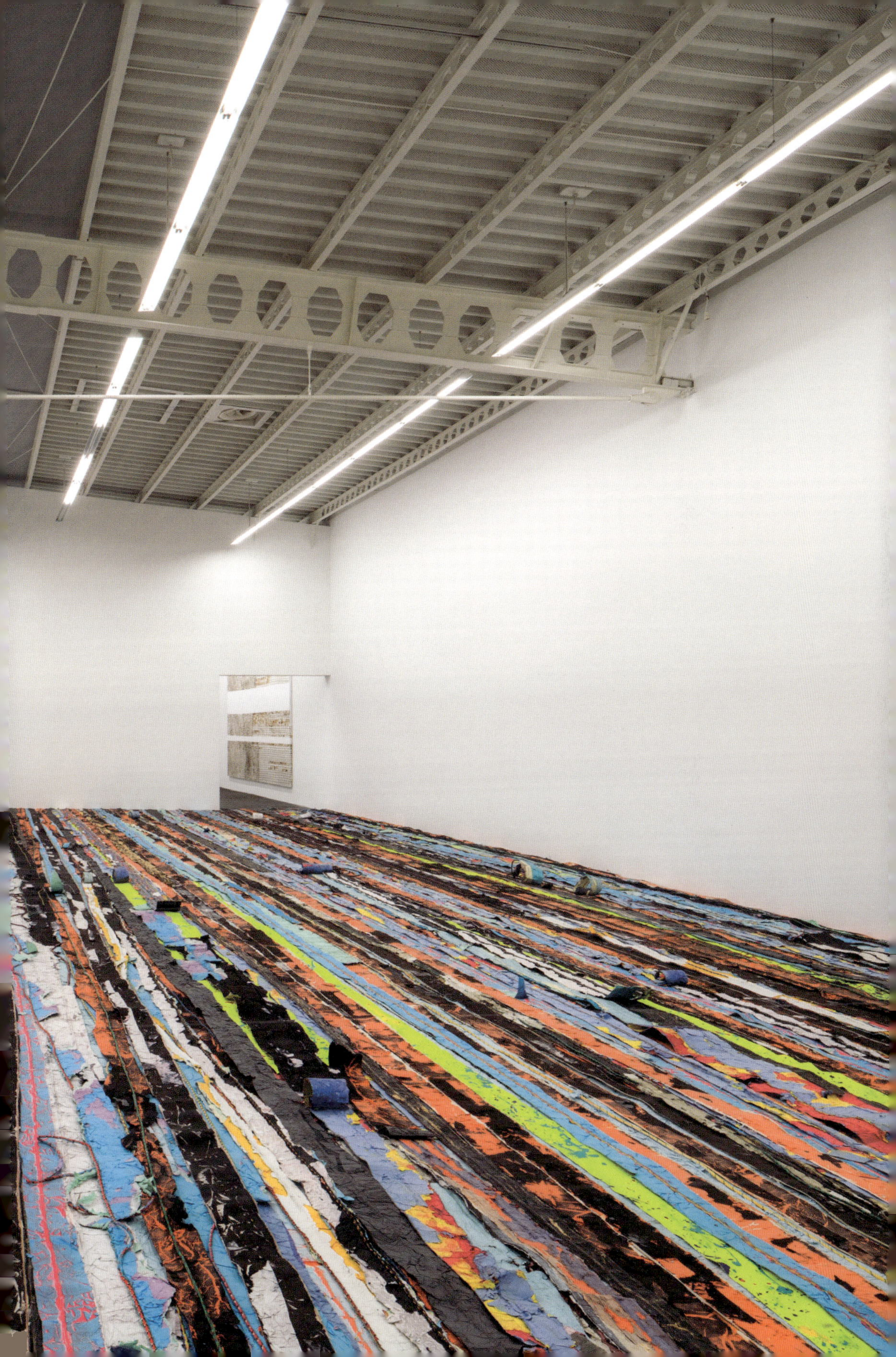

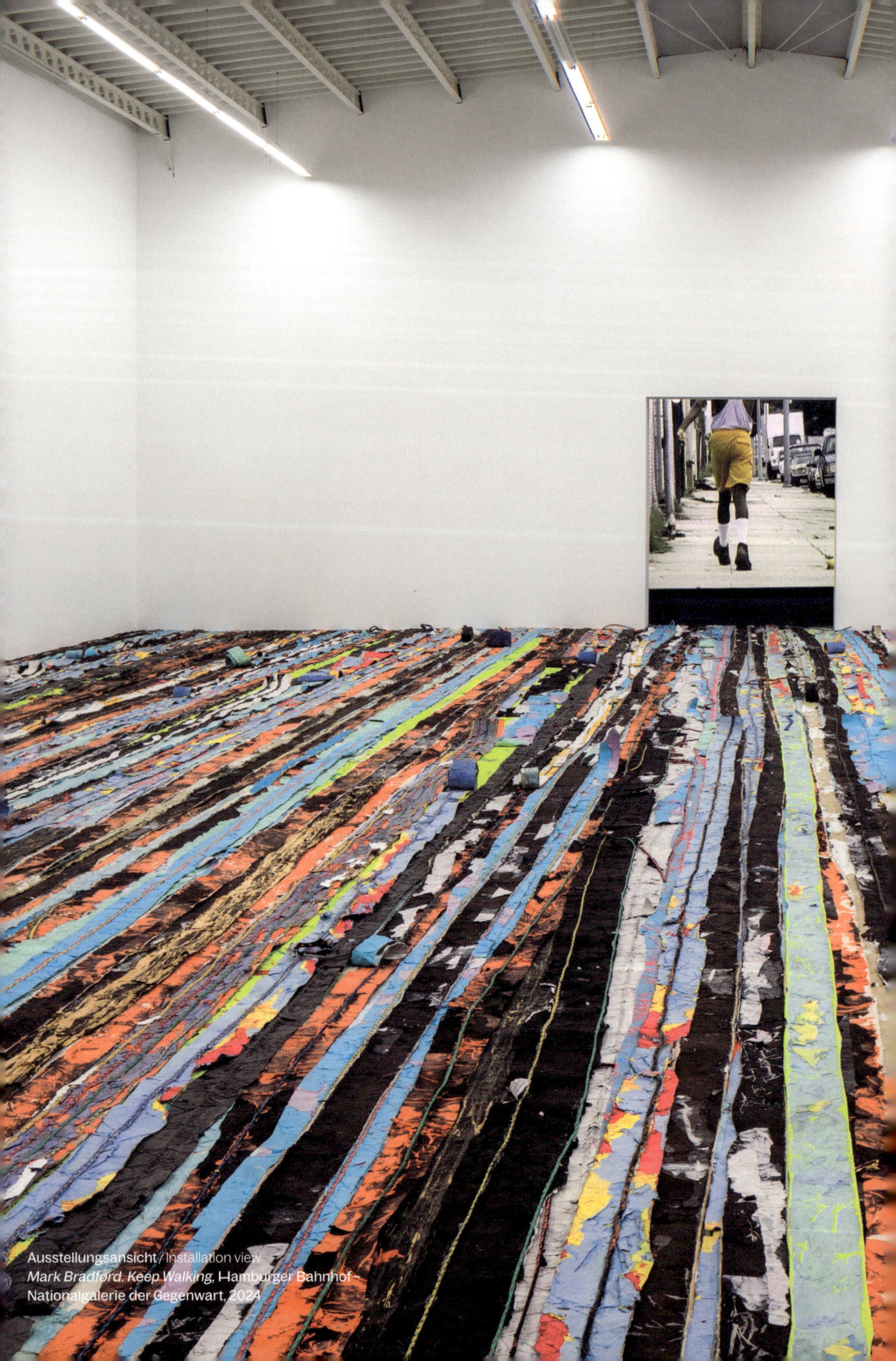

Ausstellungsansicht / Installation view
Mark Bradford. Keep Walking, Hamburger Bahnhof –
Nationalgalerie der Gegenwart, 2024

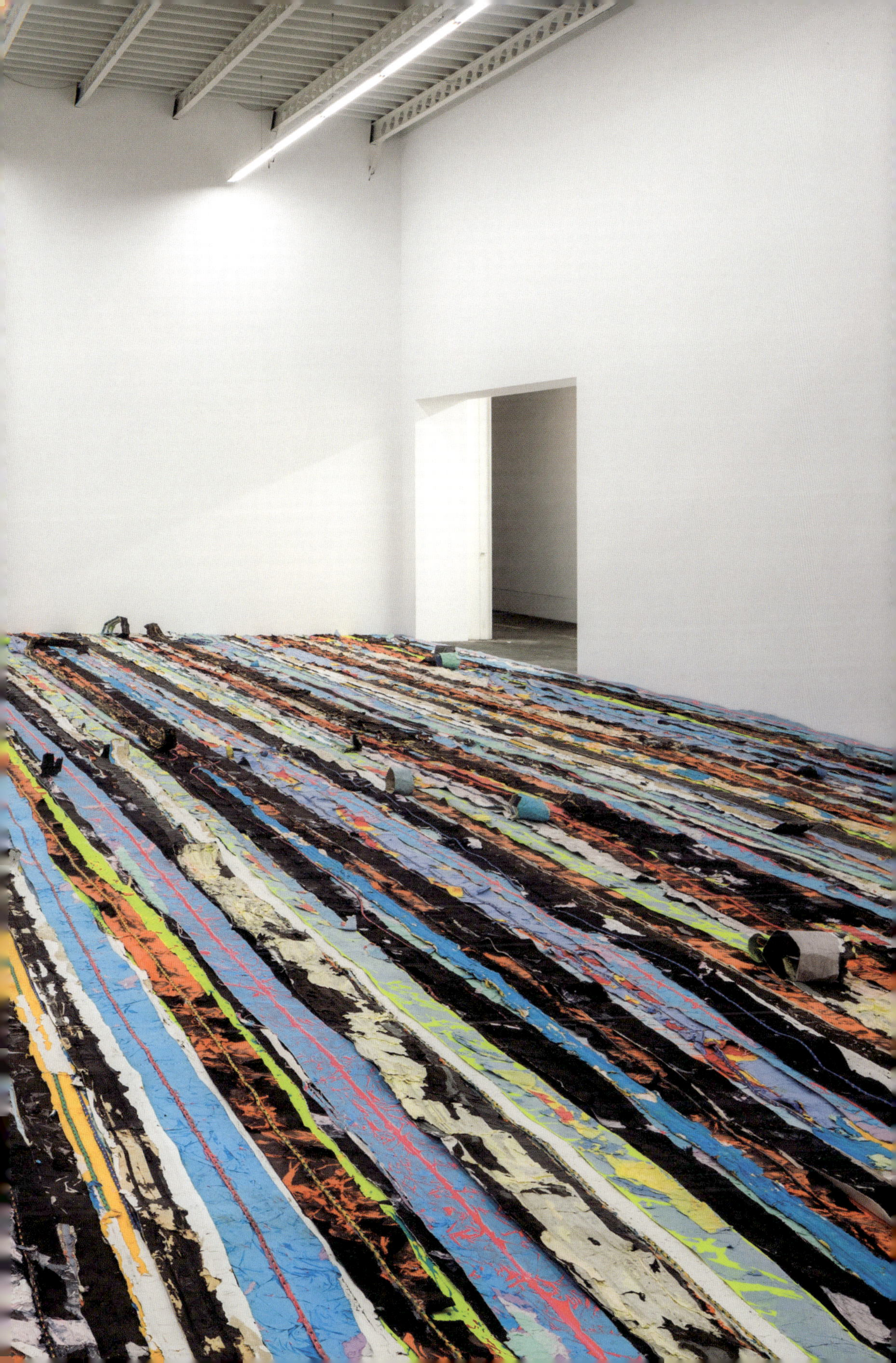

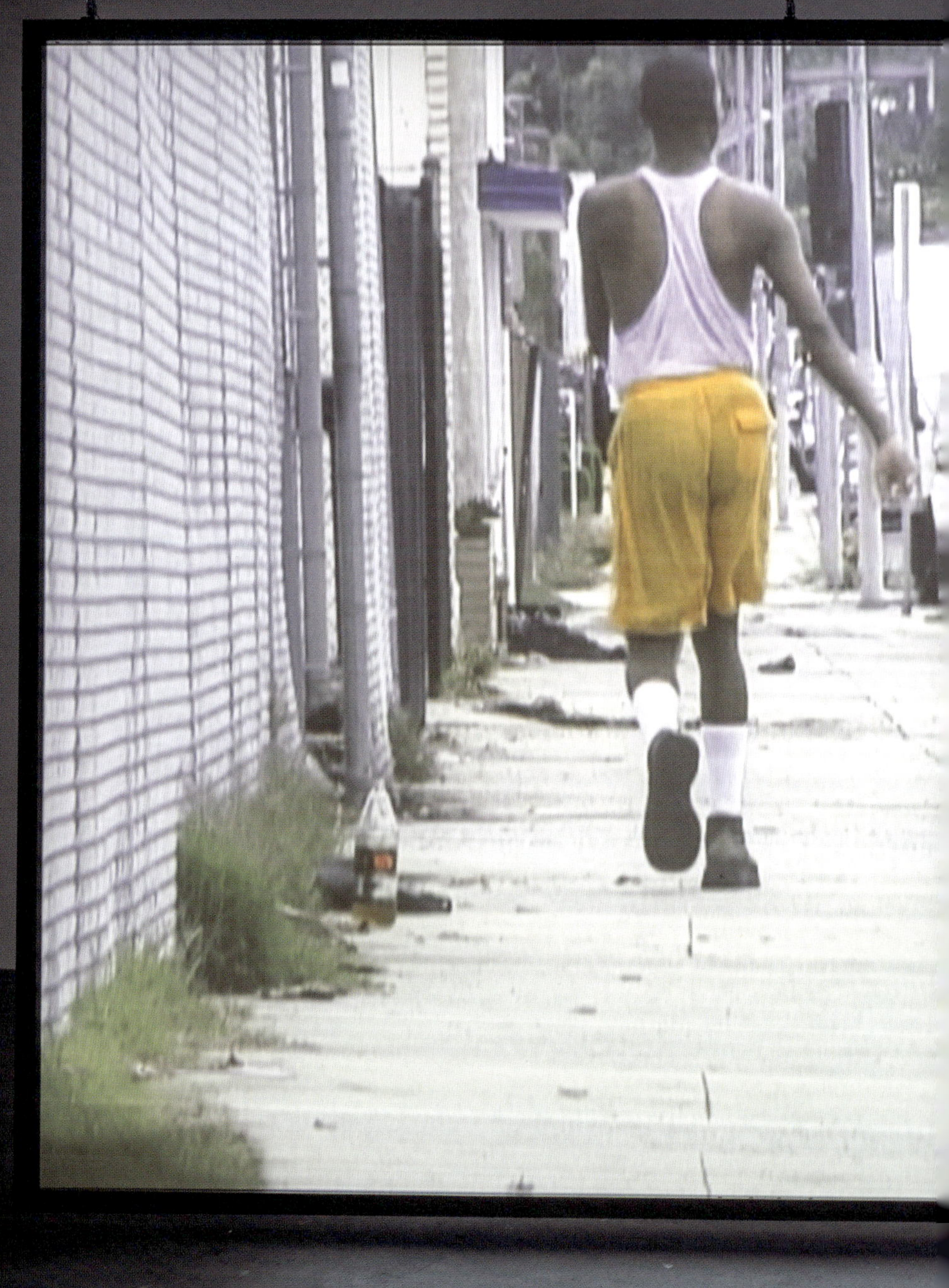

Ausstellungsansicht / Installation view
Mark Bradford. Keep Walking, Hamburger Bahnhof –
Nationalgalerie der Gegenwart, 2024

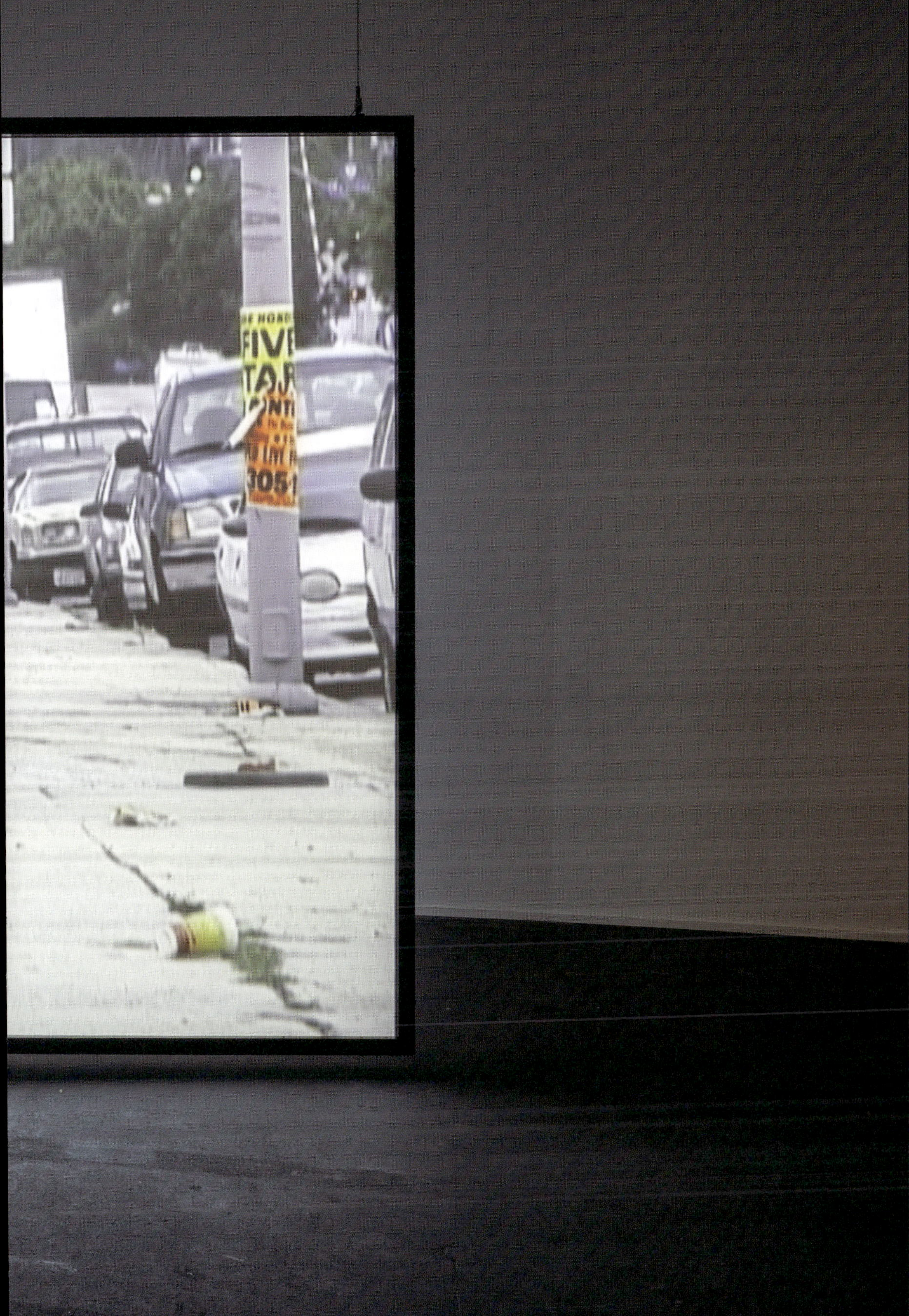
FIVE
TA
305

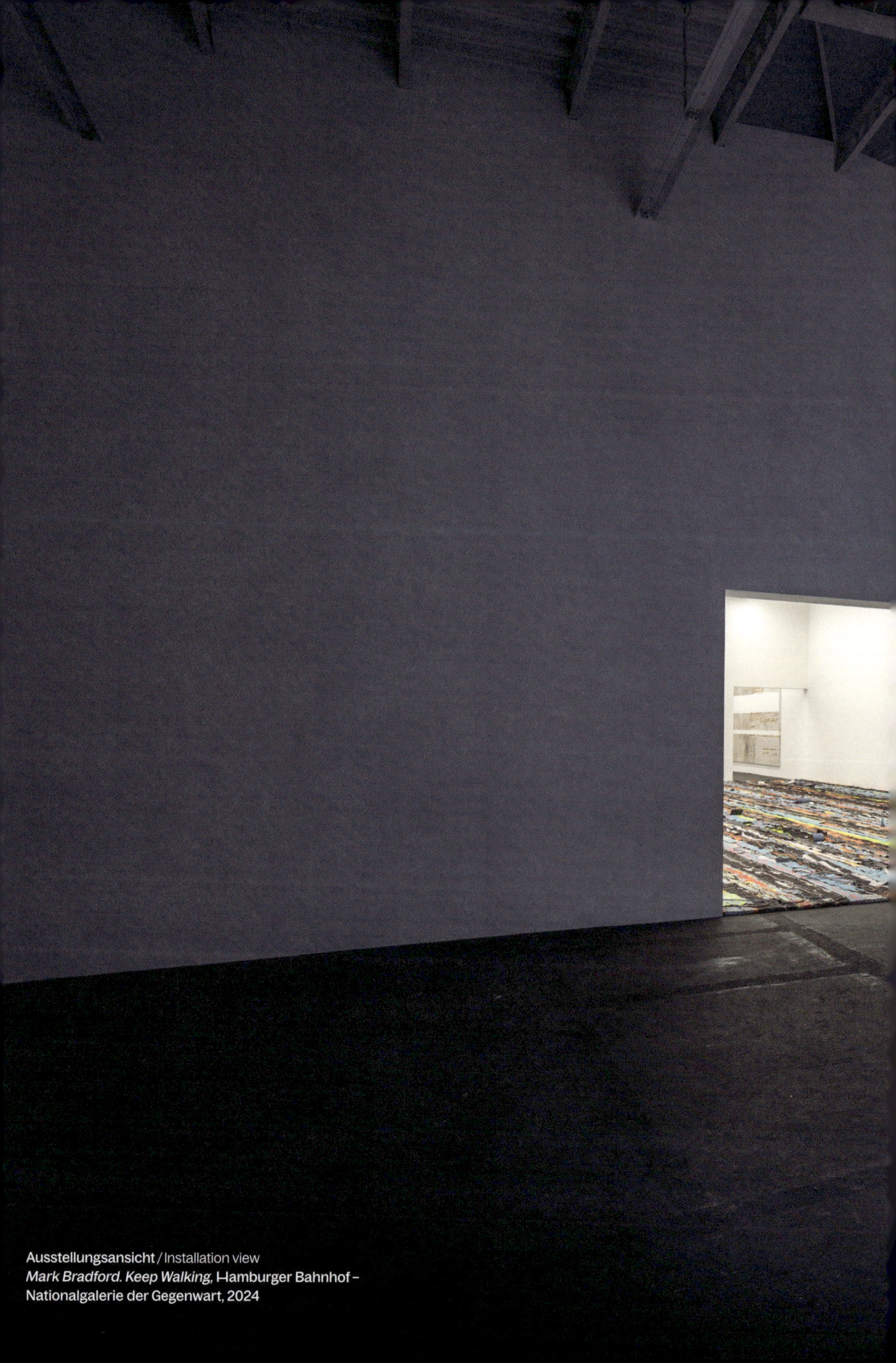

Ausstellungsansicht / Installation view
Mark Bradford. Keep Walking, Hamburger Bahnhof –
Nationalgalerie der Gegenwart, 2024

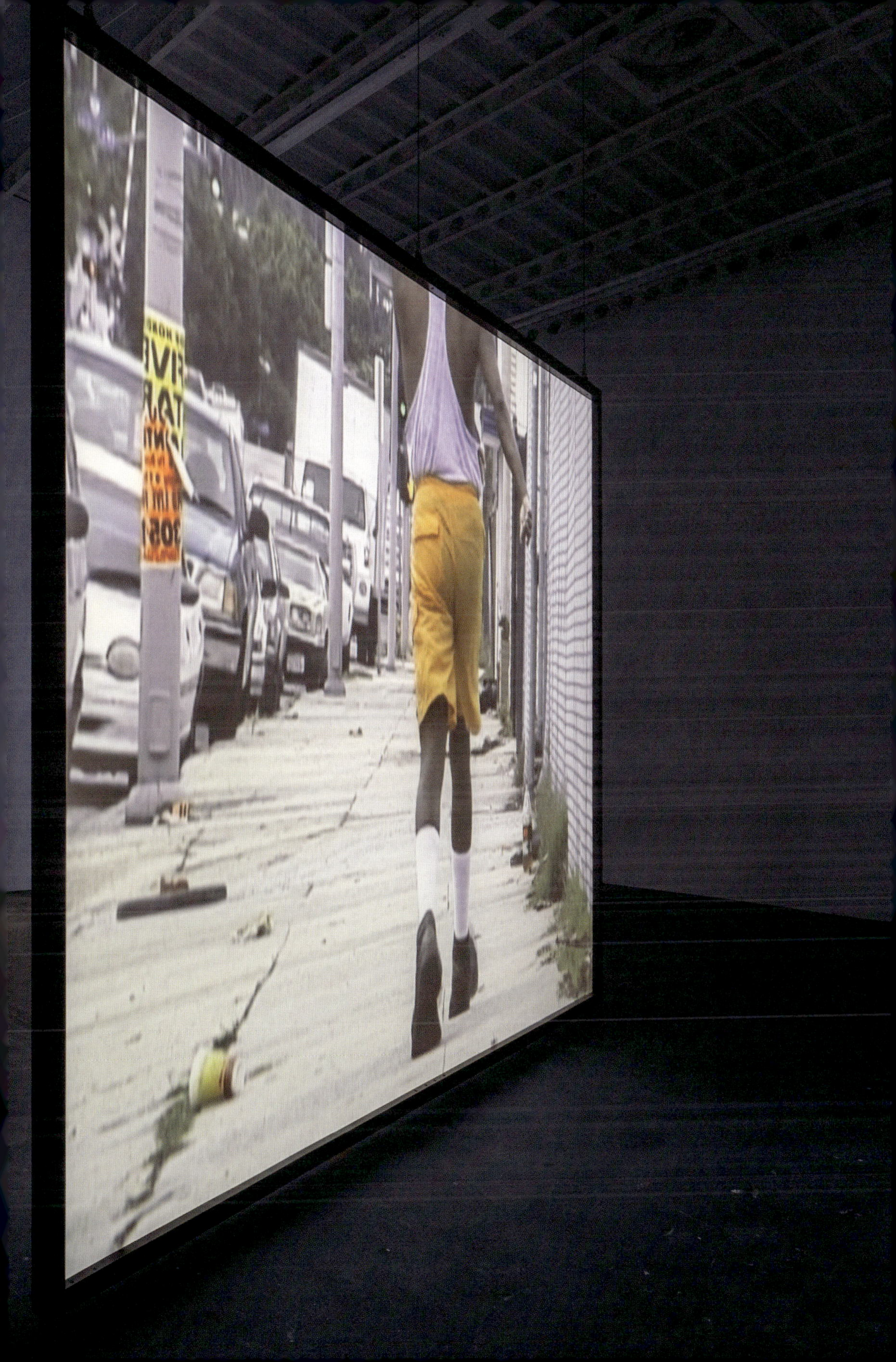